GUANGDONGSHENG QUYU JINGJI FAZHAN BAOGAO

广东省区域经济
发展报告

2021

广东省发展和改革委员会 编

暨南大学出版社
JINAN UNIVERSITY PRESS

中国·广州

图书在版编目（CIP）数据

广东省区域经济发展报告.2021/广东省发展和改革委员会编.—广州：暨南大学出版社，2022.12

ISBN 978－7－5668－3556－7

Ⅰ.①广…　Ⅱ.①广…　Ⅲ.①区域经济发展—研究报告—广东省—2021

Ⅳ.① F127.65

中国版本图书馆 CIP 数据核字（2022）第 237470 号

广东省区域经济发展报告（2021）

GUANGDONGSHENG QUYU JINGJI FAZHAN BAOGAO（2021）

编　者：广东省发展和改革委员会

出 版 人：张晋升

责任编辑：黄文科

责任校对：孙劭贤

责任印制：周一丹　郑玉婷

出版发行：暨南大学出版社（511443）

电　　话：总编室（8620）37332601
　　　　　营销部（8620）37332680　37332681　37332682　37332683

传　　真：（8620）37332660（办公室）　37332684（营销部）

网　　址：http://www.jnupress.com

排　　版：广州尚文数码科技有限公司

印　　刷：佛山市浩文彩色印刷有限公司

开　　本：787mm×1092mm　1/16

印　　张：14.75

字　　数：235 千

版　　次：2022 年 12 月第 1 版

印　　次：2022 年 12 月第 1 次

定　　价：58.00 元

前言

　　为全面系统反映广东全省区域发展情况，促进区域协调发展，为各级党委、政府决策作参考，根据省领导的指示，广东省发展改革委从 2008 年开始，每年组织编写出版年度《广东省区域经济发展报告》，至今已出版十三期。

　　为保持延续性，便于分析对比，《广东省区域经济发展报告（2021）》沿用了上一期的篇章结构，分综合篇、区域篇、专项篇三个篇章和附录，以翔实的资料全面反映 2021 年广东省推进区域经济发展的情况。综合篇介绍了 2021 年广东省经济社会发展总体情况、四大区域发展分析、2021 年区域发展主要工作及 2022 年工作思路，并对广东在全国发展中的地位及与沿海发达省（市）的比较进行了分析；区域篇介绍了珠三角、粤东、粤西、粤北四大区域发展情况，并对 21 个地级以上市区域发展和合作情况、县域经济发展情况、重大区域发展平台规划建设情况等进行了重点阐述；专项篇详细介绍了区域发展七项主要工作情况。本书的附录收录了 2021 年出台的《国务院关于新时代支持革命老区振兴发展的意见》等六份文件和"2021 年广东区域经济发展大事记"。

　　本书在编写过程中，得到了中共广东省委台办、广东省工业和信息化厅、省财政厅、省自然资源厅、省农业农村厅、省商务厅、省统计局、省港澳办等省有关部门和各地级以上市发展改革局（委）的大力支持，在此表示衷心的感谢！由于水平有限，如有错漏之处，敬请批评指正。

编　者
2022 年 10 月

目录

Contents

1

专项篇

附 录

4

综合篇

一、经济社会发展概要

2021 年，广东省以习近平新时代中国特色社会主义思想为指导，深入学习贯彻习近平总书记对广东系列重要讲话和重要指示批示精神，坚决贯彻落实党中央、国务院决策部署，完整、准确、全面贯彻新发展理念，深化实施"1+1+9"工作部署，扎实打造新发展格局战略支点，以新担当新作为推动经济社会高质量发展，实现"十四五"良好开局。全省地区生产总值 12.44万亿元，增长 8.0%①；地方一般公共预算收入 1.41 万亿元，增长 9.1%；社会消费品零售总额 4.42 万亿元，增长 9.9%；进出口总额 8.27 万亿元，增长16.7%；全体居民人均可支配收入 44 993 元，增长 9.7%。

（一）产业发展

坚定推动制造业高质量发展，现代产业体系建设迈出新步伐。建立覆盖20 个战略性产业集群的"链长制"，布局建设一批大型产业集聚区，推动按照市场化方式组建湾区半导体等三大产业集团和规模超千亿元的产业基金。出台实施"制造业投资十条"等政策，惠州恒力 PTA、广州华星光电 T9 等重大项目落地建设，中国电子集团公司总部迁驻深圳，全年新能源汽车产量占全国的 15.1%，4K 电视产量居全国第一，产业高端化集群化水平持续提升。加强企业梯度培育，全省规模以上工业企业超过 5.8 万家，进入世界 500 强企业 17 家，新培育 35 家国家制造业单项冠军企业、288 家国家级专精特新"小巨人"企业和 1 459 家省级"专精特新"企业，"制造强省"基础进一步

---

① 本书主要数据来源为《广东统计年鉴 2022》，所述的"增长"，除特别注明外，均指代的是"比上年增长"。

夯实。推动出台《广东省数字经济促进条例》，实施促进制造业数字化转型措施，累计 2 万家规模以上工业企业实现数字化转型、60 万家中小企业"上云用云"。农业产业现代化水平稳步提高，全省农牧渔业总产值 8 305.84 亿元，增长 7.1%，实现粮食播种面积、产量、单产"三增"。

（二）创新发展

强化战略科技力量和关键核心技术攻关，经济高质量发展基础进一步夯实。全省研发经费投入 4 002.18 亿元，占地区生产总值的 3.22%；发明专利有效量、PCT 国际专利申请量稳居全国第一；区域创新综合能力、知识产权综合发展指数稳居全国第一。鹏城实验室、广州实验室及 10 家省实验室建设进展顺利，散裂中子源二期等 5 项重大科技基础设施纳入国家"十四五"规划，大湾区国家技术创新中心、国家新型显示技术创新中心获批建设，引进 27 家高水平创新研究院，新增 34 家省重点实验室。实施第八批省重点领域研发计划 92 个项目、第三批 7 个省基础与应用基础研究重大项目和"广东强芯"工程、核心软件攻关工程。修订出台《广东省科学技术奖励办法》，依托重大人才工程培养引进海内外高层次人才，全省研发人员突破 110 万人，创新创业生态持续优化。深入实施高新技术企业"树标提质"行动，国家高新技术企业突破 6 万家，累计培育国家技术创新示范企业 52 家，认定省级企业技术中心 1 434 家，基本实现省属企业研发机构全覆盖，企业在技术创新中的主体作用不断增强。

（三）基础设施

交通强省建设提速，基础设施互联互通水平不断提升。全省高速公路总里程超 1.1 万公里，连续八年居全国第一；铁路运营里程 5 278 公里，其中高速铁路运营里程 2 367 公里，历史性实现"市市通高铁"；机场年旅客吞吐量达 1.55 亿人次，港口吞吐量约 19.3 亿吨。"轨道上的大湾区"加快推进，赣深高铁、南沙港铁路建成开通,广佛肇高速公路全线贯通,粤澳新通道(青茂口岸)正式开通,深圳机场卫星厅建成启用,珠三角枢纽(广州新)机场选址正式获批,广州东至花都天贵城际铁路等一批项目开工建设。粤东西北交通短板加速补齐,云茂高速、湛江吴川机场、韶关丹霞机场、湛江港30万吨级航道改扩建等项目顺利建成,粤东城际铁路"一环一射线"汕头至潮汕机场段等项目开工建设。水利高质量发展全面加力,韩江高陂水利枢纽、粤东水资源优化配置工程一期基本建成,珠江三角洲水资源配置工程、广州北江引水工程加快建设,环北部湾广东水资源配置工程前期工作加快推进。全力保障能源电力供应,源和二期、樟洋二期、华电清远玖著、中堂一期、梅州蓄能等电源项目建成投产,全年累计新投产骨干电源614万千瓦。

(四) 体制机制

全面推进创造型引领型改革,市场主体信心和活力持续增强。出台完善要素市场化配置体制机制22项重点任务以及劳动力、资本、数据等专项行动方案,要素市场化配置改革试点有序开展。工业用地市场化配置改革深化实施,创新"标准地""带项目""带方案"供地方式。推进"证照分离""一照通行"改革,实现省内企业迁移"一地办"、企业开办和工程建设项目审批"一网通办"、不动产登记"全省通办",广州、深圳入选国家首批营商环境创新试点城市。加快数字政府改革,全面完成省市政务云、政务网和地级市政务大数据中心建设,粤系列平台服务功能进一步拓展,"跨省通办"、省域治理"一网统管"取得标志性成果,省级政府一体化政务服务能力连续3年居全国第一。实施新一轮预算管理制度改革,率先开展全省全域无隐性债务试点,如期实现存量隐性债务"清零"目标。加快构建以信用为基础的新型监管机制,扎实推进平台企业督查整改,有效防止资本无序扩张。

（五）区域发展

统筹区域协调发展，强化政策供给、财政支持和项目支撑，"一核一带一区"①建设迈出新步伐。制定支持广州、珠海、佛山、东莞高质量发展以及支持汕头、湛江打造省域副中心城市的政策文件，制定支持老区苏区、民族地区、北部生态发展区、省际交界地区加快发展的一揽子财政政策，珠三角核心区发展能级持续提升，沿海经济带产业支撑作用更加强劲，北部生态发展区绿色发展优势进一步凸显。着力改善粤东、粤西、粤北地区发展条件，基本建成韩江高陂水利枢纽、粤东水资源优化配置工程一期等项目，加快推进环北部湾广东水资源配置工程前期工作，开工建设粤东城际铁路"一环一射线"，湛江吴川机场、韶关丹霞机场顺利建成。推动教育、医疗等优质公共服务资源加快向粤东、粤西、粤北地区布局，历史性实现本科院校、高职院校、技师学院、高水平医院21个地级市全覆盖。完善省内对口帮扶机制，广清经济特别合作区启动建设，深汕特别合作区、深河产业共建示范区加快建设。

（六）资源环境

深入打好污染防治攻坚战，绿色低碳发展水平日益提高。聚焦水、大气、土壤等重点领域持续攻坚，全面实施河湖长制，大力开展河湖"清四乱"行动，国考断面水质优良率达89.9%，近岸海域水质优良率达90.2%；加大臭氧污染治理力度，开展成品油行业专项整治，实施天然气高质量发展三年行动，空气质量优良天数比例达94.3%；推进"净土保卫战"，新增生活垃圾日处理能力1.4万吨，新增危险废物利用处置能力145.8万吨/年。建立"三线一单"生态环境分区管控体系，完成造林与生态修复192万亩，实现矿山

---

① 一核：珠三角地区，包括广州、深圳、珠海、佛山、惠州、东莞、中山、江门、肇庆9市；一带：沿海经济带，包括珠三角地区沿海7市和粤东、粤西地区7市；一区：北部生态发展区，包括粤北地区韶关、梅州、清远、河源、云浮5市。

复绿 693 公顷。出台建立健全绿色低碳循环发展经济体系、构建现代环境治理体系等政策措施，深化碳排放权交易试点，全省碳排放配额累计成交量近 2 亿吨，累计成交金额超过 46 亿元。大力推进绿色制造、清洁生产，加快能源结构调整，新投产海上风电 549 万千瓦、光伏发电 225 万千瓦、抽水蓄能 70 万千瓦。

（七）内外经贸

畅通国内国际双循环，促进需求潜力加速释放。出台促进农村消费、城市消费、新型消费的政策措施，建设广州国际消费中心城市，实施汽车以旧换新专项行动，农村消费、网络消费增长均超过 20%。推进物流枢纽布局建设，推动构建农产品全程冷链流通体系，支持实施电子商务进农村综合示范项目，县乡镇村物流服务体系进一步畅通。深入实施贸易高质量发展"十大工程"，成功举办第 130 届广交会、中国航展、中博会等重大展会，开展"粤贸全球""粤贸全国"经贸活动 200 多场。大力发展贸易新业态，成功争取国家支持建设粤港澳大湾区全球贸易数字化领航区，推动跨境电商综试区全省全覆盖，跨境电商、市场采购规模均突破 3 000 亿元。健全港口集疏运体系，缓解外贸企业运输成本上涨压力。启动自贸试验区联动发展区建设，成功举办跨国公司投资广东系列招商活动，签约项目总投资 4 000 亿元，全省实际利用外资 1 840.02 亿元、增长 13.6%。

（八）社会民生

深入推进平安广东法治广东建设，人民生活品质显著改善。出台 3.0 版"促进就业九条"，实施高校毕业生就业创业十大行动，"粤菜师傅""广东技工""南粤家政"三项工程培训 389 万人次，全省城镇新增就业超过 140 万人，城镇调查失业率平均值为 4.9%。启动新一轮高等教育"冲补强"提升计划，123 个学科进入 ESI 全球排名前 1%，新增博士、硕士学位授权高校各

3 所，高等教育毛入学率提高到55%以上。基础教育高质量发展全面提速，"双减"工作扎实推进，新增公办学前教育学位28.8万个。加快构建"顶天立地"医疗卫生大格局，新建3个省级重大疫情救治基地、7家国际健康驿站，启动实施国家公立医院高质量发展试点，获批建设国家中医药综合改革示范区。建立高龄老人津（补）贴制度，基本建成15分钟城市养老服务圈，三孩生育政策支持体系加快完善。筹集建设保障性安居工程33万套（户），开工改造城镇老旧小区超过1 500个。

表1　广东省2021年宏观经济主要指标表

	2021 年		2020 年	
	绝对数	比上年增长（%）	绝对数	比上年增长（%）
一、地区生产总值（亿元）	124 369.67	8.0	111 151.63	2.3
第一产业	5 003.66	7.9	4 732.74	3.7
第二产业	50 219.19	8.7	43 868.05	1.9
第三产业	69 146.82	7.5	62 550.84	2.5
二、人均地区生产总值（元）	98 285	7.1	88 521	1.1
三、固定资产投资（亿元）	—	6.3	—	7.2
四、社会消费品零售总额（亿元）	44 187.71	9.9	40 207.85	−6.4
五、外贸进出口总额（亿元）	82 681.56	16.7	70 862.65	−0.9
出口总额	50 525.46	16.2	43 493.07	0.2
进口总额	32 156.10	17.5	27 369.58	−2.5
六、实际利用外商直接投资（亿元）	1 840.02	13.6	1 620.29	6.5
七、城镇常住居民人均可支配收入（元）	54 854	9.1	50 257	4.4
农村常住居民人均可支配收入（元）	22 306	10.7	20 143	7.0
八、居民消费价格指数（%）	100.8	0.8	102.6	2.6

（续上表）

	2021 年		2020 年	
	绝对数	比上年增长（%）	绝对数	比上年增长（%）
九、地方一般公共预算收入（亿元）	14 105.04	9.1	12 923.85	2.1
地方一般公共预算支出（亿元）	18 247.01	4.7	17 430.79	0.8
十、金融机构信贷收支（亿元）				
银行业金融机构本外币存款余额	293 169.22	9.5	267 638.26	15.1
银行业金融机构本外币贷款余额	222 234.29	13.6	195 680.62	16.5

二、区域经济发展综述

（一）四大区域发展分析

广东全省划分为珠江三角洲、粤东、粤西、粤北四个区域。珠江三角地区包括广州、深圳、珠海、佛山、江门、东莞、中山、惠州、肇庆9市；粤东地区包括汕头、潮州、揭阳、汕尾4市；粤西地区包括湛江、茂名、阳江3市；粤北地区包括韶关、河源、梅州、清远、云浮5市。截至2021年底，全省常住人口共计12 684.00万人，其中，珠三角地区占比最高，达61.97%，粤东、粤西、粤北地区分别占12.94%、12.51%、12.58%。全省常住人口城镇化率为74.63%，珠三角、粤东、粤西、粤北地区分别为87.47%、61.07%、47.31%、52.52%，其中，粤西地区提高幅度最大，较2020年提高1.16个百分点；珠三角、粤东、粤北地区提高幅度分别为0.23、0.47、0.90个百分点。

表2 2021年广东省各区域基本情况

	面积及占全省比重		年末常住人口及占全省比重		城镇化率（%）
	面积（万平方公里）	占比（%）	人口（万人）	占比（%）	
全省	17.98	—	12 684.00	—	74.63
珠三角	5.48	30.48	7 860.60	61.97	87.47
粤东	1.55	8.62	1 640.87	12.94	61.07
粤西	3.27	18.19	1 587.13	12.51	47.31
粤北	7.68	42.71	1 595.40	12.58	52.52

1. 经济总量不断扩大。2021年，珠三角地区持续发挥全省发展的核心和主引擎作用，地区生产总值突破10万亿元大关，增速达7.9%，占全省地区生产总值的80.9%，较上年提升0.1个百分点；随着东莞新加入万亿元城市行列，全省4个经济总量超万亿的城市均在珠三角。沿海经济带产业加速发展，其中，粤东地区生产总值7 728.20亿元，增长7.7%，占全省比重6.2%，回落0.2个百分点；粤西地区在原材料等产业链上游行业带动下经济增速加快，地区生产总值攀升至8 773.89亿元，增长8.1%，增幅高于全省平均水平0.1个百分点，占全省比重7.1%，提升0.1个百分点。粤北地区后发优势显现，地区生产总值7 282.33亿元，增长7.7%，占全省比重5.9%，提升0.1个百分点。

2. 区域间经济差距略有缩小。随着人口向珠三角地区聚集，区域间人均总量相对差距持续缩小，全省区域差异系数由2020年的0.544 2降至2021年的0.531 3，人均地区生产总值最高（珠三角地区）与最低（粤北地区）之比为2.81∶1，比上年相应的水平（2.82∶1）有所缩小。从增速看，粤东、粤西、粤北地区人均地区生产总值分别增长7.6%、7.5%、7.7%，增速分别高于珠三角地区1.0、0.9和1.1个百分点，分别高于全省平均水平0.5、0.4和0.6个百分点。

3. 财政实力日益增强。2021年，珠三角地区地方一般公共预算收入

9 366.17 亿元，增长 10.2%，增幅高于全省平均水平 1.1 个百分点，占全省比重 88.5%，较上年提升 0.2 个百分点。粤东、粤西、粤北地区地方一般公共预算收入分别为 330.21 亿元、386.49 亿元、501.05 亿元，分别增长 5.8%、11.7%、8.3%。从财政收入的人均水平来看，珠三角地区人均地方一般公共预算收入接近 12 000 元，增长 9.0%；粤东、粤西、粤北地区人均地方一般公共预算收入分别为 2 018 元、2 443 元、3 144 元，分别增长 5.8%、11.0%、8.3%，财政实力提升为改善社会民生提供了坚实支撑。

4. 投资韧性表现各异。2021 年，珠三角地区固定资产投资增长 8.1%，增幅高于全省平均水平 1.8 个百分点，拉动全省投资增长 6.1 个百分点，占全省比重 76.1%，较上年提升 1.4 个百分点，有力支撑全省投资平稳增长。在风电、石化、核电等重大项目拉动下，粤西地区固定资产投资增长 16.7%，较上年提升 17.2 个百分点，占全省比重 6.5%，提高 0.6 个百分点。粤东、粤北地区投资动能有待提振，其中，粤北地区固定资产投资增长 2.9%，占全省比重 8.1%，较上年回落 0.2 个百分点；粤东地区固定资产投资增速录得负值，占全省比重较上年回落 1.7 个百分点。

5. 消费潜力不断释放。2021 年，珠三角地区社会消费品零售总额 34 412.76 亿元，增长 10.3%，高于全省平均水平 0.4 个百分点，占全省社会消费品零售总额比重较上年提升 0.3 个百分点；粤东、粤西和粤北地区社会消费品零售总额分别为 3 517.59 亿元、3 764.49 亿元、2 485.28 亿元，分别增长 8.1%、9.2%、8.1%，占全省比重均回落 0.1 个百分点。从人均社会消费品零售总额来看，珠三角地区最高，达 43 379 元，增长 9.7%；粤北地区最低，仅为 15 578 元，增长 7.9%；粤东、粤西地区则分别为 21 437 元、23 719 元，分别增长 7.5%、8.5%。

6. 外贸区域发展协调性有所增强。珠三角地区重点发展技术和资本密集型产业，外贸进出口可持续发展能力增强，进出口总额增至 78 933.82 亿元，增长 16.6%，占全省进出口总额比重 95.5%，与上年持平。粤西地区在大宗商品进口和重要产品出口、外贸新业态等支撑下，进出口总额突破千亿元关口，达 1 042.43 亿元，增长 24.7%，占全省比重 1.3%，提升 0.1 个百分点。

粤北地区承接珠三角产业转移，带动对外贸易快速发展，进出口总额1 318.62亿元，增长17.5%，增幅高于全省平均水平0.8个百分点，占全省比重1.6%，与上年持平。粤东地区进出口总额1 386.70亿元，增长13.0%，低于全省平均水平3.7个百分点，占全省比重1.7%，与上年持平。

表3   2021年广东省各区域主要经济指标总量对比

指标	珠三角	粤东	粤西	粤北
地区生产总值（亿元）	100 585.25	7 728.20	8 773.89	7 282.33
人均地区生产总值（元）	128 264	47 228	55 464	45 695
地方一般公共预算收入（亿元）	9 366.17	330.21	386.49	501.05
社会消费品零售总额（亿元）	34 412.76	3 517.59	3 764.49	2 485.28
进出口总额（亿元）	78 933.82	1 386.70	1 042.43	1 318.62

表4   2021年广东省各区域主要经济指标占全省比重对比

（单位:%）

指标	珠三角	粤东	粤西	粤北
地区生产总值	80.9	6.2	7.1	5.9
地方一般公共预算收入	88.5	3.1	3.7	4.7
固定资产投资	76.1	9.3	6.5	8.1
社会消费品零售总额	77.9	8.0	8.5	5.6
进出口总额	95.5	1.7	1.3	1.6

表5　2021年广东省各区域主要经济指标增速对比

（单位:%）

指标	珠三角	粤东	粤西	粤北
地区生产总值	7.9	7.7	8.1	7.7
人均地区生产总值	6.6	7.6	7.5	7.7
地方一般公共预算收入	10.2	5.8	11.7	8.3
固定资产投资	8.1	-10.5	16.7	2.9
社会消费品零售总额	10.3	8.1	9.2	8.1
进出口总额	16.6	13.0	24.7	17.5

7. 产业结构整体良好。2021年，广东四大区域产业结构继续保持"三二一"特征，呈现出第一、三产业占比回落，第二产业占比上升的趋势。在第一产业占比方面，珠三角地区占比水平最低，为1.7%，较上年略微降低0.1个百分点；粤西地区占比水平最高，达17.5%，较上年降低2.3个百分点，该下降幅度位居四大区域之首；粤东、粤北地区占比水平分别为8.0%、15.6%，分别较上年降低0.4、1.0个百分点。在第二产业占比方面，珠三角、粤东地区占比水平高于全省平均水平，分别达40.7%、43.3%，均较上年提高0.7个百分点；粤西、粤北地区占比水平分别为37.4%、35.9%，均较上年有明显提升，提高幅度分别为4.2、3.3个百分点。在第三产业占比方面，受新冠肺炎疫情的外部冲击，四大区域相应的占比水平均较上年有所下滑，其中粤西、粤北降低幅度相对明显，分别达2.0、2.2个百分点。此外，从产业增速来看，第一、第二、第三产业增速最高的区域分别为粤北、粤西、粤东地区，相对应的增速分别为9.1%、10.4%、8.7%。

表6 2021年广东省各区域三次产业结构及增速对比

（单位:%）

	三次产业构成			三次产业增速		
	第一产业	第二产业	第三产业	第一产业	第二产业	第三产业
全省	4.0	40.4	55.6	7.9	8.7	7.5
珠三角	1.7	40.7	57.6	8.8	8.6	7.3
粤东	8.0	43.3	48.7	6.3	6.8	8.7
粤西	17.5	37.4	45.0	6.5	10.4	7.1
粤北	15.6	35.9	48.5	9.1	8.6	6.7

8. 工业总量增势平稳。2021年，因芯片短缺受影响的汽车、电子等重点行业逐步恢复，珠三角地区规模以上工业增加值32 036.61亿元，增长8.6%，低于全省平均水平0.4个百分点，占全省规模以上工业增加值比重85.9%，较上年回落0.2个百分点。在新投产企业的带动下，粤西、粤北地区增速高于全省，其中，粤西地区增长13.0%，高于全省平均水平4.0个百分点，增加值占全省比重4.7%，较上年提高0.3个百分点；粤北地区增长12.4%，高于全省平均水平3.4个百分点，增加值占全省比重4.8%，较上年提高0.1个百分点。受"能耗双控"和钢铁压减产能影响，粤东增长8.1%，增速低于全省平均水平0.9个百分点，增加值占全省比重4.6%，较上年回落0.2个百分点。

9. 现代产业质效稳中有升。在先进制造业方面，珠三角、粤西地区先进制造业增加值占规模以上工业比重均在全省平均水平之上，分别为58.1%、55.9%，其中粤西地区较上年提高幅度最大，达8.2个百分点，珠三角地区较上年回落0.4个百分点。粤东、粤北地区先进制造业占比分别增至36.7%、35.3%，分别较上年提高2.0、3.0个百分点。在高技术制造业方面，珠三角地区一马当先，高技术制造业占规模以上工业比重达34.9%，高出全省平均水平3.6个百分点。粤东、粤北地区高技术制造业占比分别增至10.1%、16.1%，其中粤东地区较上年提高幅度最大，达2.6个百分点，粤北地区提高幅度则为1.0个百分点。粤西地区高技术制造业发展基础相对薄弱，占规模以上工业比重为 1.4% ，较上年回落 0.3 个百分点。

表 7   2021 年广东省各区域工业生产主要指标对比

	规模以上工业增加值			先进制造业增加值		高技术制造业增加值	
	绝对数 （亿元）	增速 （%）	占比 （%）	绝对数 （亿元）	占规模以上 工业比重（%）	绝对数 （亿元）	占规模以上 工业比重（%）
全省	37 306.53	9.0	—	20 869.30	55.9	11 672.39	31.3
珠三角	32 036.61	8.6	85.9	18 624.24	58.1	11 184.47	34.9
粤东	1 716.42	8.1	4.6	630.56	36.7	172.93	10.1
粤西	1 752.31	13.0	4.7	978.76	55.9	24.87	1.4
粤北	1 801.19	12.4	4.8	635.74	35.3	290.12	16.1

10. 居民生活水平持续改善。珠三角地区全体居民人均可支配收入水平（60 729.7 元）位列四大区域之首，增速最快，达 10.8% ，粤东、粤西、粤北地区全体居民人均可支配收入水平尽管远不及珠三角地区，但增速均保持在 10% 左右。在城镇居民收入方面，珠三角、粤北地区城镇居民人均可支配收入增速分别为 10.0% 、9.4% ，分别高出全省平均水平 0.9、0.3 个百分点；在农村居民收入方面，珠三角地区农村居民人均可支配收入增速（13.4%）最快，高出全省平均水平 2.7 个百分点，粤西地区增速（10.3%）则有所放缓，略低于全省平均水平 0.4 个百分点。

表 8   2021 年广东省四大区域居民生活水平情况

	全体居民人均可支配收入		城镇居民人均可支配收入		农村居民人均可支配收入	
	绝对数 （元）	增长（%）	绝对数 （元）	增长（%）	绝对数 （元）	增长（%）
全省	44 993.3	9.7	54 853.6	9.1	22 306.0	10.7
珠三角	60 729.7	10.8	65 118.6	10.0	30 464.7	13.4

（续上表）

	全体居民人均可支配收入		城镇居民人均可支配收入		农村居民人均可支配收入	
	绝对数（元）	增长（%）	绝对数（元）	增长（%）	绝对数（元）	增长（%）
粤东	27 006.0	9.9	32 240.7	8.8	19 211.4	10.7
粤西	27 538.1	9.8	34 861.6	9.0	21 261.0	10.3
粤北	27 038.0	10.3	34 008.9	9.4	19 599.6	10.7

（二）2021年区域发展主要工作

——进一步完善区域发展政策体系。2021年，省委、省政府相继出台支持广州建设大湾区高质量发展引领区、支持汕头和湛江两个省域副中心城市加快发展、支持珠海建设现代化经济特区、支持佛山建设制造业创新高地、支持东莞打造科创制造强市等政策文件。召开全省推动老区苏区全面振兴发展工作会议，出台新时代支持革命老区和原中央苏区振兴发展的政策措施。制定加快海洋强省建设政策文件，印发实施省海洋经济发展"十四五"规划。全力落实《横琴粤澳深度合作区建设总体方案》《全面深化前海深港现代服务业合作区改革开放方案》，制定出台省级支持措施。

——全力推动粤港澳大湾区建设。"双区""双合作区"建设向纵深推进，国际一流湾区和世界级城市群加快形成。制定首批湾区标准目录，"港澳药械通"深入推进，"跨境理财通"业务试点正式启动，职业资格认可进一步拓展，粤港澳三地机制规则对接不断深化。加快建设"轨道上的大湾区"，赣深高铁建成通车，广州东至花都天贵城际铁路等一批项目开工建设。进一步提升基础设施互联互通水平，广佛肇高速公路全线贯通，深圳机场卫星厅建成启用，珠三角枢纽（广州新）机场选址正式获批。粤澳新通道（青茂口岸）正式开通，深圳湾口岸货检通道实现24小时通关。深圳综合改革试点首批40项授权事项基本落地，省级出台22项支持措施。横琴、前海两个合作区实现良好开局，横琴合作区管理机构正式揭牌运作，前海合作区企业所得税优惠政策延期、目录扩围、门槛降低落地实施。

——着力提升珠三角核心区发展能级。深入实施"强核""立柱""强链"工程，推动产业高端化发展。电子信息领域100个重点建设项目和122家国家级创新机构发展提速，广州获批建设国家人工智能创新应用先导区，启动建设4个制造业数字化转型示范城市，新增一批国家级制造业单项冠军和专精特新"小巨人"企业，广州期货交易所揭牌运营。"深圳—香港—广州科技集群"连续两年居全球创新指数第2位。综合性国家科学中心启动建设，强流重离子加速器、未来网络试验设施等重大科技基础设施加快建设。规划建设广州、深圳、珠江口西岸都市圈，广州、深圳两市战略合作深入推进，"双城联动"效应逐步显现，两市首批27项重点合作项目清单落地实施。规划建设珠西高端产业集聚发展区和深圳—中山、江门产业拓展走廊，促进东岸科创与西岸制造融合发展。东莞成为全省第4个经济总量超万亿元城市。

——着力打造沿海经济带东西两翼新增长极。加强基础设施建设，湛江港30万吨级航道改扩建工程建成，韩江榕江练江水系连通工程基本建成通水，粤东城际汕头至潮汕机场等铁路项目开工建设，广汕汕高铁、广湛高铁、深茂铁路深江段铁路、环北部湾广东水资源配置工程等项目加快推进。加快沿海经济带重大产业布局，规划建设汕头、湛江大型产业集聚区，东西两翼海上风电、临港工业、海工装备、绿色石化产业稳步壮大，巴斯夫等投资超100亿美元重大项目加快推进，湛江钢铁3号高炉系统具备投运条件，揭阳GE（中国通用）海上风电机组总装基地竣工投产。加快推进省域副中心城市建设，汕头列入要素市场化配置综合改革和便利华侨华人投资制度专项改革省级试点，入选中国数字经济百强城市、全国首批海绵城市建设示范城市；湛江加强与海南自贸港相向而行，积极参与共建西部陆海新通道，湛江综合保税区、跨境电子商务综合试验区获批建设，中科炼化、廉江清洁能源等重大项目加快建设或投产，一批高水平创新平台、高等院校、医疗机构布局建设。

——着力推动北部生态发展区绿色发展。进一步提升基础设施通达度，韶关新机场、湛江新机场建成通航，赣深高铁、韶关至新丰高速建成通车。加强东江、西江、北江、韩江等重要江河源头水质保护，北部生态发展区5市城市集中饮用水源地水质连续多年稳定达标，韶关、河源、云浮城市饮用水水源Ⅰ～Ⅱ类水源地比例保持100%。广东南岭山区韩江中上游项目成功申报全国第一批山水林田湖草沙一体化保护与修复工程。梅州梅县区成功申报"绿水青山就是金山银山"实践创新基地。着力提升产业发展水平，韶关市全国产业转型升级示范区连续两年获国务院督查激励，云浮联合佛山、广州、深圳等兄弟市成功申报国家燃料电池汽车应用示范城市群，全国一体化算力网络粤港澳大湾区枢纽节点布局韶关。大力推进河源深河产业共建示范区、梅州梅兴华丰产业集聚带、云浮氢能产业基地等重大产业发展平台建设。韶关、云浮列入省美丽圩镇建设专项改革试点，翁源、连平县入选全国乡村建设评价试点县。

——着力推进区域合作发展。深入推进珠三角6市对口帮扶粤东西北8市，投入24亿元支持产业共建，推动项目向粤东西北地区转移。出台《广清经济特别合作区建设总体方案》，广佛全域同城化、广清一体化建设步伐加快，国家城乡融合发展试验区广清接合片区建设稳步推进。推动广州、深圳与湛江、汕头深度协作，汕头（深圳）协同创新交流中心投入运作。有序推进东西两翼协同联动发展，规划建设汕潮揭都市圈和湛茂都市圈，大力推进汕潮揭同城化，稳步推进湛茂一体化发展，湛江与茂名、阳江强化交通对接、产业协同及生态联保联控。扎实高效推进对口支援西藏新疆工作，实现对口支援四川甘孜州工作圆满收官，与黑龙江省对口合作不断深化。东西部协作工作切实加强，泛珠三角区域合作持续深化，琼州海峡港航一体化取得阶段性成果。

（三）2022年区域发展主要工作思路

——全力推进粤港澳大湾区建设。高标准编制新一轮横琴、前海总体发展规划。加快基础设施互联互通，推进珠肇高铁、广佛环线、广州白云机场三期扩建、深圳机场三跑道扩建、珠海机场改扩建等重大项目建设。优化深化实施"湾区通"工程。持续推进规则衔接、机制对接，加快建设粤港澳大湾区大数据中心。高水平推进香港科技大学（广州）、大湾区大学等建设，加强港澳青年创新创业基地建设。全力建设好深圳先行示范区。加快实现广州老城市新活力、"四个出新出彩"，提升南沙粤港澳全面合作示范区开发建设水平。

——推动珠三角核心区壮大新动能塑造新优势。打造珠三角高端制造业核心区，推动一批世界领先水平产业项目落地。加快村级工业园改造，推进珠三角产业园提质增效。支持佛山建设制造业高质量发展试验区、东莞建设制造业供给侧结构性改革创新实验区、江门建设中欧中小企业合作区。持续推进佛山三龙湾高端创新集聚区、惠州潼湖生态智慧区、东莞滨海湾新区、中山翠亨新区、江门大广海湾经济区、肇庆新区等重大区域发展平台建设。

——推动沿海经济带东西两翼地区加快发展成为全省新的增长极。加快湛江、汕头省域副中心城市建设，谋划建设东西两翼沿海制造业拓展带，加大重大项目推进力度，发展壮大绿色石化、新能源等优势产业。加快推进深江铁路、深汕高铁全线开工，抓好汕头港、揭阳港、茂名港、湛江港等疏港铁路以及广湛高铁、广汕汕高铁、沈海高速公路改扩建等项目建设，完善珠三角地区联系东西两翼地区快速运输通道。加快粤东城际铁路建设，推动实现汕潮揭地区中心城市"半小时通勤圈"和粤东地区"一小时交通圈"。

——推动北部生态发展区进一步打造生态经济发展新标杆。出台实施支持北部生态发展区高质量发展的政策文件。推动北部生态发展绿色制造，推动工业集中进园。推动河源灯塔盆地创建国家农业高新技术产业示范区，提升韶关国家产业转型升级示范区、梅州梅兴华丰产业集聚带等发展水平，建设云浮大湾区绿色能源供应基地，支持绿色矿业发展示范区建设。打造全国农业绿色发展先行区，支持依托现代农业产业园建设一批全省优质稻、柑橘、柚子、茶等绿色农产品生产供给基地。持续推动粤北南粤古驿道、绿道连片开发利用。

——推动区域合作发展。推进新一轮省内对口帮扶，共建区域产业链和区域产业分工协作体系，继续推动老区苏区、民族地区、资源型地区等特殊类型地区振兴发展。统筹推进珠江—西江经济带、北部湾城市群、粤桂黔滇川高铁经济带、闽粤合作区、粤赣闽省际边界合作平台等建设。支持汕头加快建设华侨经济文化合作试验区，支持湛江深度参与西部陆海新通道建设、对接海南自由贸易港建设。高质量推进对口支援西藏新疆、与黑龙江省对口合作工作。

三、区域经济发展比较

（一）广东在全国区域发展中的地位

经济实力进一步增强。2021年，广东地区生产总值124 369.67亿元，占全国的10.9%，增长8.0%，增速比全国低0.1个百分点，经济总量连续33年稳居全国第一位。人均地区生产总值98 285元，增长7.1%。财政总体实力不断扩大，财政收入逐步回升，地方一般公共预算收入1.41万亿元，增长9.1%，总量连续31年居全国第一位。

对内对外开放稳中提质。2021年，全省外贸进出口总额达8.27万亿元，增长16.7%。其中，出口额5.05万亿元，增长16.2%；进口额3.22万亿元，增长17.5%；对"一带一路"沿线国家进出口额2.04万亿元，增长16.3%。截至2021年底，全年新设外商直接投资企业16 155个，增长25.6%；实际使用外商直接投资金额1 840亿元，增长13.6%。全年经核准境外新增中方实际投资额169.7亿美元，增长7.3%。

产业结构持续优化。2021年，全省三次产业结构调整为4.0∶40.4∶55.6。其中，第一产业增加值5 003.66亿元，第二产业增加值50 219.19亿元，第三产业增加值69 146.82亿元，分别占全国的6.0%、11.1%、11.3%。高技术制造业增加值增长6.9%，占规模以上工业增加值比重31.3%；先进制造业增加值增长 6.5%，占规模以上工业增加值比重 55.9%。民营经济增加值 6.78 万亿元，增长 7.8%，占全省经济比重 54.5%。

自主创新能力进一步提升。全省专利授权总量 87.22 万件，增长 22.9%，居全国首位。其中，发明专利授权量 10.29 万件，增长 45.5%。全年《专利合作条约》PCT 国际专利申请量 2.61 万件，居全国首位。截至 2021 年底，全省有效发明专利量 43.96 万件，居全国首位。每万人口发明专利拥有量 34.89 件。全省高新技术企业达 6 万家，高新技术产品产值 8.7 万亿元，增长 10.5%。拥有国家重点实验室 30 家、国家工程技术研究中心 23 家、省级工程技术研究中心 6 714 家。拥有国家认定企业技术中心 82 家、省级企业技术中心 1 434 家。

生态文明建设走在全国前列。2021 年，全省 21 个城市空气质量优良天数比例平均为 94.3%，高出全国平均水平 6.8 个百分点。全年日照时数 2 058.8 小时，较常年偏多 17.0%。全省 21 个城市细颗粒物（$PM_{2.5}$）为 22 微克/立方米，明显低于全国平均水平（30 微克/立方米）。全省 168 个地表水省考监测断面中，全年水质优良（Ⅰ~Ⅲ类）断面比例为 86.9%，高出全国平均水平 2.0 个百分点；劣Ⅴ类水质的断面比例 1.2%，与全国平均水平相当。

（二）广东与山东、江苏、浙江、上海四省（市）比较

1. 从总体经济看，广东经济总量居首，增速接近全国与沿海四省（市）水平。2021 年，广东地区生产总值 124 369.67 亿元，总量稳居全国首位。其中，第一产业增加值 5 003.66 亿元，增长 7.9%，对地区生产总值增长的贡献率为 4.2%；第二产业增加值 50 219.19 亿元，增长 8.7%，对地区生产总值增长的贡献率为 43.0%；第三产业增加值 69 146.82 亿元，增长 7.5%，对地区生产总值增长的贡献率为 52.8%。2021 年，江苏地区生产总值 116 364.20 亿元，规模位居第二。从增速上看，2021 年江苏增速在四省一市中位居首位，为 8.6%；其次为浙江（8.5%）、山东（8.3%）、上海（8.1%）。

表9　2021年广东与沿海四省（市）经济发展总体比较

省（市）	地区生产总值		人均地区生产总值		三次产业结构
	绝对数（亿元）	增长（%）	绝对数（元）	增长（%）	
广东	124 369.67	8.0	98 285	7.1	4.0∶40.4∶55.6
山东	83 095.90	8.3	81 727	7.9	7.3∶39.9∶52.8
江苏	116 364.20	8.6	137 039	8.3	4.1∶44.5∶51.4
浙江	73 515.76	8.5	113 032	7.1	3.0∶42.4∶54.6
上海	43 214.85	8.1	173 630	7.9	0.2∶26.5∶73.3

　　从三大需求看，2021年，广东固定资产投资增长6.3%，增速低于浙江、上海，高于山东、江苏。其中，广东民间投资、房地产开发投资分别增长7.8%、0.9%。广东社会消费品零售总额44 187.71亿元，增速为9.9%，高于浙江，但低于其他三省一市。广东外贸进出口规模仍遥遥领先，总量为82 681.56亿元，规模约是江苏（位居第二）的1.59倍；广东外贸进出口增速仅高于上海，山东在四省一市中增速最高，达32.4%。

表10　2021年广东与沿海四省（市）三大需求比较

省（市）	固定资产投资		社会消费品零售总额		进出口	
	总量（亿元）	增速（%）	总量（亿元）	增速（%）	总量（亿元）	增速（%）
广东	—	6.3	44 187.71	9.9	82 681.56	16.7
山东	—	6.0	33 714.55	15.3	29 304.06	32.4
江苏	—	5.8	42 702.65	15.1	52 130.59	17.5
浙江	—	10.8	29 210.54	9.7	41 429.09	22.4
上海	—	8.0	18 079.25	13.5	40 610.35	16.5

　　从创新能力来看，广东稳步提升。从研发投入强度来看，2021年广东研究与试验发展经费支出占地区生产总值达3.22%，仅低于上海。从发明专利

授权量看，2021 年广东授权量为 10.29 万件，增长 45.5%。从万人发明专利拥有量看，广东为 34.89 件，据《中国区域创新能力评价报告 2021》显示，广东省区域创新能力连续四年全国第一。在 PCT 国际专利申请量方面，2021 年全国申请数量为 68 338 件，广东为 26 079 件，占全国比重达 38.16%，居全国首位。总体来看，广东在实施创新驱动发展战略中扮演着关键性角色，同时如何在总量水平优势的基础上进一步培育人均水平优势将成为今后建设更高水平科技创新强省的目标任务之一。

表 11　2021 年广东与沿海四省（市）创新主要指标比较

省（市）	研发经费支出占地区生产总值比重（%）	发明专利授权量（万件）	有效发明专利（万件）	万人发明专利拥有量（件）	PCT 国际专利申请量（万件）
广东	3.22	10.29	43.96	34.89	26 079
山东	2.34	3.63	15.08	14.85	3 244
江苏	2.95	6.88	34.90	41.17	7 168
浙江	2.94	5.68	25.04	38.78	4 675
上海	4.21	3.29	17.20	69.09	4 830

区域篇

一、珠江三角洲地区

（一）发展概述

2021 年，珠三角地区生产总值 100 585.25 亿元，占全省的 80.9%，增长 7.9%；人均地区生产总值 128 264 元，增长 6.6%；社会消费品零售总额 34 412.76 亿元，增长 10.3%；外贸进出口总额 78 933.82 亿元，增长 16.6%；地方一般公共预算收入 9 366.17 亿元，增长 10.2%；全体居民人均可支配收入达 60 730 元，增长 10.8%；年末常住人口 7 860.60 万人，城镇化率达 87.5%。

——创新能力持续增强。2021 年，珠三角九市研发支出 3 826.75 亿元，研发投入强度 3.80%，国家高新技术企业达到 5.7 万家，专利授权量预计达到 78 万件，其中发明专利授权量预计超过 10 万件。广州市新认定高新技术企业约 3 600 家，国家、省重点实验室分别增至 21 家和 256 家；聚集全省 80.0% 的高校和 97.0% 的国家重点学科。深圳市级科技研发资金投向基础研究和应用基础研究 62 亿元，占全社会研发经费投入 46.0%；获国家科学技术奖 13 项、广东省科技奖 53 项，创历史新高。珠海市新培育"单项冠军"企业 3 家、专精特新"小巨人"企业 3 家，规模以上工业企业研发机构覆盖率达 48.0%。佛山市累计争取国家和省科技项目 84 项，全市科技创新平台达 41 家。惠州市全社会研发经费投入占地区生产总值比重达 3.39%，市级以上工程技术研究中心 490 家。东莞市累计建有 118 家科技企业孵化器，其中国家级孵化器 25 家。中山市省级工程技术研究中心增至 351 家，组织实施重大科技专项 26 项，立项经费 1.20 亿元。江门市高新技术企业数量增长 5 倍，省级工程技术研究中心数量增长 2.5 倍。肇庆市全年专利授权量 7 584 件，其中发明专利授权量 602 件，增长 56.4%。

——改革开放稳步推进。2021 年，珠三角地区外贸进出口总额达 78 933.82 亿元，占全省 95.5%；实际利用外资 1 747.69 亿元，占全省 95.0%。广州市全面完成事业单位改革试点，市级事业单位精简率达 37.4%；实施 40 多个混改项目，新增 2 家"双百企业"；出台新一轮"一带一路"建设三年行动计划以及全国首个 RCEP 跨境电商专项政策，中欧班列保税物流集散中心投入使用。深圳市承接 103 项省级行政职权下放，首批 40 条授权事项全面落地，在全国重点城市一体化政务服务能力评估中连续三年位居第一；粤港澳大湾区"跨境理财通"首批业务落地，深圳—万象"湾区号"中老国际班列开通运营。珠海市全年新增减税降费超 50 亿元，成为全国首个具备合格境内有限合伙人（QDLP）试点审批权限的地级市。佛山市在全国率先推行"一照通行"改革，企业开办实现"一个环节全办理、半天内办结、零成本"。惠州市实现全市营商环境工作"三化"管理，惠城区试点与香港"跨境通办"。东莞市"放管服"改革持续深化，791 个事项实现全国通办，40 个政务服务事项实现"秒批"。中山市上线数字财政系统，实施预算绩效管理；建成跨境电商线上综合服务平台。江门市金融改革稳步推进，境内外上市公司增至 23 家。肇庆市"互联网＋政务服务"改革持续推进，市级行政许可事项网上可办率达 99%，可全流程网办比例达 96% 以上。

——重点项目进展顺利。珠三角地区固定资产投资增长 8.1%。广州、深圳、佛山、惠州、东莞、中山、江门和肇庆市固定资产投资分别增长 11.7%、3.7%、7.6%、21.8%、8.2%、15.3%、1.4% 和 11.6%，珠海市固定资产投资下降 3.1%。珠三角地区省重点项目建设完成投资 6 526.4 亿元，占全省完成投资的 62.5%，为年度计划投资的 132.5%。新开工建设广州东至花都天贵城际铁路、宁德时代动力及储能电池肇庆项目（一期）、鹏城实验室石壁龙园区等项目。深圳机场卫星厅项目、赣深高铁、广州南沙港铁路等项目建成投产。

——生态环境持续改善。广州市建成污水处理厂 63 座，城市污水处理厂处理能力达到每日 791.03 万立方米，纳入国家监管的 147 条黑臭水体全部消除黑臭；$PM_{2.5}$ 平均浓度居国家中心城市最优，累计建成绿道 3 800 公里。深圳市新增绿色建筑1 887万平方米，规模居全国前列；新增固体废弃物综合利用能力每日3.8万吨，生活垃圾回收利用率达45.6%，再生水利用率达73.0%以上，完成国家"无废城市"试点建设任务。珠海市前山河石角咀断面水质由Ⅳ类提升至Ⅲ类，国省控断面劣Ⅴ类水体全面消除。佛山市空气优良天数比例为86.0%，集中式饮用水水源地水质达标率100%。惠州市环境空气质量稳居全国168个重点城市前列，15个国省考断面水质全部稳定达标。东莞市完成1 404家挥发性有机物（VOCs）企业整治提升，升级改造131座生活垃圾转运站。中山市新建污水管网400公里，完成更新造林387公顷。江门市臭氧指标改善幅度全省第一，完成1 378公里河段、34个大中型水库入河排污口排查。肇庆市累计建成污水处理设施17座，城市生活垃圾无害化处理率100%。

——民生保障水平稳步提高。2021年，珠三角人均地区生产总值达到128 264元，城乡居民收入倍差缩小至2.1。广州市全年城镇新增就业33.55万人，创业带动就业人数15.41万人；新增基础教育学位约10万个，8家研究型医院启动建设；发放低收入居民价格临时补贴1 787万元，惠及群众约9万人次。深圳市获评"教育部基础教育综合改革实验区"，高校新增10个博士点；新增省高水平医院2家、三甲医院7家；52种疾病门诊费用纳入医保统筹基金报销，异地就医直接结算在定点医院实现全覆盖。珠海市"民生微实事"投入3.15亿元，完成6 940个惠民小项目，筹集1.8万套保障性住房和人才住房。佛山市城镇新增就业10.5万人，校内课后托管服务实现义务教育学校和有需求的学生全覆盖。惠州市城乡低保、农村特困人员基本生活供养标准分别提高到每人每月853元、1 365元。东莞市应届高校毕业生初次就业率在96%以上，困难高校毕业生100%就业。中山市建成国家和省级慢性病综合防控示范区3个，成功创建国家公共文化服务体系示范区。江门市医联体网格化布局全覆盖，低保、孤儿供养等四类人群补贴标准提高50%以上。肇庆市全年就业困难人员实现再就业2 080人，按时足额为全市2.2万名优抚对象发放抚恤优待金、生活补助和临时价格补贴。

表 12　2021 年广东省珠三角九市主要经济指标

地区	地区生产总值		人均地区生产总值		第三产业增加值		地方一般公共预算收入	
	绝对数（亿元）	增长率（%）	绝对数（元）	增长率（%）	绝对数（亿元）	增长率（%）	绝对数（亿元）	增长率（%）
珠三角	100 585.25	7.9	128 264	6.6	57 903.57	7.3	9 366.17	10.2
广州	28 231.97	8.1	150 366	6.7	20 202.89	8.0	1 884.26	9.4
深圳	30 664.85	6.7	173 663	5.0	19 299.67	7.8	4 257.70	10.4
珠海	3 881.75	6.9	157 914	4.0	2 199.27	7.2	448.19	18.2
佛山	12 156.54	8.3	127 085	7.3	5 139.04	7.0	808.26	7.3
惠州	4 977.36	10.1	82 113	9.3	2 092.06	5.3	455.39	10.5
东莞	10 855.35	8.2	103 284	7.8	4 501.28	5.1	769.57	10.8
中山	3 566.17	8.2	80 157	7.2	1 713.58	5.0	316.47	10.0
江门	3 601.28	8.4	74 722	7.5	1 665.73	5.7	279.87	6.0
肇庆	2 649.99	10.5	64 269	10.0	1 090.04	7.5	146.46	17.6

（二）广州市

1. 概况。

2021 年，广州市地区生产总值 28 231.97 亿元，增长 8.1%，其中，第一产业增加值 306.41 亿元，增长 5.5%；第二产业增加值 7 722.67 亿元，增长 8.5%；第三产业增加值 20 202.89 亿元，增长 8.0%。人均地区生产总值 150 366 元，增长 6.7%。地方一般公共预算收入 1 884.26 亿元，增长 9.4%。社会消费品零售总额 10 122.56 亿元，增长 9.8%。外贸进出口总额 10 825.09 亿元，增长 13.6%。城镇居民、农村居民人均可支配收入分别为 74 416 元、34 533 元，分别增长 8.9%、10.4%。

2. 优化发展情况。

——创新引领作用显著增强。"2+2+N"科技创新平台体系汇聚成势，广州实验室、粤港澳大湾区国家技术创新中心两大国家级平台挂牌运作，生物岛实验室即时检测技术转化研究中心签约落地，天然气水合物勘查开发国家工程研究中心获批组建，广东省新黄埔中医药联合创新研究院等创新平台落户，国家、省重点实验室分别增至21家和256家。自主创新能力大幅提升，发明专利授权量达2.4万件，增长59.0%。企业创新主体地位不断增强，新认定高新技术企业约3600家。创新环境持续优化，总规模1000亿元的大湾区科技创新产业投资基金落户并设立。科技成果加快转化，技术合同成交额达2413亿元，增长6.9%。深入实施"广聚英才计划"，累计发放人才绿卡超1万张，获批设立国家海外人才离岸创新创业基地。

——产业结构日趋优化。制造业高质量发展取得新进展，新增国家级专精特新"小巨人"企业47家，连续三年"小升规"企业超千家；高技术制造业产值增长25.7%，先进制造业占制造业增加值比重提高至65.7%，新能源汽车、集成电路等新产品产量分别大幅增长87.9%、58.6%。现代服务业竞争力取得新提升，广州期货交易所注册落地并揭牌运营，中国广州人力资源服务产业园7个园区全部开园，北京路、正佳广场入选首批国家级夜间文旅消费集聚区，现代服务业占服务业增加值比重提高至67.5%。数字经济创新发展取得新成效，广州人工智能与数字经济试验区琶洲片区累计11个重点项目投产运营，中国广电5G核心网华南中心节点落户建设；获批建设国家人工智能创新应用先导区，获批智慧城市基础设施与智能网联汽车协同发展首批试点城市。

——重点领域改革深入推进。系统推进国企混合所有制改革，新组建广州交易集团、广州人才集团和大湾区轨道交通产业投资集团，改组组建广州产业投资控股集团，实施40多个混改项目，新增2家"双百企业"。鼓励民营企业改革创新，出台《广州市民营领军企业培育管理办法》，首批遴选144家民营领军企业、268家"专精特新"扶优计划培育企业进行重点培育；广州开发区获批全国首个"中小企业能办大事"创新示范区，广州民营科技园获评全国工商联民营企业科技创新示范基地；市场经济活力恢复，民间投资增长 19.4%。试点开展国有建设用地使用权转移预告登记，从化区全域土地综合整治试点获批，成为全国唯一国家级县域试点。全面完成事业单位改革试点，市级事业单位精简率达 37.4%。

——国际综合交通枢纽功能明显强化。打造国际航空枢纽，广州白云国际机场 T3 航站楼及交通枢纽轨道交通预留工程开工，顺丰华南转运中心即将建成投用；2021 年，机场旅客吞吐量 4 025.7 万人次、货邮吞吐量 204.5 万吨。国际航运枢纽功能显著提升，南沙港区四期工程海轮泊位主体基本建成，广州港环大虎岛公用航道开工建设，净增外贸航线 21 条，港口货物吞吐量居全球第四。巩固提升铁路枢纽能级，南沙港铁路开通，完成广深铁路适应性改造，广州东至花都天贵城际铁路、芳村至白云机场城际铁路开工，大湾区广州都市圈城际铁路等重大项目前期工作取得突破性进展；地铁 18 号线首通段开通运营，新增地铁运营里程 58.3 公里；明珠湾大桥等项目建成通车，治理交通拥堵点 92 个。

——区域协调发展格局不断优化。因地制宜实施差异互补的区域协作发展战略，加强广深"双城"联动、广佛全域同城化、广清一体化、广湛深度协作、珠江口东西两岸融合互动，谋划与佛肇清共建广州都市圈，全力做好对口帮扶协作梅州、清远、湛江工作，支持革命老区和原中央苏区振兴发展。制定出台《广州市推动广深"双城联动、比翼双飞"实施方案》等 3 项方案，编制完成《广佛全域同城化"十四五"发展规划》《广清一体化"十四五"发展规划》等 5 项发展规划，共建国家城乡融合发展试验区广清接合片区、广佛高质量发展融合试验区、广清经济特别合作区、广梅产业园等跨区域重大平台，开展交通、产业、民生等领域全方位对接合作。

——民生福祉持续改善。文教体卫事业取得新进步，广州文化发展集团挂牌成立，新增国家级文化产业基地 3 家，2021 广州文交会重点文化项目意向合作金额超千亿元；新成立基础教育集团 25 个，新增基础教育学位约 10 万个，广州幼儿师范高等专科学校获批设立，广州大学、广州医科大学入选省高水平大学；广州呼吸中心、中山大学肿瘤防治中心黄埔院区投入使用，市妇女儿童医疗中心增城院区等项目完工,8家研究型医院启动建设。社会保障水平不断提高,市老人院扩建工程一期投入使用,综合养老服务中心(颐康中心)实现街镇全覆盖;城乡低保标准提高至每人每月1 120元,发放低收入居民价格临时补贴1 787万元,惠及群众约9万人次。

3. 推进粤港澳大湾区建设情况。

"双区"建设、"双城"联动步伐加快。与港澳合作全面深化,成立广州南沙粤港合作咨询委员会、广州粤港澳大湾区研究院;与香港赛马会签署促进穗港赛马产业发展框架合作协议,穗港智造合作区建设实施方案获批印发,穗澳创新园启动建设;香港科技大学(广州)一期建筑全面封顶,新增穗港澳姊妹学校(园)32对,设立10亿元规模的港澳青年创业基金,建成首批大湾区港澳青年创新创业基地4家。重大平台建设取得新进展,南沙启动创建国际化人才特区,自贸试验区累计制度创新成果762项,首创全球溯源体系等改革品牌;中新广州知识城加快建设,中新国际联合研究院等启动建设,第三代半导体创新中心、国际人才自由港建成运营。推动广深"双城"联动,大湾区国家技术创新中心、国家超算广州中心布局建设深圳分中心,逐步实现市场主体登记注册、户口迁移等30个政务服务事项在两地无差别办理。

4. 中新广州知识城建设情况。

《中新广州知识城总体发展规划(2020—2035年)》获国务院批复,加快打造具有全球影响力的国家知识中心。2021年,固定资产投资增长37%。组织项目筹建协调会39次,创新"一企一策"项目化管理,知识城26个项目纳入信任筹建,有效打通企业筹建痛点堵点。项目建设收获高质量果实,竣工投试产项目89个,达产产值超1 700亿元;全年签约项目35个,引进万孚生物、疫苗生产基地等一批重大优质产业项目;中新合作二期建设全面启动,加快推进能源总部基地等25个项目;中新国际联合研究院永久大楼投入使用,引进产业化项目60余个,孵化高新技术企业22家。提升生物医药产业引领力,百济神州一期进入商业化生产阶段,龙沙、诺诚健华一期等项目启动试生产,恒瑞一期、绿叶制药项目主体结构封顶,全球一流生物医药集聚区渐趋形成。提振集成电路产业影响力,粤芯二期进入试投产阶段,新锐光掩模、盈骅主厂房封顶，深南电路开工建设，集聚上下游产业 80 余家，打造全国集成电路第三极核心区。增强新能源汽车产业竞争力，加快建设小鹏汽车智造创新中心、宝能新能源汽车产业园，推动百度阿波罗等智能网联汽车项目示范应用。构建科技创新最强矩阵，与中国科学院等院所共建 18 个科研平台，航空轮胎动力学一期设备进场，清华珠三角研究院、粤港澳生态环境科学中心等科研平台加速建设；集聚由王晓东、施一公等 24 位院士领衔的顶尖人才队伍，吸纳 20 余名第三代半导体产业高端技术人才，培养硕博研究生 3 400 余名、产教融合高端应用型人才 1 000 余名。

5. 广州临空经济示范区建设情况。

广州临空经济示范区全力推进空港中央商务区、跨境电商枢纽港、区块链国际贸易平台等重大平台建设，推动自贸区扩区、空铁融合经济发展等重大战略布局，加快打造国家临空经济示范区，不断提升国际航空枢纽能级。2021 年，示范区固定资产投资增长 72.8%；本级财政收入约 23.62 亿元，其中，地方一般公共预算收入 5.09 亿元，政府性基金收入约 18.53 亿元。联邦快递亚太转运中心辐射集聚效应逐步增强，中外运敦豪、穗佳、顺丰、申通等国内外知名物流企业加速布局，均已在空港经济区内开工建设物流基地。空客和波音"客改货"项目先后落户投产，成为全国唯一引进全球两大飞机制造商客改货项目所在地。飞机维修基地全年实现营业收入 31.20 亿元，增长 3.3%。机场口岸跨境电商进出口交易额突破 1 000 亿元人民币，成为全国首个跨境电商业务迈进千亿元大关的空港口岸，跨境电商国际枢纽港提前完成首期发展目标。

6. 广清经济特别合作区建设情况。

2021 年 5 月，省委批复实施《广清经济特别合作区建设总体方案》，合作区下辖"三园一城"，总面积 112.5 平方公里。合作区由广州主导开发建设、管理运营，清远主要负责社会管理事务，双方按约定分享合作区开发收益。广清两市将合作组建相关投资开发公司，按规定开展合作区开发运营业务。合作区享有地级市经济管理权限，并承接省政府及其有关部门赋予的部分省级经济管理权限。广清两市召开广州—清远对口帮扶党政联席会议暨国家城乡融合发展试验区广东广清接合片区、广清经济特别合作区建设推进大会；两市联合印发《高质量推进广清经济特别合作区建设实施方案》，明确了38项具体推进任务事项。2021年，合作区工业总产值超150亿元。两市围绕省"双十"产业集群和广州主导产业链，探索"广州总部＋清远生产""广州总装＋清远配套""广州孵化＋清远加速""广州核心＋清远扩能"等"接链补链强链"产业合作模式。"三园一城"累计引进项目近600个，总投资近2 000亿元，投试产项目上百个。合作区拥有世界500强企业投资项目6家，高新技术企业54家，上市企业10家。广东长鹿集团、万洋集团、中国华电集团、欧派家居、立邦涂料、富强汽配、联东U谷、特威机械等一大批知名企业和"专精特新"企业进驻园区。

（三）深圳市

1. 概况。

2021年，深圳市地区生产总值30 664.85亿元，增长6.7%，其中，第一产业增加值26.59亿元，增长5.1%；第二产业增加值11 338.59亿元，增长4.9%；第三产业增加值19 299.67亿元，增长7.8%。人均地区生产总值173 663元，增长5.0%。三次产业结构调整为0.1∶37.0∶62.9。地方一般公共预算收入4 257.70亿元，增长10.4%。社会消费品零售总额9 498.12亿元，增长9.6%。外贸进出口总额35 436.74亿元，增长16.2%。全体居民人均可支配收入70 847元，增长9.2%。

2. 优化发展情况。

——创新发展能力得到新提高。2021年，全社会研发投入占地区生产总值比重达5.49%，全市技术合同交易额增长57.0%。基础研究能力稳步提升，市级科技研发资金投向基础研究和应用基础研究62亿元；河套深港科技创新合作区建设加速推进，引进深港澳芯片联合研究院等27个优质科研项目；国家实验室深圳"一核心两基地"体系基本形成，深圳湾实验室、国际量子研究院成为国家实验室基地；合成生物研究、脑解析与脑模拟等重大科学装置完成主体建设。关键核心技术攻关深入推进，国家第三代半导体技术创新中心挂牌成立，国家 5G 中高频器件创新中心获批建设，国家高性能医疗器械创新中心等平台投入运营，166 个关键核心技术攻关项目稳步实施；获国家科学技术奖 13 项、中国专利金奖 5 项、广东省科技奖 53 项；国内发明专利授权量 4.5 万件，增长 45.0%。创新生态持续优化，新增市级以上孵化器、众创空间 41 个；新增全职院士 20 人，新引进高层次人才 4 500 人，31 人入选全球"高被引科学家"名单。

——现代产业体系得到新提升。研究制定战略性新兴产业和未来产业行动计划，构建覆盖全链条的现代产业发展支撑体系；战略性新兴产业增加值占地区生产总值比重提高至 39.6%。先进制造业竞争力稳步增强，新一代信息通信等 4 个集群入选国家先进制造业集群，19 家企业入选国家制造业单项冠军；华星光电第 11 代超高清新型显示面板生产线等项目投产，中芯国际芯片生产线等项目加快推进，重投天科第三代半导体等项目开工建设，中国电子集团总部落户。现代服务业快速发展，现代服务业增加值占服务业增加值比重提升至 76.2%；国际金融创新中心加快建设，跨国公司本外币合一跨境资金池业务率先试点，3 个项目入选全国首批基础设施公募不动产投资信托基金试点，获批资本市场金融科技创新试点；双港物流发展迅速，国际航行船舶保税燃料油加注业务顺利开展，深圳港南山港区妈湾智慧港等开港运营。

——全面深化改革取得新突破。综合改革试点取得重要进展，承接 103 项省级行政职权下放，首批 40 条授权事项全面落地，放宽市场准入 24 条特别措施出台实施。营商环境创新试点城市加快建设，率先推出便利通关"新 29 条"措施，增开 10 个粤港澳大湾区组合港，报关成本降低 30%；率先建立知识产权侵权惩罚性赔偿制度。数字政府改革扎实推进，实现政务服务事项 100% 进驻网上办事平台；打造无实体卡证城市，新增"免证办"事项 300 项。科技体制改革持续深化，出台促进科技成果产业化 38 条措施，试行赋予科研人员职务科技成果所有权或长期使用权，建立非竞争性、竞争性"双轨制"科研经费投入机制。人才体制机制加快完善，企业博士后科研工作站分站设立和撤销权在 5 家企业率先试点；制定实施外籍"高精尖缺"人才认定标准，外国高端人才确认函审发权正式落地。

——城市功能品质实现新跃升。城市空间布局持续优化，圆满完成国土空间提质增效计划；前海国际化城市新中心等重点片区开发提速提效。现代化交通基础设施加快建设，深汕铁路、深大城际铁路、深惠城际铁路等项目开工建设，赣深高铁建成通车；全球首条应用车—车通信技术的地铁线路（20 号线）开通运营，地铁运营总里程增至 419.4 公里；坪盐通道、沙河西路快速化改造等项目建成通车，高快速路总里程增至 600 公里。市政基础设施持续完善，光明燃机电源基地、大唐国际宝昌燃气热电扩建等能源项目开工建设；新建市政中压燃气管网 142 公里，改造市政供水管网 65 公里。智慧城市建设稳步推进，城市信息模型（CIM）标准体系更加完善，新建 5G 基站 5 018 座。

——民生事业发展取得新进步。九大类民生支出 3 197 亿元，全面完成 15 项民生实事和 1 万余件民生微实事。教育事业稳步发展，"双减"工作初见成效，在全国率先全面推行课后服务，证照不齐的学科类培训机构实现动态清零；新改扩建中小学、幼儿园 151 所，新增基础教育学位 13.1 万个，9 所高中建成投入使用；香港大学（深圳）落地选址，深圳高校新增 10 个博士点。"健康深圳"建设加快推进，市妇幼保健院福强院区住院大楼投入使用，国家感染性疾病临床医学研究中心一期项目竣工；新增省高水平医院 2 家、三甲医院 7 家。社会保障不断完善，52 种疾病门诊费用纳入医保统筹基金报销，居民最低生活保障标准提高至每人每月 1 300 元，孤儿最低养育标准提高至每人每月 2 432 元。

3. 推进区域合作情况。

——携手港澳共谋发展，推动深港澳多领域深层次合作。联动香港设立"深港合作专班"，联动澳门设立"深澳合作专班"，全力推动重点合作事项落地见效；举行深港、深澳高层会晤，围绕科技、产业、平台、民生等合作事宜深入交流。粤港澳合作发展平台建设迈出新步伐，前海深港现代服务业合作区改革开放再上新台阶，制度创新成果累计达 685 项，前海深港国际金融城、前海深港国际服务城、前海深港商贸物流等平台加快建设；河套深港科技创新合作区建设成效凸显，深圳首个国际组织金砖国家未来网络研究院中国分院运作良好。港澳居民在深发展便利化继续提升，深入实施便利港澳居民发展政策措施，发布便利港澳居民在深发展18条措施。教育领域务实合作持续深化，深圳香港培侨书院龙华信义学校正式开学，深圳音乐学院、香港中文大学（深圳）医学院正式成立，与香港职业训练局共建"粤港澳特色职业教育园区"。医疗卫生合作不断拓展，完善深港疫情联防联控机制，"港澳药械通"政策在深圳正式落地。港澳青年在深创新创业日益活跃，积极配合香港特区政府实施"大湾区青年就业计划"；高水平建设港澳青年创新创业基地，总数增至15家。

——深入推进广州深圳"双城联动、比翼双飞"，更好发挥辐射作用和示范效应。持续贯彻落实《广州深圳深化战略合作框架协议》，有力促进科技创新、营商环境、基础设施、生物医药产业、智能装备产业、智能网联汽车、自贸区合作7个领域合作协议取得新成效。两市部门间深化全方位合作，两市发改部门间建立常态化沟通协调机制，两市组织、统战、司法、市场监管、工信、人社等部门明确部门间合作事项，前海与南沙两个重大平台加强互动交流，共同推动广深合作落地落实。加强产业创新合作，参与共建广深佛莞智能装备集群和深广高端医疗器械集群，联合共建人工智能与数字经济广东省实验室，华为拟在广州建设研发中心，加强生物医药、智能装备、智能网联汽车等产业链上下游合作。积极加强教育合作，积极引进广州优质学校，推动中山大学深圳新校区开办筹备工作，广东实验中学深圳学校已招生开学。

——推动深圳汕头深度协作，构建"核＋副中心"动力机制。正式签署《深圳汕头深度协作框架协议》，推动基础设施互联互通、产业融合发展、社会民生合作等5大领域21个方面深度协作。区域重大平台对接合作取得新突破，前海管理局、深圳高新区、坪山综保区分别与汕头华侨试验区、汕头高新区、汕头综保区加快建立深度协作机制。加强区域产业链合作，大力支持汕头新一代信息技术发展，推动深圳智汇云科技、腾讯教育、优必选高智乐生态中心等项目建设；支持汕头形成精密制造、智能装备、汽车产业集群，立讯精密、立汕智造等项目落户汕头；深化生物医药合作，推动华大基因与汕头市妇幼保健院共建"出生缺陷防治精准医学中心";深航运南澳文旅项目落地建设。推动"深圳设计"赋能汕头传统产业,深圳工业设计行业协会筹建汕头市时尚与科技研究院,协助汕头传统产业转型升级、品牌发展。

——加强深圳潮州战略协作,助力潮州打造沿海经济带上的特色精品城市。省市领导高度重视、亲自部署推进相关工作,提出"携手开创深圳与潮州协作新局面"的发展愿景;共同协商起草《深圳潮州战略协作框架协议》和重大事项清单,在区域协同发展、科技产业、文化旅游、智慧城市、营商环境改革、能源环保6个领域谋划20项具体协作事项,推动深圳潮州协作落地落实。能源环保协作成效显著,深圳能源集团目前在潮州投运、在建项目共计5个,总投资52.2亿元,涉及电力、环保、燃气三大板块,"深能品牌"在潮州大地落地生根、开花结果。加强智慧城市合作,潮州市政府与平安集团战略合作框架协议签订暨"i潮州"APP上线启动仪式顺利举行,助力潮州打造智慧城市样板。共同谋划文化旅游合作,加强深圳潮州旅游线路对接,华侨城等深圳顶尖文旅运营企业与潮州政企合作不断深化,统筹整合古城、古桥、古街、古寨等文物景点资源。

——规划建设深圳都市圈,推动与周边城市协同发展。《深圳都市圈发展规划(2020—2025年)》(送审稿)经市政府审定后报省发展改革委,携手东莞、惠州等兄弟城市共建共育深圳都市圈。谋划"一主两副一区四轴"都市圈总体发展格局:构建"一主两副一区"的功能区,分别为深圳主中心、东莞副中心、惠州副中心、深汕特别合作区;形成"四轴"支撑的区域空间骨架,分别为深莞穗发展轴、深莞惠河发展轴、深惠汕发展轴与珠江口西岸城市协同发展轴。共同建设大湾区综合性国家科学中心先行启动区,聚焦新材料、信息、生命等领域,推进光明科学城与松山湖科学城双城联动、融合发展、优势互补,加强规划、规则、政策衔接融合,加快设施、技术、产业互联互通。共同培育先进制造业产业集群,聚焦智能终端、智能机器人、软件与信息技术服务等重点产业领域,推动以市场化方式在东莞、惠州建立涵盖"研发、小试、中试、规模化生产"的现代化产业发展模式,加快产业链上下游集聚发展。

4. 深汕特别合作区建设情况。

2021 年，深汕特别合作区地区生产总值 70.91 亿元，增长 17.8%；规模以上工业增加值 32.18 亿元，增长 24.9%；社会消费品零售总额 30.41 亿元，增长 8.0%；固定资产投资增长 32.4%。一是实施重大项目攻坚行动，加快产城融合发展步伐。根据全市 "20 +8" 产业集群布局，规划深汕智造城、深汕湾机器人产业集聚区两大先进制造园区，全面承接服务深圳产业转移。推动比亚迪汽车工业园（深汕）项目、深汕生态环境科技产业园纳入省重点建设项目，南山智造深汕高新产业园等 7 个项目动工建设，中安视等 7 个项目共 12 条生产线投产。二是加快 "一站一港" 交通枢纽建设，推动基础设施建设。优化深汕高铁站方案设计，深汕西高速改扩建项目（深汕段）开工，完成深汕第二高速工可修编，调整河惠汕高速线路设计，深汕大道等 5 条主干道加快建设，完成 10 个在建路网项目投资 24.3 亿元。三是实施乡村振兴攻坚行动，着力发挥深圳乡村振兴主战场作用。坚持城乡并重、城乡一体，以深化农村土地制度改革为突破口，开展农村综合改革试点，初步选定 4 个行政村开展试点。四是实施土地整备攻坚行动，拓展 "平方公里级" 发展空间。出台土地整备工作议事规则，下放工作职权，构建 "条块结合、以块为主" 的 "1 +4 +N" 组织架构，形成 "四镇领衔攻坚、小组揭榜挂帅、部门同频共振" 的攻坚格局。

（四）珠海市

1. 概况。

2021 年，珠海市地区生产总值 3 881.75 亿元，增长 6.9%，其中，第一产业增加值 55.02 亿元，增长 7.1%；第二产业增加值 1 627.47 亿元，增长 6.5%；第三产业增加值 2 199.27 亿元，增长 7.2%。人均地区生产总值 157 914 元，增长 4.0%。规模以上工业增加值 1 329.49 亿元，增长 8.8%。社会消费品零售总额 1 048.24 亿元，增长 13.8%。外贸进出口总额 3 319.57 亿元，增长 21.5%。地方一般公共预算收入 448.19 亿元，增长 18.2%。全体

居民人均可支配收入 61 390 元, 增长 9.8%,

2. 优化发展情况。

——提升自主创新能力。加快创新平台建设, 发挥好南方海洋科学与工程广东省实验室 (珠海)、横琴人工智能超算中心等创新平台作用, 推动与复旦大学、中科院深圳先进技术研究院、深圳清华大学研究院、广东省科学院深入开展合作; 加快建设珠海中科先进技术研究院创新科技园项目, 打造以科技产业协同创新为目标的综合性高端科技创新载体; 充分用好澳门大学、澳门科技大学产学研基地及 4 家国家重点实验室横琴分部, 开展珠港澳科技创新合作项目。加强关键核心技术攻关, 鼓励企业积极参与国家重点研发计划和国家技术创新工程, 支持格力、纳思达等龙头企业创建国家级、省级制造业创新中心。

——加快建设现代产业体系。支持高端打印设备、新材料、新能源等战略性产业发展, 全力推进纳思达激光打印机高端装备智能制造一期等项目竣工投产, 推动格力高栏智能制造产业园等项目加快建设, 冠宇软包聚合物锂电池扩产等一批项目动工建设, 重大航空产业项目落地建设进展顺利。大力发展云计算、大数据、人工智能等新业态, 深化与华为、腾讯等企业合作。打造现代化产业园区, 加快南屏科技生态城建设, 加快建设香洲科创中心等载体, 打造产城融合创新特色园区。加快发展现代服务业, 引进和支持持牌法人金融机构做大做强, 推动广丰物流增设公路运输类海关监管作业场所并申报 B 型保税物流中心。

——全面深化改革开放。深化重点领域改革, 巩固拓展减税降费成效, 新增减税降费超 50 亿元; 稳步推进国资国企改革, 聚焦集成电路等五大产业, 加大外延并购、以投促引力度; 开展国企市场化改革试点, 推进具备条件的企业实施混合所有制改革; 探索开展要素市场化配置综合改革试点, 破除制约土地等要素自由流动的体制机制障碍。持续扩大对外开放, 持续加强外贸综合服务、跨境电商等外贸新业态发展, 积极申报国家级服务外包示范城市; 加快外贸转型基地建设, 引导企业培育具有自主知识产权的国际品牌; 推进高栏港综合保税区封关验收, 建设拉美保税物流枢纽。

——加快城市品质化发展。发挥香洲区主城区作用，推进"一园一镇一廊一带"建设，打造成为大湾区独具魅力的宜居城区。兴业快线、珠海隧道加快建设，鹤港高速一期建成通车。加快黄杨河湿地公园二期等市民公园建设，启动建设市级植物园和儿童公园。新增公共停车位 1.02 万个，全市实现 5G 网络全覆盖。开工改造 135 个、完成改造 117 个老旧小区。开展城市阳台、海天公园等景观节点规划建设工作，加快推进九洲观光塔建设。高质量完成省下达的 86 公里年度碧道建设任务，建成凤凰山步道、板樟山山地步道。新建市政燃气管道 30 公里，完成海堤提升工程 2 个。

——强化民生福祉保障。持续加大民生投入，全年九项民生支出 454.76 亿元。提升教育发展质量，建成幼儿园 8 所，新增学位 2 800 个；建成公办中小学 8 所，增加学位 1.1 万个；支持在珠高校提高办学水平和研究生层次规模比例，与澳门科技大学共办珠海校区。提高医疗卫生服务水平，推进省中医院珠海医院和市中西医结合医院建设高水平中医医院；开工建设市人民医院主体综合楼，市慢性病防治中心建成运营。健全多层次社会保障体系，落实 2.0 版"促进就业十条"等各项措施，完善帮扶低收入家庭、残疾人、困境儿童等政策制度，扎实推进工伤预防、补偿、康复"三位一体"制度建设。

3. 推进粤港澳大湾区建设情况。

——合作区和经济特区建设阔步前进。中共中央、国务院印发《横琴粤澳深度合作区建设总体方案》，横琴粤澳深度合作区揭牌成立，进入全面实施、加快推进的新阶段。省委、省政府印发实施《关于支持珠海建设新时代中国特色社会主义现代化国际化经济特区的意见》，为新时代珠海经济特区加快发展提供遵循。

——区域产业协同逐渐深化。粤港澳大湾区（珠西）高端产业集聚发展区、珠海—江门大型产业园等大型平台扎实推进，不断拓展产业发展空间。爱旭太阳能电池制造基地等产业龙头项目加速建设，为珠江西岸产业发展积蓄蓬勃动能。广东省半导体及集成电路产业投资基金设计子基金、大湾区半导体产业投资基金、广东省航空产业基金等基金落户珠海，撬动全市产业迈入高端化轨道。澳门科技大学在新区建设动物实验公共服务平台，成为粤港澳大湾区首个珠澳合作的产学研项目；港珠澳现代农业示范园基本建成，珠港澳合作不断深化。

——全国性综合交通枢纽加快形成。港澳经济腹地逐步西拓，珠海至肇庆高铁动工建设，澳珠极点加快融入国家高铁网络；洪鹤大桥、鹤港高速一期建成通车，金海大桥、黄茅海跨海通道等项目建设全面铺开，港珠澳大桥西延线规划建设顺利。珠江口东西两岸融合互动发展打下坚实支撑，金琴快线建成通车，兴业快线动工建设，深中通道连接线加快谋划。加快建设区域航空航运枢纽，珠海机场改扩建工程建设进展顺利，高栏港集装箱码头二期泊位通过验收。

——港澳居民在珠工作生活更加便利。横琴口岸新旅检大厅、青茂口岸先后开通运行，"澳门新街坊"项目动工建设，澳门单牌车入出横琴政策落地。12 万澳门居民办理居住证，4 万名澳门居民参加社会保险。助力大湾区教育协同发展，金湾航空新城小学与澳门圣保禄学校签订教育交流合作框架协议；1 200 余名澳门籍学生在珠海就读。持续推进"湾区通"工程，上线"珠澳通"APP，提供超 100 项跨境民生服务。

4. 珠海西部生态新区规划建设情况。

2021 年，西部生态新区地区生产总值 1 283.12 亿元，增长 13.1%。常住人口 106.65 万人，增长 1.1%。地方一般公共预算收入 83.54 亿元，规模以上工业增加值 718.13 亿元，外贸进出口总额 1 187.39 亿元。新区注册港澳资企业 1 123 家。

——新区规划体系不断完善。以大湾区视角谋划新区建设，深入研究新区全面融入大湾区发展思路举措，强化与周边区域在城市规划、公共服务设施、综合交通等方面一体化衔接。推进新区国土空间规划编制工作，金湾区国土空间总体规划已完成发展战略大纲和 7 个专题研究。加快推动控制性详细规划全覆盖。2021 年，共有金湾区新能源片区、平沙镇中心区、富山工业园马山片等 9 项控规（修改）获批实施。

——公共服务持续优化。截至 2021 年底，新区拥有公办幼儿园 46 所，普惠性民办幼儿园 99 所，幼儿园覆盖率达 81.5%；拥有小学 65 所、九年一贯制学校 13 所、初中 21 所；积极推进国家、省级重点学校合作办学，建成广东实验中学珠海金湾学校、华中师范大学珠海附属中学等优质学校。遵义医科大学第五附属（珠海）医院入选"粤港澳大湾区最佳医院 80 强"；广东省人民医院珠海医院（珠海市金湾中心医院）、珠海市第二中医院（侨立中医院）、珠海市第五人民医院（平沙医院）投入使用；拥有医疗机构床位数 3 298 张；珠海国际健康驿站投入使用，成为全市最大的境外集中隔离医学观察场所，有力保障港澳居民入境隔离需求。

——基础设施成体系建设。一是"双港"区域辐射能力大幅提升。2021 年，珠海机场运输航班 66 969 架次，增长 9.2%；旅客吞吐量 802 万人次，增长 9.3%；货邮吞吐量 4 万吨，增长 4.4%；全年运作效率及旅客服务质量均居于全国机场前列。珠海港完成集装箱吞吐量 235.54 万标准箱，增长 14.5%。二是内畅外联的综合交通体系逐步形成。新区公路通车里程约 1 247 公里，其中高速公路 207 公里，"六纵六横"高快速主干路网加快形成。珠港澳三地往来更加便捷，粤港澳大湾区机场群陆空联接联程联运项目启动，高栏港区内外贸航线拓展。三是新城建设有力支撑新区打造产业发展主战场。新区立足产业交通服务中心的功能定位，统筹产业发展与城市建设，推动产业园区与城市公共服务无缝衔接，围绕产业集群建设富山产业服务中心、金湾产业服务中心、斗门科创中心等项目，产业承载能力得到显著提升。

（五）佛山市

1. 概况。

2021 年，佛山市地区生产总值 12 156.54 亿元，增长 8.3%，其中，第一产业增加值 210.55 亿元，增长 9.5%；第二产业增加值 6 806.95 亿元，增长 9.3%；第三产业增加值 5 139.04 亿元，增长 7.0%。三次结构调整为 1.7：56.0：42.3。规模以上工业实现增加值 5 432.94 亿元，增长 9.3%；社会消费品零售总额 3 556.66 亿元，增长 8.1%。外贸进出口总额 6 161.24 亿元，增长 21.8%。地方一般公共预算收入 808.26 亿元，增长 7.3%。全体居民人均可支配收入 61 700 元，增长 9.7%。

2. 优化发展情况。

——创新发展积蓄新动能。国家创新型城市建设通过验收，全社会研发经费投入占地区生产总值比重达 2.82%。创新平台建设成效突出，季华实验室成功研发"佛山一号"卫星并顺利升空，三龙湾科技城纳入省重点平台，成立有研（广东）新材料技术研究院，仙湖实验室引进全职院士团队。企业创新主体作用增强，科技型中小企业入库 5 024 家，累计建有省级企业重点实验室 30 家、省级工程技术研发中心 812 家；累计建成科技企业孵化器 115 家，在孵企业 3 200 多家。创新生态持续优化，实施高层次人才及团队引进三年行动计划，新引进科技创新团队 52 个、领军人才 83 人、博士 1 052 人；成功举办首届全国博士后创新创业大赛，博士后工作站数量居全国地级市前列。

——产业转型迈出新步伐。加快推进制造业数字化智能化转型，设立总规模 300 亿元的广东（佛山）制造业转型发展基金，培育省级标杆示范项目 9 个，打造市级示范工厂 22 家、示范车间 64 个。产业链供应链现代化水平稳步提升，广佛惠超高清视频和智能家电产业集群、广深佛莞智能装备产业集群入围国家先进制造业集群；新增国家专精特新"小巨人"企业 20 家、广东省"专精特新"中小企业 135 家。现代服务业发展提速增效，南海区国家先进制造业和现代服务业深度融合发展试点建设稳步推进，佛山生产服务型国家物流枢纽加快建设；成为国家文化和旅游消费试点城市，创意产业园入选首批国家级夜间文旅消费集聚区；成立全省首个保险发展示范区。

——改革开放激发新活力。商事制度改革成效明显，"证照联办、一照通行"系列改革经验获全国推广，企业开办实现"一个环节全办理、半天内办结、零成本"；升级 12345 热线为"市长直通车"平台，开通企业服务专线，"佛山益企通"企业综合服务平台上线，为企业提供更系统、更主动、更精准的服务。税收征管改革不断深化，成为全省深化税收征管改革综合试点地区。行政审批制度改革深入推进，持续推进市、区向镇街下放行政管理事权和行政执法权。要素市场化配置体制机制改革加快推进，全市累计拆除村级工业园 13.4 万亩，华南数据交易公司正式落户。

——城乡建设展现新面貌。城市更新加速推进,"三旧"改造新增启动项目1.41万亩,完成改造项目1.1万亩;新开工改造城镇老旧小区189个;启动村级工业园升级改造总攻坚三年行动计划,规划建设33个千亩村改产业园;地铁2号线一期、南海有轨电车1号线首通段开通初期运营,广州地铁7号线西延顺德段开通试运行,广佛肇高速、番海大桥建成通车。生态环境质量提升,新增碧道233公里、绿色建筑1 686万平方米,新(改)建公园绿地350公顷;启动34个万亩千亩公园建设,17个已基本建成开放;空气优良天数比例86%,新(改)建污水管网739公里,完成50条农村黑臭水体整治。

——对口帮扶取得新成效。加快推动产业帮扶,佛山(云浮)产业转移工业园全年共引进7个项目,计划总投资34亿元。创新研发能力不断提高,形成了佛山(云浮)氢能产业与新材料发展研究院等六大研发平台。加快推动氢能创新发展,国鸿公司自主研发全国产化鸿芯系列燃料电池电堆与鸿途系列燃料电池系统,市场占有率连续四年排名第一;飞驰公司研发推出20余种氢能车型,销售量连续两年居行业第一。推动乡村振兴工作及时有效衔接,制定乡村振兴驻镇帮镇扶村五年规划,着力通过开展742个项目从教育、医疗、基础设施建设、支持革命老区发展等多方面实施民生帮扶。

——人民生活增添新福祉。推动更加充分更高质量就业,城镇新增就业10.5万人,城镇登记失业率2.4%。不断提升教育现代化水平,完成新(改、扩)建幼儿园45所、义务教育阶段学校19所、普通高中2所,分别新增学位1.8万个、2.2万个、3 500个。建设高水平医疗服务体系,市医疗急救指挥中心、市医疗废物处置项目建成运行,市一医院获评全省高水平医院;医保异地就医直接结算实现"两个全覆盖"。不断提高基本民生保障,企业职工退休人员人均基本养老金、最低生活保障标准分别增至每人每月3 514元、1 120元,发放住房保障租赁补贴1.46万户。

3. 推进粤港澳大湾区建设情况。

——全力支持深圳建设先行示范区。印发实施支持深圳建设中国特色社会主义先行示范区行动方案,推动"深圳创新+佛山制造"协同发展。加强与深圳创新平台的交流合作，加快建设顺深产业城，主动承接深圳电子信息、装备制造、新能源、新材料等产业溢出。在深圳举行招商推介会、双城协同创新发展大会、安全产业投资推介会等活动，成功落地大疆无人机、广东天劲新能源等项目。在佛山西站枢纽新城动工建设深圳科技园佛山科创园，着力打造"佛山＋深圳"合作标杆。对接深中通道、南沙大桥等，推动一环南线东延高速、佛山至中山高速、广珠西线高速对接中山东部外环高速规划建设，畅通佛山和深圳的快速联系。

——深入落实便利港澳政策措施。佛山港澳青年创业孵化基地主园区顺利开园，入选首批粤港澳大湾区港澳青年创新创业基地名单；定期举办佛港澳"青年创新创业峰会"等一系列活动，持续开展"香港学生暑期实习计划"，支持港澳青年在佛山创新创业就业。在部分优质中小学开设港澳子弟班，便利港澳子弟入学；符合条件的港澳居民参加基本医疗保险即享受与佛山市民完全同等的待遇。开展个人所得税优惠政策财政补贴，全年受理符合相关优惠政策的境外高端人才和紧缺人才个人所得税优惠申报共 589 件，补贴金额 4.9 亿元。深入实施"湾区通"工程，通关便利化、人员往来便利化水平不断提升。在办理居住证、换领驾照、购买商品房等方面，针对港澳居民出台一系列便利措施。

——统筹打造大湾区重大平台。《佛山三龙湾高端创新集聚区发展总体规划》《佛山顺德粤港澳协同发展合作区建设实施方案》经省领导小组审议通过并公布实施。加快推进佛山市建设粤港澳大湾区影视产业合作试验区、佛山南海粤港澳合作高端服务示范区等重大平台项目建设。

4. 加快广佛全域同城化发展情况。

——推动广佛规划协同发展。2021 年，积极参与编制《广州都市圈发展规划》，与广州市共同制定《广佛全域同城化"十四五"发展规划》，将广佛全域纳入都市圈范围，并作为一个核心引领都市圈建设。筹备成立广佛联合规划委员会，推动实现两市规划统一编制、统一实施。印发实施《广佛高质量发展融合试验区建设总体规划》，推动《广佛高质量发展融合试验区建设总体方案》提交省大湾区办审议。

——推动交通基础设施互联互通。印发《广佛两市城市轨道交通互联互通行动细则》，完成广佛两市道路衔接规划修编。佛山地铁 2 号线一期开通运营，海华大桥、番海大桥先后建成通车；开通 101 条广佛跨市公交线路，基本实现毗邻区域公交全覆盖，两地公共交通乘车码实现互认互通。

——推动产业协同发展。联合申报共建国家先进制造业集群，广佛惠超高清视频和智能家电产业集群、广深佛莞智能装备产业集群成功入选工业和信息化部公布 25 家先进制造业集群决赛优胜者名单。共建首批国家燃料电池汽车示范城市群，两地全年共投运燃料电池汽车 1 700 辆，建成投用加氢站 35 座。建立广佛同城全球联合招商机制，成功举办佛山投资推介会暨第七届中国广州国际投资年会佛山分会。

——推动共建广佛优质生活圈。推动基本公共服务资源共享，华南师范大学附属中学、执信中学等教育集团到佛山办学，广州市多所高职院校与佛山市中职学校开展中高职三二分段招生培养工作；两市签署同心共抗新冠肺炎疫情合作备忘录，协同推进企业复工复产。开展就业合作，广州向佛山推送 4.6 万个就业岗位，佛山向广州推送 3.7 万个就业岗位。扩大政务同城通办范围，2 721 个政务服务事项可实现跨市办理。加大广佛跨界河涌保护力度，广佛跨界区域考核断面水质实现全面达标。加强警务合作，共同加强对在广佛间流动的非法入境、非法拘留、非法就业人员的管理力度。

5. 佛山中德工业服务区建设情况。

——加快重点建设项目，推动落实落地。加快建设三龙湾大道等跨市跨区门户主干道路的提升工程、潭洲国际会展中心周边绿化景观提升工程，启动三龙湾片区重要门户节点提升工程等多个市政建设项目。不断提升城市品质，推进三龙湾碧道、潭洲水道夜景亮化以及奇槎社区体育中心等民生项目建设；陆续打通会展片区 11 条道路，会展片区路网成型；佛山新城裕和路（百顺道—永兴道）、文华南路（天成路至裕和路段、裕和路至君兰路东半幅段）相继通车，城市"微循环"逐渐打通。

——招商引资上台阶，对德合作新突破。全年累计新签约产业项目14个，总计划投资金额349.5亿元；在谈项目14个，计划总投资额174.5亿元；欢聚集团产业互联总部项目等5个总部项目相继落户，埃斯顿—克鲁斯华南产业基地、中设机器人华南智能制造产业基地等先进制造项目纷纷布局。全年主动策划并举办39场招商及对德交流活动；三龙湾首次走进上海，精准对接有意向布局大湾区的200余家德欧企业，举办城市品牌推介会并发布"德企华南发展陪伴计划"；依托中德工业服务区平台，全年累计新引进德国（欧洲）项目11个，涵盖总部经济、先进制造、联合实验室等项目。

——发挥国资引领功能，推动片区发展。发挥国有资本撬动作用，以股权投资带动产业招商的方式，积极推动文远知行、汉腾生物、银珠医药等项目入驻。完成工业富联佛山智造谷有限公司示范工厂建设，积极推动佛山智造谷与本土制造业企业数字化转型合作。城市运营取得新突破，三龙湾大道实现环卫、绿化、路桥隧、排水、路灯等方面的智能化监管，积极探索无人机、智慧管养平台、电缆防盗监控等其他创新智能化方案，打造湾区智能化道路管养新标准。打造具有环保理念的特色运营活动，国内最大尺寸及电量的400客位新纯电游船动工建设，"三龙湾1号"新游船正式投入运营。

——做强做优做大，擦亮潭洲会展品牌。招展办会成绩斐然，全年举办展览及会议活动86场，增长83.0%；展会规模达67.7万平方米，增长28.2%；专业观众80.88万人次，增长107.4%；签约引进全新展会15场，吸引包括中联橡胶、上海华好、振威等多家龙头会展企业落户佛山。工业展、品牌展影响力凸显，举办工业展会17场，展览面积42.4万平方米，分别占全年展会总数量、总面积的81.0%、78.3%；"互联网＋"博览会与广东（佛山）工博会双展联办，形成"互联网＋工业"的会展平台，促成意向交易达5.3亿元；品牌展、产地展的行业影响力不断增强，广东（佛山）工博会成为佛山首个国际认证展会。

（六）惠州市

1. 概况。

2021 年，惠州市地区生产总值 4 977.36 亿元，增长 10.1%，其中，第一产业增加值 232.54 亿元，增长 10.2%；第二产业增加值 2 652.76 亿元，增长 14.4%；第三产业增加值 2 092.06 亿元，增长 5.3%。人均地区生产总值 82 113 元，增长 9.3%。规模以上工业增加值 2 215.85 亿元，增长 14.1%。社会消费品零售总额 1 978.92 亿元，增长 13.3%。外贸进出口总额 3 055.05 亿元，增长 22.8%。地方一般公共预算收入 455.39 亿元，增长 10.5%。

2. 优化发展情况。

——科技创新能力稳步提升。打造创新资源集聚地，全社会研发经费投入占地区生产总值比重达 3.39%；高新技术企业数量达 2 050 家，科技创新型中小企业达 1 862 家，省级"专精特新"企业 318 家；市级以上工程技术研究中心 490 家，规模以上工业企业研发机构覆盖率达 51.8%。培育新型研发机构，中科院"两大科学装置"总部区投入使用，装置区及配套工程进入全面建设期；东江实验室总部区建设有序推进，引进 12 个高端科研团队。建设科技成果转化首选地，扎实推进珠三角科技成果转移转化示范区建设，建成科技企业孵化器 44 家，全链条科技企业孵化育成体系初步形成。推动金融资源与科技企业有效对接，高新技术企业贷款余额增长 15.2%。

——现代产业体系加速升级。"2＋1"产业集群效应显著提升，制造业核心竞争力增强，工业总产值突破 1 万亿元；电子信息产业集群竞争力提升，11 家企业入选广东省电子信息制造业 100 强；生命健康产业初步形成以中医药为特色，医药、器械同步发展的产业集群。推进数字产业化和产业数字化，规模以上数字经济核心产业企业约 600 家，营业收入超 3 000 亿元；累计打造省级工业互联网标杆示范项目 21 个，累计上云上平台企业达 1.4 万家；仲恺 5G＋工业互联网应用获评省级特色产业集群数字化转型试点项目。加快发展现代服务业，推进国家跨境电商综合试验区建设，全年跨境电商出口 54.40

亿元；文旅产业提档升级，全市共接待国内外游客 2 811.07 万人次，增长 26.6%；金融机构本外币存贷比 108.6%，上市企业累计达 17 家。

——综合立体交通网络日益完善。"丰"字交通主框架建设加快推进，广汕铁路惠州段项目累计完成总投资的 61%；惠龙高速累计完成总投资的 57%，惠坪高速等前期工作有序推进，惠霞高速项目立项；深莞惠红色干线等骨干快速路动工建设；莞惠城际小金口至惠州北段项目开工建设。千万级干线机场加快规划建设，2021 年，惠州机场旅客吞吐量 200.8 万人次，货邮吞吐量 8 559.5 吨。惠州港不断扩能升级，货物吞吐量 9 643.8 万吨，集装箱 50.7 万标准箱；荃湾港区 5 万吨级石化码头调试作业，正式开通惠州—台湾航线；荃湾港区荃美石化码头等港口基础设施项目前期工作加快推进。

——营商环境持续优化。聚焦 13 个领域，制定 30 条措施，实现全市营商环境工作项目化、项目清单化、清单责任化"三化"管理。在全省率先推出"全市通办"，1 087 个政务服务事项可就近在市、县（区）行政服务中心窗口办理。与省内外 20 个地级市签订"跨省（市）通办"协议，实现 354 个事项"跨省通办"、1 146 个事项"跨城通办"。创新推动政银合作共建，在 402 个银行网点设立政银合作点。扎实推进省信用建设服务实体经济发展试点工作，加快建立以信用为基础的新型监管机制。

——民生福祉不断增进。均衡发展教育事业，新增学前教育学位超 8 000 个，新增公办义务教育学位 2.9 万个，新增普通高中学位 5 000 个；全市高中阶段教育毛入学率 98.2%，本科上线率 60.9%。加快发展卫生健康事业，市第二人民医院红花湖院区一期工程开工建设，累计建立医联体 39 个，按病种分值付费基层病种扩大到 400 种。加大民生保障力度，全市基本养老保险参保率稳定在 90% 以上，城乡低保、农村特困人员基本生活供养标准分别提高到每人每月 853 元、1 365 元。

3. 推进粤港澳大湾区建设情况。

——全面支持参与"双区"和两个合作区建设。印发实施《惠州抢抓"双区"建设重大机遇 深度融入深圳都市圈的行动方案（2021—2023 年）》，研究部署对接支持服务横琴、前海两个合作区建设工作，推动落实大湾区产业协同发展、基础设施互联互通、公共服务融合共享、生态环境共保共治。全力推进粤港澳特色合作平台建设，聚焦数字经济、大数据及软件信息服务业等新兴产业领域，高标准高起点谋划建设港惠电子信息产业创新合作平台；成功举办"深惠合作·共赢湾区"产业协同创新交流会，72 宗大湾区签约项目投资总额逾 860 亿元；大湾区（广东）绿色农产品生产供应基地一期部分投产；扎实推进深汕合作区白盆珠水库供水工程、龙淡河整治工程建设，常态化开展深莞惠环境联合执法；与深莞汕签署"跨城通办"协议。

——加强与港澳交流合作。广州中医药大学惠州医院与澳门科技大学等签订"粤港澳惠州转化医学研究中心"平台共建合作协议。仲恺港澳青年创业基地在孵项目 33 个（其中港澳项目 19 个），累计引进企业 44 家，累计设立惠港澳青少年交流学习（实践）基地 67 家。粤港澳大湾区文化遗产游径增至 3 条，"山海惠州·醉岭南"等系列湾区互游文旅活动有序开展。惠城区试点与香港"跨境通办"，香港企业和市民可在香港单向办理超 400 个政务服务事项。印发《惠州市港澳居民就业创业补贴政策清单》，在惠创业就业港澳居民与本地居民享受同等补贴政策；安排大湾区个人所得税补贴资金 5 000万元。

4. 县域经济发展情况。

惠州市县域包括惠东、博罗、龙门三个县，总土地面积 8 649 平方公里，占全市总面积的 76.2%。2021 年，全市县域地区生产总值 1 640.20 亿元，占全市地区生产总值的 33.0%。

表 13　2021 年惠州市县域经济发展状况

地区	地区生产总值（亿元）	社会消费品零售总额（亿元）	地方一般公共预算收入（亿元）	三次产业结构
惠东县	710.87	411.87	31.47	9.2∶37.9∶52.8
博罗县	741.46	321.84	56.12	10.3∶53.1∶36.5
龙门县	187.87	59.01	19.45	17.4∶44.5∶38.1

——惠东县。2021 年，惠东县地区生产总值 710.87 亿元，增长 11.2%。人均地区生产总值 69 772 元，增长 12.0%。三次产业结构调整为 9.2：37.9：52.8。规模以上工业增加值 96.30 亿元，增长 19.9%。社会消费品零售总额 411.87 亿元，增长 13.4%。地方一般公共预算收入 31.47 亿元，增长 7.4%。城镇居民、农村居民人均可支配收入分别为 34 306 元、26 817 元，分别增长 6.2%、10.1%。成功入选全国首批乡村"复兴少年宫"建设试点县、广东省全域旅游示范区、省级休闲农业与乡村旅游示范点。获评省旅游综合竞争力十强县。

——博罗县。2021 年，博罗县地区生产总值 741.46 亿元，增长 12.6%。人均地区生产总值 61 205 元，增长 10.6%。三次产业结构调整为 10.3：53.1：36.5。规模以上工业增加值 299.58 亿元，增长 16.3%。社会消费品零售总额 321.84 亿元，增长 12.9%。地方一般公共预算收入 56.12 亿元，增长 11.4%。城镇居民、农村居民人均可支配收入分别为 40 380 元、26 717 元，分别增长 7.2%、10.2%。入选 2021 年中国社会科学院全国营商环境百强县名单。获评全国县域农业农村信息化发展先进县。连续四届蝉联全国双拥模范县，连续五届被评为广东省双拥模范县。

——龙门县。2021 年，龙门县地区生产总值 187.87 亿元，增长 8.7%。人均地区生产总值 58 837 元，增长 8.7%。三次产业结构调整为 17.4：44.5：38.1。规模以上工业增加值 43.17 亿元，增长 4.8%。社会消费品零售总额 59.01 亿元，增长 12.1%。地方一般公共预算收入 19.45 亿元，增长 18.8%。城镇居民、农村居民人均可支配收入分别为 31 107 元、25 714 元，分别增长 8.4%、10.7%。荣膺广东旅游总评榜 2021 年度最受欢迎乡村振兴旅游目的地。南昆山生态旅游区荣获省级休闲农业与乡村旅游示范镇。"龙门十三汤"获评第五届博鳌国际金汤奖"十佳温泉旅游目的地"。

5. 重大区域发展平台建设情况。

——惠州环大亚湾新区。环大亚湾新区完成总规修编工作，2021 年 12 月省发展改革委印发《广东惠州环大亚湾新区发展总体规划（2021—2035年）》。惠州新材料产业园进入全面建设阶段，园区落户 8 宗优质产业项目（3

宗项目投资企业总部位于深圳），包括 6 宗上市企业项目，2 宗准上市企业项目，2 宗细分行业"隐形冠军"企业项目。8 宗项目投资总额约 120.9 亿元，项目用地约 104.2 万平方米，总产值约 226.6 亿元，税收约 21.0 亿元。石化能源新材料产业集群发展势头强劲，中海壳牌 SMPO/POD 等项目建成投产，埃克森美孚惠州乙烯、恒力（惠州）PTA 项目全面动工建设，中海壳牌惠州三期乙烯项目转规划专家评估会已顺利通过。太平岭核电一期工程 2 台机组加快推进、二期工程正式启动申报，中广核海上风电一期并网发电，惠州液化天然气（LNG）接收站项目开工建设，中洞抽水蓄能电站前期工作稳步推进。

——惠州潼湖生态智慧区。一是创新能力不断提高。坚持把培育发展高新技术企业作为提升创新能力的重要抓手，全年推动 37 家企业开展高新技术企业申报，其中 32 家企业顺利通过认定，高新技术企业存量累计达 64 家。引进中科院近代物理研究所等 9 家科技服务平台，培育省实验室 1 家、博士工作站 1 家、省级新型研发机构 2 家、市级新型研发机构 3 家、市级工程技术研究中心 1 家；在孵企业 79 家，累计毕业 33 家，知识产权授权总量 147 件。二是基础设施不断完善。主动融入全市"丰"字交通主框架，共启动 10 个批次、共 38 条、总长约 64.5 公里、总投资约 94 亿元的市政道路建设，立体现代内优外畅的交通网络体系初步形成。基本完成智慧大道和惠桥快线全线 16.8 公里主路面施工；基本构建中韩（惠州）产业园起步区、总部经济区主干路网，分批启动建设各片区支路网。三是招商质量效率不断提升。聚焦"5 + 1"主导产业开展集群式精准招商，成立招商工作专班，项目质量和落地建设效率实现"双提升"。2021 年，智慧区累计引进（含供地和过会）项目 88 宗，计划总投资额约 741.53 亿元，建成后达产产值约 1 515.38 亿元，税收约 54.54 亿元。建设势头强劲，已供地 53 宗产业项目，已动工项目 52 宗，已竣工项目 10 宗。四是营商环境不断优化。出台支持潼湖生态智慧区高质量发展措施，累计推出园区整体规划环评等"快审速批"机制，提高项目落地建设效率；成立产业项目落地及动竣工工作专班，对项目从"净地交付"到动竣工投产进行全生命周期的跟踪服务；对工业用地开展园区综合服务设施集中配套，平均为每家企业减少约 20 万元的建设成本。

（七）东莞市

1. 概况。

2021年，东莞市地区生产总值为10 855.35亿元，增长8.2%，其中，第一产业增加值34.66亿元，增长11.8%；第二产业增加值6 319.41亿元，增长10.5%；第三产业增加值4 501.28亿元，增长5.1%。人均地区生产总值103 284元，增长7.8%。规模以上工业增加值5 187.03亿元，增长10.2%。社会消费品零售总额4 239.24亿元，增长13.3%。外贸进出口总额15 246.57亿元，增长14.6%。地方一般公共预算收入769.57亿元，增长10.8%。全体居民人均可支配收入6 2127元，增长9.9%。

2. 优化发展情况。

——产业新动能加速培育。战略性新兴产业基地建设稳步开局，500亿元产业基金体系初步构建；战略性新兴产业招商大会签约项目投资总额达1 483亿元，成功引进一批30亿元以上特大项目。制造业集群化发展持续推进，着力做强支柱产业，推进智能移动终端和高端装备两个国家级先进制造业产业集群建设；加快提升传统产业，统筹4.8亿元设立"3＋1"产业集群发展专项资金，认定3个市级食品饮料产业集群核心区、2个市级家具产业集群核心区、2个市级纺织服装产业集群核心区。创新支撑能力不断增强，国家高新技术企业数量达7 387家，累计建有118家科技企业孵化器。关键核心技术攻关有新突破，出台专项支持政策，重点突破集成电路封装等领域"卡脖子"技术。金融服务实体经济水平持续提高，制造业贷款余额增长29.6%，供应链金融平台创新试点稳步推进。

——重点改革深入推进。"放管服"改革持续深化，推进企业开办"一张表"改革，791个事项实现全国通办，1 879个政务服务事项实现"四免"优化。市属国企改革持续深化，制定市属国企改革发展"十四五"规划和三年行动方案，全面完成市属国有企业公司制改革工作。高起点筹划组建数字经济发展集团，完成市场主体登记手续和组织架构设置。财税及投融资体制改革稳步开展，落实"十四五"财政体制改革实施方案，明确支出事项清单和支出责任划分，初步核定均衡性转移支付规模；税收征管改革持续深化，税费服务智能化水平进一步提高，税收协同共治持续拓展；投融资体制改革加快推进，深化东引运河"基础设施＋政府配建物业"（EOD）模式创新。

——城市承载力竞争力显著增强。基础设施加快完善，"五纵五横五连"高速公路网络不断完善，莞番高速二期建成通车，广深、常虎、莞深高速改扩建前期工作有序推进，地铁1号线建设扎实推进，2号线三期、3号线一期前期工作取得阶段性成果；中外运石龙码头改扩建等港航重点项目正式完工；新建、改造老旧供水管网约420公里，建成5G基站1.5万座。城市格局不断优化，高质量推进中心城区"一心两轴三片区"规划建设，鳙鱼洲文化创意园等公共设施建成开放，东莞大道品质提升工程顺利完工，东莞国际商务区市政配套设施等项目正式启动。城市精细化管理提档升级，治理违建3 127.8万平方米，建成中心城区首期公交专用道62.5公里，完成交通堵点治理90个。

——辐射带动粤东西北地区发展扎实推进。推动与韶关市产业共建，2021年，华南装备园、莞韶城两个市级园区共签约产业项目258个；共建园区规模以上工业总产值1 073.7亿元，增长37.0%。推动产业集聚效应提升，华南装备园项目亩均投资544万元，提高65.4%。强化产业帮扶，实施帮扶项目331个；引导65家企业到韶关、揭阳两地投资，投资金额合计6 133万元；发放金融涉农贷款8 567万元助推农户增收。积极发展现代农业、文旅产业，协助新认定大湾区"菜篮子"企业19家，签约引进文旅项目23个。推进精准扶贫，对口帮扶韶关市30个乡镇、60个重点村和揭阳市20个乡镇、40个重点村，筹集落实2021年省内驻镇帮镇扶村专项资金6.6亿元。

——民生福祉不断提升。就业形势稳中向好，全年城镇新增就业11.27万人，高校困难毕业生100%就业，完成各类学历技能素质提升培训164万人次。教育扩容提质加快推进，完成新（改、扩）建公办幼儿园26所、公办中小学52所，分别新增学位7 050个、5.38万个；启动第二轮集团化办学，新增认定品牌学校60所。优质医疗服务供给不断扩大，市人民医院入选省高水平医院建设名单，5家区域中心医院建设顺利推进，东南部中心医院成功创建心血管介入技术国家级培训基地。社会保障水平持续提升，最低生活保障标准、特困人员供养标准分别提高至每人每月1 100元、1 760元，为9 670名军人军属、退役军人等发放抚恤生活补助经费6 404.5万元。

3. 推进粤港澳大湾区建设情况。

——国际科技创新中心建设成效显著。源头创新能力显著提升，研究与试验发展投入强度提升至4.00%；松山湖科学城纳入省重大发展平台，松山湖材料实验室完成4大公共技术平台建设；南方光源研究测试平台顺利建成；散裂中子源完成6轮开放，服务一批重大基础科学研究；东莞理工学院材料科学学科进入ESI（基本科学指标数据库）全球排名前1%，大湾区大学加快建设。科技成果转移转化路径不断开拓，累计建有118家科技企业孵化器，其中国家级孵化器25家；松山湖材料实验室引进25个创新样板工程团队、孵化32家产业化公司，松山湖国际创新创业社区引进优质项目42个；与华为联手打造云工业互联网创新中心，华为运动健康科学实验室正式揭牌。企业创新主体地位明显增强，国家高新技术企业数量达7 387家，上市高新技术企业数量达46家，新增新型研发机构1家、企业工程中心57家。

——珠江口东西两岸融合互动持续推进。合作对接不断加强，主动对接广深"双城"联动，积极参与《深圳都市圈发展规划》《穗莞合作发展规划》编制；对接珠江口东西两岸融合互动发展，深度参与编制《粤港澳大湾区珠江口一体化高质量发展试点总体方案》。产业发展持续深化，加强产业载体共建，黄江与深圳光明区共建光明港中城智造创新园，樟木头与深圳市高分子协会合作改造嘉卓智谷工改M0项目，虎门与深圳合作共建中国电子东莞产业园项目；强化产业金融合作，全年共有45家企业登陆深圳证券交易所主板和创业板。环境共治力度加大，累计启动106次污染天气应急，旗岭国考断面、共和村国考断面水质稳定达到Ⅳ类；加快推进石马河EPC＋O项目收尾工作，完成人民涌专项整治工程。

——基础设施互联互通水平不断提高。全力参与建设"轨道上的大湾区"，市城市轨道交通第二期调整报告获国家发展改革委审批，赣深客专顺利通车，东莞南站配套工程按期竣工，佛莞城际、虎门高铁站配套工程加快建设，首批9个轨道站点品质提升工程全面开工。全力打通珠江口东西两岸通道，积极配合狮子洋通道先行标段动工建设，莲花山通道前期工作抓紧实施。

——与港澳合作进一步深化。莞港澳创新协同合作更紧密广泛，推动粤莞联合基金173个课题及3个港澳科研团队项目立项，粤港澳中子散射科学技术联合实验室启动首期开放课题20多个，推动香港城市大学（东莞）加快建设。出台境外高端紧缺人才所得税财政补贴等多项举措，在财税、社保、招生等领域强化三地政策衔接，实现港澳同胞逐步享受本地同等待遇。2021年，港澳人员参加社会养老、工伤、失业保险均超5 000人，港澳籍中小学和幼儿园学生超1.4万名。

4. 重大区域发展平台建设情况。

——水乡功能区。2021年，水乡功能区地区生产总值798.13亿元，增长7.0%；规模以上工业增加值435.16亿元，增长8.9%；固定资产投资增长29.2%。规划统筹水平不断提升，高标准编制国土空间规划，编制完成《东莞水乡功能区高质量统筹发展"十四五"规划》，制定实施国有闲置土地处置工作实施细则。水乡功能区重点工作统筹不断强化，形成"1＋5"高效有力的议事协调机制，积极谋划开展六大行动共30项具体工作。产业发展取得新成效，战略性新兴产业基地加快建设，划定基地面积约23 422亩，完成麻涌站TOD产业园、梅沙产业园等控规和城市设计工作，基本完成数字经济和新能源产业规划；招商引资成果显著，产业基地签订投资协议17个，协议投资额达117亿元；水乡科创中心获第三批市重点招商园区认定；联东U谷科技智造中心、中堂镇潢涌智造产业园等一批新兴产业发展平台动工建设。城市建设加速推进，望沙路升级改造工程基本完工通车，中洪路、望中路中线工程等项目有序推进，水乡科创中心二期、水乡中心医院一期工程完工交付使用，水乡大道重要节点立体绿化、水乡大道沿线照明工程已竣工并正式投入使用。

——银瓶合作创新区。2021年，银瓶合作创新区地区生产总值123.4亿元，增长10.5%；规模以上工业增加值67.2亿元，增长14.9%；地方一般公共预算收入 11.9 亿元，增长 3.3%。产业加快集聚发展，全年共签约 11 个产业项目，总投资 139.4 亿元；银瓶高端装备产业基地启动规划建设，划定 21 408 亩红线和 5 032 亩首开区，启动首开区"五个一"建设，推动 3 块"标准地"挂牌；银瓶合作创新区引进高端装备、新一代电子信息等领域共 10 个超亿元重大项目；依托西北工业大学"三航"资源，谋划军民融合产业，打造特色产业园。山水公园城市加快建设，交通基础设施不断完善，加速推进谢岗大道、29 号路和大黎路 3 条主干道的涉铁路段建设；22 条镇村道路改造升级基本完工；谋划打造上档次、有震撼力的文旅项目，连片谋划金满湖、银瓶山、银瓶湖湿地等地块，高标准推进万里碧道建设，启动银瓶湖湿地公园、鹭巢生态保护公园建设。公共服务配套不断健全，完成黎村小学改扩建、中心幼儿园改扩建工程，新增 1 350 个优质公办学位；谢岗镇实验中学动工建设，探索整合 300 亩连片土地建设"中学园"；市人民医院谢岗院区顺利通过二甲评审，总投资 1.99 亿元的新院二期项目正式启用。

——滨海湾新区。2021 年，滨海湾新区地区生产总值 124.30 亿元，增长 18.4%；规模以上工业增加值 55.70 亿元，增长 32.5%；地方一般公共预算收入 2.89 亿元，增长 90.0%。产业发展动能加速壮大，深入谋划数字经济、生命健康等战略性新兴产业基地，大湾区大学科技园"一园两基地"规划研究形成阶段性成果；6 个在建产业项目累计完成投资 117.25 亿元，OPPO 全球总部项目、忆联闪存存储总部、华润万象滨海、鹏瑞滨海湾科技创新总部基地等项目正在深入洽谈。改革创新力度不断加大，积极争创广东自贸试验区联动发展区，参与谋划大湾区珠江口一体化高质量发展试点，全力对接支持服务好"双区"建设、"两个合作区"建设；以建设高水平对外开放综合改革创新实验区为目标，落细落实 4 个方面 60 项改革任务；重点聚焦人事制度、投融资、国资改革等关键领域，深入谋划攻坚"十大改革创新项目"，已形成阶段性成果。城市品质面貌持续提升，统筹推进滨海湾片区国土空间总体规划编制，高标准开展滨海湾站、港澳码头站 TOD 综合开发规划设计；交椅湾 15 公里智慧道路顺利建成，三大板块基础设施建设加快推进，青创广场、滨海驿站等公共配套设施日益完善。

（八）中山市

1. 概况。

2021年，中山市地区生产总值3 566.17亿元，增长8.2%。三次产业结构调整为2.5：49.4：48.1。人均地区生产总值80 157元，增长7.2%。规模以上工业增加值1 361.97亿元，增长12.0%。社会消费品零售总额1 530.11亿元，增长8.7%。外贸进出口总额2 694.80亿元，增长22.0%。地方一般公共预算收入316.47亿元，增长10.0%。全体居民人均可支配收入57 901元，增长9.8%，其中，城镇居民、农村居民人均可支配收入分别为60 323元、41 750元，分别增长10.2%、10.9%。

2. 优化发展情况。

——创新势能加速形成。创新平台加快建设，中山科技创新园等高端创新平台建设进展顺利；省级企业重点实验室、工程技术研究中心分别增至7家、351家。创新主体发展壮大，高新技术企业达2 300家，规模以上高新技术企业占比提高至60%；博士后工作平台增至55个，省级博士工作站增至31家。创新能力不断提高，组织实施人工智能与数字经济等领域重大科技专项26项，立项经费1.2亿元；技术合同成交额超19.4亿元，有效发明专利拥有量超9 600件。

——制造业强市建设稳步推进。战略性新兴产业加快发展，成功获批省级大型产业集聚区；聚焦发展生物医药等战略性新兴产业，全面推进康方湾区科技园等项目建设。转型升级步伐加快，加强5G等领域应用创新，推动中德大湾区工业互联网创新中心建设，支持骨干企业开展10个5G＋工业互联网应用示范项目建设。产业链补链强链稳步推进，建立10个重点产业链"链长制"；新引进亿元以上装备制造项目24个；认定制造业龙头骨干企业14家、"专精特新"企业61家。

——营商环境持续改善。稳企安商走深走实，开通"书记市长直通车"，建立"行走的办公室"等创新性机制，及时解决企业实际困难；新增减税降费超50亿元，切实减轻企业负担。政务服务提速提质，推出60个"秒批秒办"高频服务事项，3 344个依申请政务服务事项实现网上办；实现291个事项"湾区通办"、127个事项"跨省通办"等。市场环境更加公平高效，归集超2.1亿条涉企数据，开展守信激励2 920次；持续推广"信易保"应用，为参与公共资源交易的投标企业免除保证金缴交超139亿元。

——对口帮扶不断深化。聚焦平台促进产业园提质增效，大力推动中山（潮州）产业转移工业园"一园六区"建设；成功促成中科分子生物现代中药先进制造项目等正式落户凤泉湖园区，推动凤泉湖园区综合配套中心建设。巩固脱贫攻坚成果，帮扶潮州市12个重点镇，拨付驻镇帮镇扶村财政资金2.17亿元到潮州市；配合走访4 356户，设立防止返贫监测救助资金。提升公共服务水平，投入7 000多万元启动重点民生项目93个，打造3个示范镇，成功推动中山、潮州两市12家医院形成"一对一"结对帮扶合作单位。

——乡村振兴取得实效。现代农业加快发展，黄圃镇完成国家级农业产业强镇建设，黄圃腊味产业园、三角生鱼产业园获批省级现代农业产业园；16家企业被认定为粤港澳大湾区"菜篮子"生产基地、流通企业。美丽乡村建设全面推进，全域推进生态宜居美丽乡村建设，169个涉农村（社区）达到美丽宜居村标准，建成一批各具特色的精品示范村。乡村旅游提质发展，左步村入选全国乡村旅游重点村，共新增省级休闲农业与乡村旅游示范镇、示范点3个。

——社会民生事业加快发展。就业创业扎实推进，全市城镇新增就业6.3万人，发放创业担保贷款1.94亿元。教育事业提质发展，新增规范化幼儿园学位4 865个，新增公办学位1.5万个；5所中职学校被确定为省高水平中职学校建设（培育）单位。卫生事业加快发展，市人民医院入选省高水平医院重点建设单位，建成国家和省级慢性病综合防控示范区3个。社会保障体系日趋完善，三大险种累计参保557万人，最低生活保障标准提高到1 120元。

3. 推进粤港澳大湾区建设情况。

——大湾区西翼重要综合交通枢纽加快构建。深中通道伶仃洋大桥西主塔成功封顶，中开高速等加快推进，初步形成"四纵五横"高速路网。深江铁路先行段动工建设，南沙港铁路黄圃站、东凤站站房建筑及配套工程方案基本形成，中山站、中山北站"站城一体"规划建设稳步推进。

——支撑高质量发展的现代产业体系逐步健全。携手珠海、江门共同谋划粤港澳大湾区（珠西）高端产业集聚发展区建设；与深圳市高端创新资源共建产业载体。谋划建设的珠江东西两岸融合发展产业平台获得省级支持，推动建设深圳—中山产业拓展走廊，围绕产业链协作等方面促成一批合作事项和项目。编制完成《中山市大型产业集聚区建设实施方案》；出台《中山市关于实施重点产业链链长制工作方案》，促进产业链上下游协同发展。

——高端创新平台和高水平大学加快建设。加强科技创新对接合作，翠亨新区与深圳科技工业园（集团）共同开发建设和运营深中科技创新产业园等项目。引进深圳科技企业和科研机构，布局新型研发机构、孵化器，推动大湾区科技成果转化落地。中科中山药物创新研究院获批广东省高水平新型研发机构，中国检验检疫科学研究院粤港澳大湾区研究院完成省级事业单位注册并形成五年建设方案，中国科学院大学药学院中山学院完成揭牌，香港科技大学—中山联合创新中心正式挂牌运营。省级工程技术研究中心增至351家，省级企业重点实验室增至7家。

——与港澳深度交流合作不断加强。成功推动香港贸易发展局在中山设立"GoGBA港商服务站"，与大湾区香港中心联合举办香港—中山健康医药产业论坛，推动两地资源对接和产业优势互补合作。成功争取本外币合一的跨境资金池业务试点落地中山，推动中山农村商业银行作为粤港澳大湾区首批试点机构探索开展环境信息披露试点，成功推动1家企业赴澳门发行绿色债券。组织28家优质企事业单位赴澳门开展人才对接交流；全市创业孵化平台全部向港澳青年开放，共有73个港澳创业团队在园孵化。陈星海医院成为内地首批5家"港澳药械通"指定医院之一，港澳居民参加城镇职工养老保险人数达2 671人。

4. 中山翠亨新区建设情况。

2021年，翠亨新区地区生产总值195.20亿元，增长16.8%；规模以上工业增加值98.47亿元，增长15.7%；高新技术企业126家，增长5.0%。全区共有港资企业 137 家，澳资企业 36 家。

——深化改革激发发展活力。着手从翠亨新区战略定位、发展目标、空间布局、主要任务、支持政策等方面进行优化调整，已编制形成总体规划初稿并上报省政府。完成功能区机构改革和市直管镇体制改革试点，实现新区和南朗街道统筹发展。率先开展区域评估、"评定分离"试点，试行"分段报建"制度改革，有效加快推动项目落地速度。

——集聚资源推动经济发展。聚焦发展生物医药、人工智能等战略性新兴产业，谋划氢能源等前沿未来产业，积极构建科技创新重大平台，打造一批高端主题产业园。与科技部评估中心合作共建西湾国家重大仪器科学园，先后落地 13 个标杆型项目，引入西门子参与运营的中德（大湾区）工业互联网创新孵化中心等创新驱动力强的科技项目。哈工大机器人（中山）无人装备与人工智能研究院成功申报广东省自然科学基金依托单位。

——积极对接促进开放合作。强化区域联动发展，推动与周边城市及香港、澳门深度合作。粤澳全面合作示范区等开放合作平台、文旅生态城等项目先后落户新区。积极申报中国（广东）自由贸易试验区联动发展区建设。与广州南沙新区签署战略合作框架协议，深度对接珠江东岸的桥头堡作用进一步凸显。

——高标准建设呈现城市新貌。城市建设全面提速换挡，积极创建智慧城市、BIM/CIM 综合应用、无废城市、零碳城市等示范区。"三横三纵"路网建设日趋完善，外联内通的公路枢纽逐步成型。香山中学、社区卫生服务中心等公共服务设施建设加速，城市配套功能日渐完善。

（九）江门市

1. 概况。

2021 年，江门市地区生产总值 3 601.28 亿元，增长 8.4%。三次产业结构调整为 8.2 : 45.6 : 46.3。人均地区生产总值 74 722 元，增长 7.5%。规模以上工业增加值 1 201.92 亿元，增长 14.7%。社会消费品零售总额 1 278.10

亿元,增长9.9%。地方一般公共预算收入279.87亿元,增长6.0%。外贸进出口总额1 789.31亿元,增长25.2%。全体居民人均可支配收入37 068元,增长10.1%,其中,城镇居民、农村居民人均可支配收入分别为43 622元、23 376元,分别增长9.3%、10.6%。

2. 优化发展情况。

——加快打造战略性产业集群。重点围绕14条制造业产业链、六大特色优势农业产业和建筑业,出台政策助力稳链补链强链控链。不断壮大产业规模,高技术制造业、先进制造业增加值分别增长35.0%、18.0%,新能源电池等产业链产值增幅超30.0%;六大特色优势农业产业全链条总产值418亿元,增长25.5%,新增1家国家级、15家省级重点农业龙头企业;建筑业总产值384亿元,增长15.0%,新增4家一级总承包企业和1家甲级设计院落户。持续提升产业创新能力,新增高新技术企业305家、国家专精特新"小巨人"企业6家、省级科创平台26家;发明专利授权量增长57.0%;培育23个省级工业互联网标杆示范项目;富华重工成为国家"单项冠军"企业。

——努力夯实经济发展"压舱石"。市重点项目完成投资超1 200亿元,增长31.0%。投资超50亿元的巴德富等一批大项目动工建设,富华商用车底盘智造等一批大项目投产。技术改造投资增长17.8%,推动超500家企业开展技术改造。引进投资超10亿元工业项目34个,增长62.0%;计划投资额707亿元,增长67.0%。交通投资完成235亿元,南沙港铁路货运工程、五邑路扩建工程建成,珠肇高铁江门至珠三角枢纽机场段等项目加快建设,江鹤高速扩建等项目动工。争取地方政府新增债券额度123亿元,较上年翻一番。供应工业用地面积9 126亩,为近5年最高。新建5G基站超2 500座。

——持续优化营商环境。全面推进"证照分离"全覆盖改革,办理时间压减65%。实施分阶段核发施工许可证,全省首推工程建设"验收即发证",招投标"评定分离"改革全面铺开。市级和蓬江、台山行政服务中心分别获评省首届市县级政务服务标杆大厅。进口整体通关效率排名全国前列。新增市场主体14.7万户,增长42.6%。帮助企业纾困解难,为企业减税降费超43亿元,缓缴税费近10亿元。

——着力打造宜居之城。城市品质持续提升，完成迎宾西路延长线等道路改扩建工程，建成枢纽新城体育公园等公共活动空间；实现天然气"县县通"；推进 132 个城镇老旧小区升级改造，获补助资金超 3.1 亿元。农村生产生活设施更加完善，完成近 97 万栋农房安全隐患排查，实现自然村集中供水全覆盖。生态环境稳步向好，臭氧指标改善幅度全省第一，潭江流域重点一级支流考核断面全面消除劣 V 类。

——扎实办好各项社会事业。各级财政民生投入 338.4 亿元，全面完成 4 646 个"我为群众办实事"和"民生微实事"事项。就业形势保持稳定，城镇新增就业 4.7 万人，城镇失业人员再就业 2.9 万人。教育教学持续提质，新增公办和普惠性民办幼儿园学位近万个、优质中小学学位 1.5 万个。医疗卫生水平逐步提升，市中心医院入选省高水平医院，市妇幼保健院获评三甲医院。社会保障能力日益增强，向四类人群发放生活保障金 6 亿元，惠及 9.4 万人。

3. 推进粤港澳大湾区建设情况。

——强化大湾区交通基础设施互联互通。一是融入"轨道上的大湾区"取得重大突破。全省第四大综合交通枢纽珠西综合交通枢纽—江门站建成运营。南沙港铁路建成通车，珠肇高铁（江门至珠三角枢纽机场段和江门至珠海段）等加快建设。开通运营江门北—深圳盐田港等班列，推进广佛江珠城际铁路前期工作。二是高快速路网三大战略通道加快建设。"北通道"广中江高速三期等相继完成；"中通道"开春高速等通车，江中高速扩建等工程加快推进；"南通道"黄茅海跨海通道等加快建设。三是港口、机场群规划建设不断完善。江门高新港一期建成并投入使用，崖门出海航道二期工程等加快建设；完成台山通用机场选址，加快融入大湾区通用航空体系布局。

——增进大湾区城市间交流合作。与大湾区城市的对接合作持续深化，出台《江门市关于支持深圳建设中国特色社会主义先行示范区的行动方案》和对接横琴、前海两个合作区工作清单；与广州市、珠海市政府签署战略合作框架协议，与深圳人才集团合作成立江门人才发展集团；与中创新航科技股份有限公司正式签订项目投资合作协议。创新创业环境不断优化，建成 5

家港澳青年创新创业孵化基地，启迪之星（江门）荣获全省首批"大湾区青年家园"称号。特色金融合作取得突出成效，江澳金融合作发生额累计超2 000亿元人民币；全市涉外收支总规模突破300亿美元，涉外收入和支出实现"双增长"，净流入规模创下历史新高。

——推进大湾区合作体制机制发展。政务服务"跨城（跨境）通办"工作不断提升，设立"江门—香港/澳门跨境通办政务服务专区"，实现香港/澳门企业群众"零出关"即可办理超400项江门政务服务。职业资格认定和医养体制机制逐步对接，促进港澳专业人士在江门市旅游等领域便利执业；将符合条件的港资、澳资医疗机构纳入医疗保险协议管理范围。推动省级改革任务取得新突破，推动出台《江门市实施粤港澳大湾区个人所得税优惠政策财政补贴暂行办法》，已有122人享受1 742万元政策优惠。

——加快大湾区特色平台建设。华侨华人文化交流合作重要平台取得重大进展，省大湾区领导小组印发《江门华侨华人文化交流合作重要平台建设方案》。高起点规划建设粤港澳大湾区（珠西）高端产业集聚发展区、江门大型产业集聚区。组建银湖湾滨海新区投资开发有限公司，加快推动一批基础设施、产业项目建设，台山核电1、2号机组投入商运，广海湾作业区万吨级码头加快建设。粤港澳大湾区（江门）高质量农业合作发展平台建设全面推进，已获认定粤港澳大湾区"菜篮子"生产基地42家，推动农产品冷链物流产业园等项目加快建设，成功争取省级层面支持台山市创建省"农业特区"试点。

4. 县域经济发展情况。

江门市下辖台山、开平、鹤山、恩平4个县级市，县域面积达7 719.57平方公里，占全市总面积的81.2%。2021年，全市县域地区生产总值1 588.09亿元，占全市地区生产总值的44.1%。

表 14 2021 年江门市县域经济发展状况

地区	地区生产总值 （亿元）	社会消费品零售总额 （亿元）	地方一般公共预算收入 （亿元）	三次产业结构
台山市	503.23	225.22	35.67	21.6：40.1：38.3
开平市	438.45	182.22	31.65	11.9：46.8：41.3
鹤山市	440.69	155.79	36.51	7.2：50.5：42.2
恩平市	205.72	96.49	13.89	15.6：27.6：56.8

——台山市。2021 年，台山市地区生产总值 503.23 亿元，增长 8.5%，其中，第一产业增加值为 108.74 亿元，增长 11.0%；第二产业增加值为 201.71 亿元，增长 11.0%；第三产业增加值为 192.77 亿元，增长 4.7%。三次产业结构调整为 21.6：40.1：38.3。社会消费品零售总额 225.22 亿元，增长 10.9%。地方一般公共预算收入 35.67 亿元，增长 9.5%。城镇居民、农村居民人均可支配收入分别为 32 782 元、21 996 元，分别增长 8.1%、10.1%。与中国—东盟商务理事会、RCEP 产业合作委员会签署合作备忘录；入选全国县域旅游发展潜力百强县市名单，川岛旅游度假区获评省级旅游度假区。

——开平市。2021 年，开平市地区生产总值 438.45 亿元，增长 8.3%，其中，第一产业增加值为 52.26 亿元，增长 10.3%；第二产业增加值为 205.21 亿元，增长 10.3%；第三产业增加值为 180.98 亿元，增长 5.6%。三次产业结构调整为 11.9：46.8：41.3。社会消费品零售总额 182.22 亿元，增长 9.9%。地方一般公共预算收入 31.65 亿元，增长 9.2%。城镇居民、农村居民人均可支配收入分别为 34 886 元、23 001 元，分别增长 10.6%、10.9%。成功创建全国主要农作物生产全程机械化示范县，获评全国"平安农机"示范县。开平世遗文化经典游线路成为江门首条全国乡村旅游学习体验线路。

——鹤山市。2021 年，鹤山市地区生产总值 440.69 亿元，增长 9.7%，其中，第一产业增加值为 31.90 亿元，增长 6.3%；第二产业增加值为 222.76 亿元，增长 14.2%；第三产业增加值为 186.03 亿元，增长 5.3%。三次产业结构调整为 7.2：50.5：42.2。规模以上工业增加值 180.10 亿元，增长

21.2%。社会消费品零售总额155.79亿元，增长9.8%。地方一般公共预算收入36.51亿元，增长8.0%。新增7家省级重大创新平台，专利授权量增长28.9%，均居江门前列；龙口青文村获评全国乡村治理示范村；天润万禾蔬菜专业合作社被评为国家农民合作社示范社。

——恩平市。2021年，恩平市地区生产总值完成205.72亿元，增长7.1%，其中，第一产业增加值为32.11亿元，增长10.8%；第二产业增加值为56.82亿元，增长1.9%；第三产业增加值为116.79亿元，增长8.5%。三次产业结构调整为15.6∶27.6∶56.8。社会消费品零售总额96.49亿元，增长10.8%。地方一般公共预算收入13.89亿元，增长9.5%。全体居民人均可支配收入24 761元，增长11.0%。道氏技术建筑陶瓷材料实验室成为江门市四个省级重点实验室之一。成立江门市首个生态产品交易中心。

5. 江门大广海湾经济区建设情况。

——全力推进银湖湾滨海新区规划建设。2021年，银湖湾滨海新区地方一般公共预算收入5 851万元，增长167.2%；税收16 006万元，增长441.0%。高标准完善新区专项规划，完成《粤港澳大湾区（珠西）高端产业集聚发展区银湖湾启动区产业发展规划（2020—2035）》编制，确立"以大健康为引领，以旅游休闲为推动，以科创研发、教育培训、文化创意为协同"的"113"产业体系的发展定位。持续完善新区产业布局，银湖湾滨海新区重点发展大健康、大数据、人工智能等为主体的高端产业集群。高质量推进基础设施和重大项目建设，市政基础设施（一期）项目加快开展，三大入口及四大景观提升工程等项目均按计划推进，重大项目配套设施工程项目加快建设，总投资226亿元的银湖湾世茂碧海银湖等重点项目按计划建设。招商项目洽谈稳步突破，建立三级联动机制、项目引入预审机制，在深圳、广州举办专题小型精准对接会。积极引入社会方参与开发建设，加强对接国家开发银行等金融机构和中铁南方投资集团等实力企业，开展新区开发投融资洽谈。

——推动广海湾经济开发区建设。广海湾经济开发区立足高端装备制造、生物医药与健康、新能源和新一代信息技术等主导产业，以建设港澳新城为目标，推动开发区建设成为对接港澳的重要门户、产业创新的特色平台、产

65

城融合的滨海新城。深化空间布局研究，谋划建设四大功能板块，其中，东片为滨海宜居板块，布局科技创新等产业；西片为临港经济板块，发展现代海洋产业；南片为能源发展板块，打造清洁能源供应高地；北片为生态休闲板块，发展休闲养生、生态旅游产业。细化专业园区方案，加快启动临港经济板块，主动与粤澳合作中医药科技产业园、中科院深圳先进院合作，重点发展生物医药产业园；优先发展电力装备产业，推动能源生产向能源装备制造延伸，形成完整的电力能源产业链，兼容发展其他高端装备产业的电力装备产业园；推进能源发展板块的新能源产业园，大力推动核、风、光、氢、储等一体化发展，积极开展燃料电池等的研发及产业化。推动重点产业落地和重点招商，以生物医药和电力装备制造业为重点，力促总投资 50 亿元的湾汇生物科技产业园、投资 13 亿的中昊港创科创园项目落地；加强与深圳清华研究院等机构合作，对接好华侨城集团。

（十）肇庆市

1. 概况。

2021 年，肇庆市地区生产总值 2 649.99 亿元，增长 10.5%，其中，第一产业增加值 458.46 亿元，增长 7.6%；第二产业增加值 1 101.48 亿元，增长 15.3%；第三产业增加值 1 090.04 亿元，增长 7.5%。人均地区生产总值 64 269 元，增长 10.0%。地方一般公共预算收入 146.46 亿元，增长 17.6%。社会消费品零售总额 1 160.82 亿元，增长 9.3%。全体居民人均可支配收入 30 394 元，增长 10.5%。

2. 优化发展情况。

——大力推进产业强市战略。"4＋4"制造业体系进一步壮大，新能源汽车及汽车零部件、电子信息产业发展势头迅猛，分别实现规模以上工业总产值 390 亿元、260 亿元，均增长 30%。产业招商落地攻坚行动成效显著，小鹏汽车二期项目实现当天签约、当天动工、当月见效；风华高科高端电容基地一期项目顺利投产，宁德时代一期项目完成主体工程封顶，璞泰来等重大产业项目启动建设。科技创新支撑能力不断增强，全市专利授权量5 377件，增长84.6%；新增省级工程技术研究中心18家，拥有市级以上新型研发机构26家；国家高新技术企业突破1 000家，科技型中小企业超过1 300家；珠三角（肇庆）国家自主创新示范区加快建设，肇庆高新区科学园投入运营。

——坚持扩内需稳外需。有效投资不断扩大，广佛肇高速二期建成通车，肇明高速、金利大道加快建设，桂贺肇广货运铁路等项目加快谋划；广宁浪江抽水蓄能项目前期工作顺利推进，大旺国电二期项目启动实施；累计建成开通5G基站2 722座，打造省级工业互联网标杆示范项目18个。旅游、消费市场回暖，全市旅游综合收入增长180%，高要、四会创建成为省级全域旅游示范区；新增限额以上商贸企业81家，星湖国际广场商圈创建成为省级示范特色步行街（商圈）。外贸外资稳定发展，新增开展外贸业务企业超150家，全市对欧盟地区进出口额约39亿元；跨境电商综合试验区公共服务平台上线运营，贸易进出口额达17亿元。

——全面深化重点领域改革。"互联网＋政务服务"改革持续推进，市级行政许可事项网上可办率达99%，可全流程网办比例达96%以上。深入开展"无证明城市"建设试点改革，推进"证照分离"改革和企业注销业务"一网通办"。出台优化营商环境措施2.0版，全面实施"企业开办半天办成"，实现企业开办"全流程网上办""免费刻章"。"放管服"和营商环境改革成效显著，肇庆高新区免申即享服务平台荣获"2021年广东省政务服务创新案例"；新增"双容双承诺"产业投资项目240个、投资总额1 373.70亿元；城市综合信用指数排名取得全国、全省地级市第10、第1的最佳成绩。

——扎实推进乡村振兴战略实施。现代农业提质发展，新增省级重点农业龙头企业10家，累计创建12个省级、8个市级现代农业产业园；肇庆（怀集）绿色农副产品集散基地、大湾区（肇庆）水产综合交易中心首期项目建成，国家级南药市场项目落户肇庆。乡村建设展现新风貌，完成农村公路新改建项目307公里，市县37座农村公路危桥改造项目完工，农村生活垃圾收集处理率、村庄保洁覆盖面达100%。农村综合改革工作取得新成果，农村集体产权制度改革全面完成，99.82%的村集体完成成员确认和资产量化。巩固拓展脱贫攻坚成果同乡村振兴有效衔接，建立"市别动队"巡查机制和防返贫动态监测机制。

——全力增进民生福祉。财政投入民生类支出 291 亿元，占地方一般公共预算支出的 73.4%。制定 3.0 版"促进就业九条"，实施普惠性稳岗返还、阶段性降低工伤失业保险费率等政策；全市城镇新增就业 4.3 万人以上，城镇登记失业率 2.5%。教育卫生服务水平提升，21 所公办中小学校建成投入使用，新增学位 2.1 万个；中山大学附属第三医院肇庆医院、省第二人民医院肇庆医院（肇庆市中心人民医院）投入使用。民生保障力度加大，城乡居民基本养老保险、医疗保险基本实现全覆盖；城乡居民保险基础养老金提高至 180 元，惠及 52.62 万人；按时足额为全市近 2.2 万名优抚对象发放抚恤优待金、生活补助和临时价格补贴等约 2.1 亿元。

3. 推进粤港澳大湾区建设情况。

——强化珠三角核心引领带动作用。聚焦科技创新、产业发展、城市建设、交通互联互通等领域，大力推行"上级政策 + 外地经验 + 肇庆实际"的决策模式，全面深化与大湾区兄弟城市的交流合作，做到联动发展、"抱团"发展，努力在大湾区中赢得一席之地。坚持配套发展，努力在为湾区城市配套中发展壮大特色产业，着力打造大湾区产业溢出"蓄水池"；坚持补缺发展，努力在对湾区城市功能补缺中形成新的特色优势产业，着力打造大湾区城市功能"疏解区"；坚持特色发展，大力发展绿色建材等特色制造业，以及现代农业、康养旅游等其他绿色产业。

——坚持"双区"联动，示范引领。全力支持深圳中国特色社会主义先行示范区建设，大力实施"六大行动"，重点围绕电子信息、新能源汽车、生物医药等主导产业和 5G、人工智能等新兴产业，对深圳市重点目标企业开展靶向招商，深化与深圳的产业共建，谋划共建电子信息产业园，重点推动电子信息产业配套协作；全年新引进深圳地区项目 62 个，计划投资额 166.41 亿元。高度重视《广州都市圈发展规划（2020—2035 年）》编制相关工作，全面落实与广州签订的战略合作框架协议，进一步深化产业发展、科技创新、交通基础设施、生态环境保护、社会公共事业等领域合作，重点推动广肇汽车产业配套协作；全年新引进广州地区项目 204 个，计划投资额 264.17 亿元。

——积极参与大湾区基础设施互联互通。强化肇庆市作为粤港澳大湾区重要节点城市"承东接西功能"的目标定位，积极推动"轨道上的大湾区"建设，依托肇庆东站、珠三角枢纽机场站"双枢纽"格局，构建放射状高铁网及城际网。建成运营广茂铁路等 4 条铁路，铁路里程达 336 公里；有序推进广湛高铁、珠肇高铁、深南高铁等在建项目；肇顺南城际、柳广铁路启动前期研究。汕昆、汕湛、怀阳高速公路建成通车，积极推进广佛肇云高速、江肇第二高速、惠州至肇庆高速等项目前期工作；公路通车里程达 1.44 万公里，其中高速公路通车里程达 695.1 公里。西江肇庆段全境达到内河Ⅰ级（3 000 吨级）标准，北江千吨级航道扩能升级工程实现全线贯通；与深圳市盐田港集团签订战略合作协议，高要珠江物流码头、四会珠江物流码头与深圳蛇口港形成"组合港"。积极参与并配合做好珠三角枢纽（广州新）机场前期工作。

4. 县域经济发展情况。

肇庆市下辖端州、鼎湖、高要 3 区，广宁、德庆、封开、怀集 4 县，代管四会 1 个县级市。2021 年，全市县域地区生产总值 1 518.66 亿元，占全市地区生产总值的 57.3%。地方一般公共预算收入 55.73 亿元，占全市地方一般公共预算收入的 38.1%。社会消费品零售总额 654.94 亿元，占全市社会消费品零售总额的 56.4%。

表 15　2021 年肇庆市县域经济发展状况

地区	地区生产总值（亿元）	社会消费品零售总额（亿元）	地方一般公共预算收入（亿元）	三次产业结构
四会市	725.22	443.83	20.44	9.6∶53.0∶37.4
广宁县	176.80	49.48	7.17	32.2∶31.4∶36.3
德庆县	175.65	52.73	9.00	22.9∶41.9∶35.1
封开县	164.32	35.20	11.86	37.6∶32.0∶30.4
怀集县	276.67	73.70	7.26	40.6∶22.8∶36.6

——四会市。2021 年，四会市地区生产总值 725.22 亿元，增长 14.0%，其中，第一产业增加值 69.45 亿元，增长 7.5%；第二产业增加值 384.26 亿元，增长 19.6%；第三产业增加值 271.50 亿元，增长 8.9%。三次产业结构调整为 9.6∶53.0∶37.4。人均地区生产总值 112 542 元，增长 12.7%。地方一般公共预算收入 20.44 亿元，增长 14.6%。社会消费品零售总额 443.83 亿元，增长 7.8%。荣获中国县域电商竞争力百强县市、全国投资潜力百强县市、全国科技创新百强县市等称号，成功入围全国综合实力百强县市。沙糖桔产业园成功申报全国创业创新园区。

——广宁县。2021 年，广宁县地区生产总值 176.80 亿元，增长 8.3%，其中，第一产业增加值 57.01 亿元，增长 10.9%；第二产业增加值 55.59 亿元，增长 7.0%；第三产业增加值 64.20 亿元，增长 7.1%。三次产业结构调整为 32.2∶31.4∶36.3。地方一般公共预算收入 7.17 亿元，增长 21.2%。规模以上工业增加值 39.21 亿元，增长 12.1%。社会消费品零售总额 49.48 亿元，增长 6.9%。新增省级"一村一品、一镇一业"专业镇 2 个。潭布镇（潭布番薯）列入广东省特色农产品优势区。红色江美旅游景区成功创建国家 3A 级旅游景区。

——德庆县。2021 年，德庆县地区生产总值 175.65 亿元，增长 7.7%，其中，第一产业增加值 40.25 亿元，增长 4.8%；第二产业增加值 73.66 亿元，增长 9.3%；第三产业增加值 61.74 亿元，增长 8.0%。三次产业结构调整为 22.9∶41.9∶35.1。人均地区生产总值 52 979 元，增长 7.8%。地方一般公共预算收入 9.00 亿元，增长 6.4%。规模以上工业增加值 54.91 亿元，增长 15.9%。社会消费品零售总额 52.73 亿元，增长 7.7%。获评省级"一村一品、一镇一业"专业镇 2 个、专业村 14 个。德庆嘉溢食品机械获国家科技进步二等奖。林业产业园被评为国家德庆林业产业示范园区。

——封开县。2021 年，封开县地区生产总值 164.32 亿元，增长 7.8%，其中，第一产业增加值 61.79 亿元，增长 7.9%；第二产业增加值 52.63 亿元，增长 6.2%；第三产业增加值 49.89 亿元，增长 9.5%。三次产业结构调整为 37.6：32.0：30.4。地方一般公共预算收入 11.86 亿元，增长 0.5%。规模以上工业增加值 34.37 亿元，增长 10.9%。社会消费品零售总额 35.20 亿元，增长 7.2%。大洲镇被评为 2021 年度中国乡村振兴十大示范村镇。江口街道台洞村被评为全国乡村旅游重点村、广东省文化和旅游特色村。黄岩洞景区成功创建国家 3A 级旅游景区。

——怀集县。2021 年，怀集县地区生产总值 276.67 亿元，增长 10.7%，其中，第一产业增加值 112.21 亿元，增长 7.1%；第二产业增加值 63.15 亿元，增长 21.7%；第三产业增加值 101.31 亿元，增长 9.1%。三次产业结构调整为 40.6：22.8：36.6。地方一般公共预算收入 7.26 亿元，增长 8.4%。规模以上工业增加值 17.18 亿元，增长 21.1%。社会消费品零售总额 73.70 亿元，增长 7.6%。冷坑镇被列入第十一批全国"一村一品"示范村镇名单。粤港澳大湾区绿色农副产品集散基地被列入国家重大项目清单。成功获批国家地理标志证明商标 1 件，申报认定国家名特优新农产品 5 个。

5. 重大区域发展平台建设情况。

——肇庆新区。2021 年，肇庆新区地区生产总值 71.71 亿元，增长 10.0%；规模以上工业增加值 21.99 亿元，增长 14.9%；地方一般公共预算收入 2.96 亿元，增长 40.4%；10 个省重点建设项目全年累计完成投资 59.12 亿元，42 个市重点建设项目全年累计完成投资 159.14 亿元。产业招商工作卓有成效，2021 年，新引进项目 110 个，亿元以上（制造业）注册项目 29 个，新增规模以上工业企业 2 家；围绕奥士康、晟合微电子等电子信息产业"龙头"企业，引进投资 5 亿元的四海光电、投资 3 亿元的富华电子等 17 个光电显示类电子信息产业项目；围绕新能源汽车及汽车零部件行业"链主"企业，引入投资 25 亿元的吉阳锂电设备、投资 10 亿元的震裕锂电精密结构件等 10 个项目。产业发展空间获得新拓展，全力推动合作发展平台建设，高效盘活土地资源，开展新区 575 平方公里发展总体规划扩容修编工作；整理提升产业用地 2 546.25 亩。

——粤桂合作特别试验区。2021 年，累计引进项目 55 个，投资总额 48 亿元，其中已投产项目 27 个；年内新增开工项目 18 个、竣工项目 15 个，实现产值 7.4 亿元，增长 236.4%；规模以上工业企业、高新技术企业均增至 10 家。加快完善园区生产、生活配套，扎实推进基础设施建设，土地集约使用不断优化，累计建成通用厂房 79 栋，面积 54.26 万平方米；企业用电更有保障，110 千伏红庄变电站投入运营；园区污水处理厂整体运行良好，规划支一路（广信一路）污水管网工程加快建设；生活配套设施日趋完善，建成员工宿舍 3 栋面积共 2.52 万平方米，新能源汽车充电站、银行柜员机投入使用；内外路网全面联通，园区内多条道路均已建成通车，园区便民公交路线开通运营。

——广佛肇（怀集）经济合作区。2021 年，园区规模以上工业总产值 40.59 亿元，增长 39.1%；规模以上工业增加值 9.45 亿元，增长 19.9%。累计入园项目 156 个，投产 88 个，累计高新技术企业 22 家，新增规模以上企业 6 家。园区生产生活条件日臻完善，完成 10 条道路建设，智能餐厅、超市等配套设施投入运营。

二、粤东地区

（一）发展概述

2021 年，粤东地区生产总值 7 728.20 亿元，增长 7.7%，其中，第一产业增加值 620.68 亿元，增长 6.3%；第二产业增加值 3 345.13 亿元，增长 6.8%；第三产业增加值 3 762.39 亿元，增长 8.7%。人均地区生产总值 47 228 元，增长 7.6%。社会消费品零售总额 3 517.59 亿元，增长 8.1%。地方一般公共预算收入 330.21 亿元，增长 5.8%。城镇居民人均可支配收入 32 241 元，增长 8.8%；农村居民人均可支配收入 19 211 元，增长 10.7%。

——产业发展取得新成效。2021 年，粤东地区三次产业结构调整为 8.0：43.3：48.7。规模以上工业增加值 1 716.42 亿元，增长 8.1%。汕头、潮州、揭阳、汕尾市规模以上工业增加值分别为 739.85 亿元、273.11 亿元、511.51 亿元、191.95 亿元，分别增长 8.6%、8.2%、2.1%、21.5%。汕头市全年集中签约开工投产 167 个重大项目，总投资额 1 694 亿元；总投资额超 50 亿元的立讯全球电子信息产业中心落地建设，数字科技产业基地初步建成并实现营收 110 亿元。潮州市规模以上八大支柱产业增加值 169.64 亿元，传统制造企业实现智能化设备应用超 2 万台（套）；"个转企"企业 505 家，"小升规"企业 82 家。揭阳市高技术制造业增加值 30.96 亿元，占规模以上工业比重 6.1%；广物巨正源等绿色石化产业链项目注册落地，计划总投资 289.25 亿元；揭东经济开发区升级为国家级经济技术开发区。汕尾市电子信息产值突破 280 亿元，四个省级产业园区累计入园工业项目 232 个；培育"四上"企业 180 家、省"专精特新"中小企业 5 家。

　　——交通基础设施建设实现新突破。汕头市交通路网加快升级，汕北大道（凤东路）龙湖段和澄海段、中阳大道龙湖段建成，汕头高铁站枢纽一体化工程等项目加快建设；汕头港正式开通"东北—汕头—赣州"集装箱海铁联运线路。潮州市公路通车里程达 5 470.4 公里，其中高速公路里程达 203.8 公里；潮汕站南站房改扩建基本建成，梅州（大埔）至潮州港疏港铁路、梅潮高速前期工作加快推进。揭阳市全年交通基础设施建设投资约 67.39 亿元；揭惠高速公路市区连接线、揭阳大桥建成通车，揭惠铁路建设有序推进；潮汕国际机场开通航线 98 条，机场航站区扩建工程进展顺利。汕尾市公路通车里程达 5 875.6 公里，其中高速公路里程达 235.9 公里；加快推进汕汕高铁、深汕西改扩建工程，稳步推进汕尾机场前期选址工作，开通深圳机场汕尾城市候机楼。

　　——重点项目投资持续增长。2021 年，汕头、揭阳市固定资产投资分别下降 25.3%、6.4%，潮州、汕尾市固定资产投资分别增长 1.6%、16.9%。粤东地区省重点项目建设完成投资 1 287.30 亿元，占全省完成投资的 12.3%，为年度计划投资的 137.2%。新开工建设粤东城际铁路（一环一射线）汕头至潮汕机场段等项目，汕头比亚迪智能终端零部件生产等项目建成投产，汕头至汕尾铁路等在建项目推进顺利，粤东水资源优化配置工程等项目加快建设，引韩济饶供水工程全面贯通。

——民生保障水平不断提高。2021年，粤东地区全体居民人均可支配收入27 006元，增长9.9%。其中，汕头、潮州、揭阳、汕尾市全体居民人均可支配收入分别为30 970元、25 084元、23 781元、27 423元，分别增长9.7%、7.6%、9.0%、12.3%。汕头市城镇新增就业4.5万人，基础教育阶段新增公办学位1万个，基本医疗保险门诊特定病种增加至55种，低保特困救助资金支出提高17.0%。潮州市推进总投资超56.8亿元的26个学校重点项目建设，7个医院先后投入使用。揭阳市全年民生支出305.6亿元，揭阳市人民医院、普宁市人民医院入选省高水平重点建设医院，新增保障农村集中供水17.98万人。汕尾市华南师范大学汕尾校区正式招生，市县（区）医联体、医共体实现全覆盖，城乡居民医疗参保率96.6%，城乡低保标准提高18.0%。

表16　2021年广东省粤东四市主要经济指标

地区	地区生产总值		人均地区生产总值		第三产业增加值		地方一般公共预算收入	
	绝对数（亿元）	增长（%）	绝对数（元）	增长（%）	绝对数（亿元）	增长（%）	绝对数（亿元）	增长（%）
粤东	7 728.20	7.7	47 228	7.6	3 762.39	8.7	330.21	5.8
汕头	2 929.87	6.1	53 106	5.8	1 392.25	8.5	146.35	2.0
潮州	1 244.85	9.3	48 427	9.5	527.73	8.4	51.77	6.5
揭阳	2 265.43	6.1	40 470	6.3	1 228.41	8.6	79.31	7.2
汕尾	1 288.04	12.7	48 095	12.7	614.00	10.0	52.77	14.7

（二）汕头市

1. 概况。

2021年，汕头市地区生产总值2 929.87亿元，增长6.1%。其中，第一产业总值120.05亿元，增长2.1%；第二产业总值1 412.56亿元，增长4.3%；第三产业总值1 392.25亿元，增长8.5%。人均地区生产总值53 106元，增长5.8%。规模以上工业增加值739.85亿元，增长8.6%。社会消费品零售总额1 503.84亿元，增长6.1%。地方一般公共预算收入146.35亿元，增长2.0%。全体居民人均可支配收入30 970元，增长9.7%。

2. 振兴发展情况。

——产业高质量发展迈进新阶段。2021年，全市集中签约开工投产167个重大项目，总投资额1 694亿元。大唐勒门I海上风电项目并网投产，上海电气主机厂、发电机项目正式投产。总投资额超50亿元的立讯全球电子信息产业中心落地建设，数字科技产业基地实现营收110亿元。省级大型产业集聚区启动建设，214家高新技术企业、445家科技型中小企业通过认定，获省基础研究重大项目1项，新认定省级重点实验室2家、新型研发机构1家、工程技术研究中心11家。新增境内上市公司3家，实施"政银保"融资合作项目，"汕金惠企通"线上融资平台运行，首贷服务中心成立。

——特区改革开放迸发新活力。与深圳签署深度协作框架协议，总投资183亿元的30个合作项目落地建设，汕头（深圳）协同创新交流中心建成运行，"汕头广澳—深圳蛇口组合港"创新模式试运行。推动出台《汕头经济特区优化营商环境条例》，推进营商环境大数据平台建设，完成106个涉企经营许可事项"证照分离"改革，社会投资工程建设项目审批时间压缩至30个工作日内。下放自然资源等领域市级行政职权434项，国有"僵尸企业"出清288家，国有企业完成公司制改制121家。南澳前江获批试行更开放的对台小额贸易管理措施；实现外贸新业态进出口253亿元，增长22.4%。

——引侨聚侨惠侨作出新探索。实施"六大行动"和"一十百千万"工程，推动出台《汕头华侨经济文化合作试验区条例》，获批便利华侨华人投资制度专项改革试点，设立全国首个华侨旅居养老示范基地，华侨试验区获"8＋1"省级行政职权、6项引侨聚才政策。成立汕头市侨界博士发展促进会、科技协同创新联盟，举办"万商共创推进双循环"系列活动，19批华侨青年创业团队入驻"华侨之家"。中山纪念亭、西堤片区入选省级历史文化街区，新增侨批档案4万余件，10个"最美侨村"风貌初现，新设3个东南亚海联文化驿站。

——重大基础设施建设实现新突破。一是交通市政项目。汕北大道（凤东路）、中阳大道龙湖段建成；汕汕铁路、汕头站综合枢纽工程、海湾隧道、牛田洋快速通道等项目加快建设；粤东城际铁路、广澳港疏港铁路、南澳联络线、潮汕环线京灶大桥和潮汕大桥开工建设。二是能源水利项目。粤东LNG项目汕头段一期配套管线建成调试；潮水溪疏浚工程建成，粤东水资源优化配置工程等3项水利工程加快建设。三是教育医疗商贸项目。广东汕头幼儿师范高等专科学校办学，新建中小学4所；市中医院等7家医院新改扩建工程竣工；新一批商业综合体加快建设，天环冷链水产配送中心建成运营。

——文明城市建设展现新风貌。黄河路与泰山路快速化改造部分试通车，新建改建竞赛场馆25个、公园广场14个、人行天桥13座、农贸市场35个。"潮汐勤务"有效疏通中心城区36处易堵点，道路交通事故起数、死亡人数分别下降21%、13.4%。保护活化迴澜书院等45个历史文化项目，新增1个国家级非物质文化遗产项目，濠江区获评省全域旅游示范区。5个地表水国考断面和36个饮用水源水质全部达标，环境空气质量优良天数比例保持95%以上，建设用地和受污染耕地安全利用率均达到90%以上。

——乡村振兴打开新局面。获批创建2个国家农业产业强镇，新增1个国家级、2个省级现代农业产业园和3家省级农业龙头企业，2项省级电子商务进农村示范项目通过验收，南澳国家级沿海渔港经济区项目列入国家支持建设试点。基本完成雨污分流工程和农村无害化卫生户厕全覆盖，建立县镇村一体化生活垃圾收运处理体系，村庄保洁覆盖面达100%，列入省农村生活污水治理试点城市。农村集体产权制度改革基本完成，深圳市、省委统战部、省交通集团开展对口帮扶，为全部脱贫户购买"防贫险"，健全防止返贫动态监测和帮扶机制。

——保障改善民生取得新成效。争取上级转移支付 210 亿元，民生支出占地方一般公共预算支出比重的 75.9%。新增基础教育阶段公办学位 1 万个，普惠性学前教育覆盖面持续扩大，落实山区、农村边远地区学校教师生活补助。建设心血管等 5 个国家区域医疗（医学）中心省分中心，市中心医院推进粤东医疗中心建设，负压救护车实现区（县）全覆盖。城镇新增就业 4.5 万人，基本医疗保险门诊特定病种增加至 55 种，低保特困救助资金支出提高 17%，实施商业补充医疗保险。应急抗旱引水工程和供水工程建成通水，强化群众生活用水保障，改造城镇老旧小区 144 个，中心城区管道燃气覆盖率提升至 71.4%。

3. 县域经济发展情况。

2021 年，南澳县地区生产总值 34.73 亿元，增长 5.6%。人均地区生产总值 53 797 元，增长 5.3%。三次产业结构调整为 34.5∶16.1∶49.4。第一产业增加值 11.97 亿元，增长 0.2%。第二产业增加值 5.59 亿元，增长 19.1%。第三产业增加值 17.17 亿元，增长 5.9%。外贸进出口总额 2.65 亿元，增长 48.9%。地方一般公共预算收入 2.41 亿元，下降 13.4%。社会消费品零售总额 19.09 亿元，增长 5.4%。接待旅客 802.18 万人次，增长 2.7%；旅游收入 26.90 亿元，增长 6.8%。扎实推进 24 项国家级、省级改革示范、试点工作。海岛零碳发展模式被确定为广东省第一批开展碳中和试点示范市（区）。建成 5G 基站 231 座。南澳岛旅游区进入 2021 年国庆"全国热门景区"前十，位列全省第一。云澳镇中柱村入选全国民主法治示范村、全国乡村治理示范村、全国村级议事协商创新实验试点单位。

（三）潮州市

1. 概况。

2021 年，潮州市地区生产总值 1 244.85 亿元，增长 9.3%。三次产业结构调整为 9.2：48.4：42.4，其中，第一产业增加值 115.04 亿元，增长 7.4%；第二产业增加值 602.08 亿元，增长 10.6%；第三产业增加值 527.73 亿元，增长 8.4%。人均地区生产总值 48 427 元，增长 9.5%。规模以上工业增加值 273.11 亿元，增长 8.2%。社会消费品零售总额 480.70 亿元，增长 8.1%。外贸进出口总额 241.42 亿元，增长 32.7%。全体居民人均可支配收入 25 084 元，增长 7.6%。

2. 振兴发展情况。

——创新驱动发展逐步提升。省实验室分中心建设步伐居粤东西北前列，5G 通讯用 MLCC、半导体封装用劈刀等自主核心技术产品达到国际先进水平，三环集团组建全省唯一的省先进陶瓷材料创新中心，新增高新技术企业数量创历年新高，建成省级以上研发机构 99 家，高新技术企业 159 家。总投资 577.4 亿元的 269 个重点项目集中签约动工投产，中科分子态、智慧物流电商产业园等重大产业项目拿地开工。国家跨境电商综合试验区正式获批，粤东首个淘宝天猫商家运营中心成功落地，潮安区入选全国县域电商竞争力百强榜。

——产业发展质效稳步优化。加快打造"五大产业集群"，不断延伸传统产业链条，稳步实施村镇工业园区改造升级工程，有序推进 2 万亩"工改工"项目，粤东（潮州）智慧物流产业园等重大项目加快落地建设。出台《潮州市培育发展新兴产业（四大产业）行动计划》，加快发展海洋水产制药等海洋新兴战略产业，装机容量 320 万千瓦的大唐国际潮州发电厂发挥积极作用。围绕打造蓝色海洋经济带和"建设粤东海上风电运维和整机组装基地"，主动对接省"双十"战略性产业集群，加快推进风电、新能源产业高质量发展。

——深化改革开放纵深推进。政府网站集约化程度居全省首位，"12345"平台数据评判质量列全省第一，成为全省首个实现"数字住房"平台全覆盖的地级市；市公共资源交易中心连续两年获评全国先进平台，省"中小融"平台潮州分站放款企业数量和金额均居全省首位。国资国企、投融资、招投标等体制机制改革深入推进，2 226 项市级事权成功下放湘桥区，广发信德创业投资基金成功设立，整合资产超 100 亿元。109 个部门超 900 个服务事项顺利进驻"i潮州"平台。持续优化营商环境，企业"直通车"等助企机制有效落实。

——基础设施建设步伐加快。大潮高速、潮汕环线建成通车，宁波至东莞高速公路潮州东联络线等高速公路路段建设稳步推进。西气东输三线闽粤支干线（一期）顺利建成；粤东LNG项目一期工程配套外输管线浮洋分输站进气投产，成为粤东首个通达管道天然气的城市；国内首个民营液化天然气接收站项目正式动工。韩江40.8公里碧道完成建设；韩江鹿湖隧洞引水工程全线通水；全长36.8公里的引韩济饶供水工程全线顺利贯通。港口基础设施现有可使用码头8座，泊位13个；海港货物吞吐量1 737.18万吨，增长27.1%。

——文化多元发展成效突出。全面启动"三区一都"创建，镇海楼、廖厝祠等文化地标开工建设，凤凰山茶旅走廊、名人故居文化综合体等项目扎实推进，设立国内首个"中国侨乡文化研究中心"。国家级非遗项目增至17项，居全省地级市首位，潮州剪纸等4个项目入选国家传统工艺振兴目录，潮绣、潮州木雕荣获国际非遗节"工匠之星"最高奖。潮州古城入选"国家级夜间文化和旅游消费集聚区"，广济桥登上《中伊建交50周年》纪念邮票，砚峰书院获评"中国华侨国际文化交流基地"，饶宗颐学术馆获评全省唯一的"优秀人文社科普及示范基地"。

3. 推进区域合作情况。

——推进汕潮揭同城化建设。加快《汕潮揭都市圈发展规划（2020—2035年)》编制工作，汕潮揭同城化取得初步成效。推进基本公共服务同城共享，正式建立粤东地区"省内通办"政务服务合作机制，共同打造粤东地区城市间政务服务"快速通道"。加快基础设施互联互通，潮汕大桥、省道S232线护堤路潮安段改建工程等项目建设加快，漳汕铁路、粤东城际铁路、滨海旅游公路汕潮揭段等项目前期工作进展顺利，着力打造汕潮揭1小时交通圈。

——融入粤港澳大湾区发展。与佛山市正式签订战略合作框架协议，加强两市企业相互投资，其中，潮州在佛山投资企业16家。与深圳市深化能源、环保领域合作，推进配套天然气供应管网建设，强化垃圾处理及环卫一体化建设，湘桥能源生态园项目一期建成投产；围绕两市 6 大类 43 项重点协作项目清单，进一步推进战略性新兴产业等领域合作。中山对口帮扶成效显著，引进多家外市企业入驻中山—潮安科技创新孵化基地，建设中山—潮安科技创新孵化服务中心；联合创业黑马集团成立黑马城市学院·潮州分院，助力潮州优质企业打造产业化发展模式。

4. 县域经济发展情况。

2021 年，饶平县地区生产总值 324.44 亿元，增长 11.8%，占全市地区生产总值的 26.1%。人均地区生产总值 39 684 元，增长 12.1%。三次产业结构调整为 24.1∶33.9∶42.0。规模以上工业增加值 63.91 亿元，增长 8.9%。外贸进出口总额 53.64 亿元，增长 60.2%。地方一般公共预算收入 9.26 亿元，增长 10.3%。接待游客 238.70 万人次，增长 28.9%；旅游收入 3.12 亿元，增长 60.4%。新增年产值亿元级企业 3 家，"四上"企业 47 家；创建国家级博士后科研工作站 1 个、省级博士工作站 2 个。盐焗鸡产业园入选省级现代农业产业园，饶平青梅荣获全国名特优新农产品称号。石壁山风景区获评国家 3A 级旅游景区。

5. 重大区域发展平台建设情况。

——潮州新区。强化规划引领，充分衔接《潮州市韩江新城产业与分区规划》，编制完成《潮州新区韩江新城"十四五"产城发展规划》。加快重点项目建设。2021 年，韩江新城区域内在建亿元以上项目 43 个，总投资约 433 亿元，累计已完成投资约 178.87 亿元。宁波至东莞高速公路潮州东联络线、潮州市卫生健康职业学院、市中心医院新院、韩江新城半岛广场等基础设施项目有序推进。全力推进招商引资。重点就新城片区综合开发项目，加强与珠海华发集团、中建四局、保利集团等大型投资商的对接洽谈和现场考察。稳步推进片区开发前期工作。充分挖掘新城文化资源，打好"潮牌"和"侨牌"，就"春城·秋溪文旅商住新城"项目开展招商对接洽谈，已完成项目初步规划设计方案。

——闽粤经济合作区。注重园区规划设计，修编完善《潮州港经济区总体规划局部调整》《潮州临港产业园控制性详细规划》和《潮州港经济区新能源产业园区控制性详细规划》等规划，加快推进《潮州临港产业园产业发展"十四五"规划》编制工作。完善基础设施配套，争取中央预算内专项资金 850 万元，探索 BOT 建设模式，建成日处理污水 3 万吨的临港产业园污水处理厂；争取省级基础设施建设地方政府专项债资金 1 亿元和省级园区配套建设资金 2.4 亿元，全面启动总投资 9.89 亿元的 6 项基础设施建设。推进园区重大项目建设，国电海山风电场等项目建成投产，益海嘉里粮油加工潮州基地等一批产值超百亿元的重大产业项目顺利推进，粤东名贵木材集散基地、潮州亚太燃油公司公共通用码头（配送基地）开工建设，华丰中天 5 万吨级 LPG 码头启动改造升级。

——汕潮揭临港空铁经济合作区。推进基础设施建设，全面完成东山湖现代产业园市政基础设施建设，进园企业 54 家，建成并投产企业 13 家，在建企业 14 家，园区申报认定省级高新技术产业开发区工作进展顺利。潮汕站站南广场及地下车场扩容改建工程全面完成主体工程建设。强化科技创新支撑水平，园区内广东皓明陶瓷科技有限公司总投资约 3.68 亿元的沙溪智能工厂已完成两座智能窑炉试产调试。太安堂医养特色小镇建成中药制造无人化工厂，中药浓缩丸智能生产车间年产量达 10 万吨。提升基本公共服务水平。加快凤凰商业中心等一批重点项目建设，推动商贸服务、教育文化等配套服务设施有序嵌入。其中，华师教育城项目计划投资 18 亿元，用地 300 亩，实现学前到高中阶段全程教育，辐射范围覆盖潮州、汕头、揭阳三市。

（四）揭阳市

1. 概况。

2021 年，揭阳市地区生产总值 2 265.43 亿元，增长 6.1%。三次产业结构调整为 9.1：36.7：54.2，其中，第一产业增加值 205.50 亿元，增长 4.4%；第二产业增加值 831.53 亿元，增长 3.1%；第三产业增加值 1 228.41 亿元，增长 8.6%。人均地区生产总值 40 470 元，增长 6.3%。社会消费品零售总额 1 055.76 亿元，增长 10.5%。地方一般公共预算收入 79.31 亿元，增长 7.2%。全体居民人均可支配收入 23 781 元，增长 9.0%。

2. 振兴发展情况。

——优化沿海经济带空间布局。坚持全市"一盘棋"，规划构建中心城区、普宁、惠来三个城市中心和揭西生态发展区。中心城区突出建设空铁港综合枢纽、临空产业集聚区，引进建设一批区域总部和城市综合体项目。普宁加快打造商贾名城、创新之城，做大做强健康产业名城、快时尚服装名城、商贸名城，强化纺织服装、医药等支柱产业。惠来加快"一城两园"建设，推动"油、化、气、电、服"五大产业发展，着力打造粤东城市群新城市中心和临港特色产业战略高地。揭西围绕"生态发展区"定位，大力发展生态旅游和生态农业，获评国家农产品质量安全县，荣获"中国天然氧吧"称号。

——加快推进基础设施建设。围绕融入粤港澳大湾区 2 小时经济生活圈，全力加快互联互通网络建设。2021 年，全市交通基础设施建设投资约 67.39 亿元，其中，高速公路 1.56 亿元，铁路 31.32 亿元，国省道 9.55 亿元，农村公路 2.76 亿元，港航设施 22.22 亿元，推动形成"水陆空铁"主体大交通发展体系和现代化综合交通运输格局。揭阳机场航站区扩建工程进展顺利，揭阳潮汕国际机场已开通 77 条定期航线，通航 68 个境内外城市，全年旅客吞吐量 573.4 万人次。截至 2021 年底，全市公路里程约 7 623.52 公里，其中高速公路里程约 390 公里，高速公路密度达 7.42 公里/百平方公里；揭惠高速、潮汕环线建成通车，实现"县县通高速"。中石油原油码头和成品油码头中期交工，前詹通用码头基本成型，大南海公共码头开工建设。

——推动滨海旅游资源开发建设。出台实施《揭阳市全域旅游发展总体规划（2018—2035 年)》，揭西县成为首批"广东省全域旅游示范区"。打造"娱乐海洋"旅游品牌，重点打造靖海、神泉等旅游小镇，做大做精惠来开渔节，示范引领海洋主题节庆活动。大力发展休闲农业，已建成多个省级休闲农业与乡村旅游示范点。加大旅游宣传推介，全力打造"看海景、洗海浴、吃海鲜、买海货"滨海旅游品牌。

——加大沿海经济带建设财政支持。全年统筹 7.62 亿元支持揭阳滨海新区"一城两园"建设，统筹 1 100 万元支持编制揭阳港等交通领域规划。支持产业集聚发展，统筹 1 亿元支持临港产业园、产业转移工业园等园区载体建设。支持构建现代化产业体系，统筹 4.63 亿元支持聚焦传统型产业转型升级、战略性产业培育发展等重点领域加快完善产业体系，其中，统筹 2.39 亿元支持科技创新发展。支持暖企惠企，持续打好减税降费、财政奖补"组合拳"，全市减税降费超 5.1 亿元。

3. 推进汕潮揭同城化情况。

——交通网络互联互通水平不断提升。揭阳机场航站区扩建工程进展顺利，汕汕高铁、揭惠铁路建设有序推进，粤东城际铁路开工建设。大力推进轨道交通建设，《海峡西岸城市群粤东地区城际铁路网规划》获得国家发展改革委批复。加快打通三市断头路、瓶颈路，三市路网对接日趋密集，着力打造汕潮揭 1 小时交通圈。

——合作平台搭建不断提升。加快搭建合作平台，合力打造汕潮揭临港空铁经济合作区。建立三市教研共同体，建立"粤东基础教育学科群"，开展粤东基础教育界的学术交流活动。

——基本公共服务一体化不断完善。持续推进基本公共服务一体化，医保定点医院异地就医即时结算，组建汕潮揭人力资源市场，推行旅游景区通票制度和"一卡通"，采用"资费叠加包"方式实现通信同城化，加强三市社会治理联防联治，推动公交同城化运营。

——合作机制进一步巩固。推动三市税务部门展开跨区域合作，联合推出 12 项优化税收营商环境的具体措施，从政策落实一体化、纳税服务一体化、税收执法一体化三个方面出发，进一步优化税收营商环境。加强三市协调联动，开展三市露天焚烧联合巡查，共同改善区域大气环境质量；全力推进三江水系连通工程、引韩供水工程等水利工程建设。

4. 县域经济发展情况。

揭阳市县域包括普宁市、揭西县、惠来县，总面积 4 209 平方公里，占全市总面积的 80.3%。2021 年，县域地区生产总值 1 163.54 亿元，占全市地区生产总值的 51.4%；社会消费品零售总额 531.70 亿元，占全市社会消费品零

售总额的 50.4%；地方一般公共预算收入 36.44 亿元，占全市地方一般公共
预算收入的 45.9%。

表 17　2021 年揭阳市县域经济发展状况

地区	地区生产总值（亿元）	社会消费品零售总额（亿元）	地方一般公共预算收入（亿元）	三次产业结构
普宁市	607.58	338.54	22.66	7.3∶29.2∶63.5
揭西县	262.01	90.20	4.82	18.2∶29.4∶52.4
惠来县	293.95	102.96	8.96	19.5∶33.2∶47.3

——普宁市。2021 年，普宁市地区生产总值 607.58 亿元，增长 6.3%。
三次产业结构调整为 7.3∶29.2∶63.5。规模以上工业增加值 88.84 亿元，增
长 8.3%。社会消费品零售总额 338.54 亿元，增长 10.0%。地方一般公共预
算收入 22.66 亿元，增长 8.0%。外贸进出口总额 43.63 亿元，增长 17.9%。
金融机构本外币各项存款、贷款余额分别为 954.00 亿元、446.23 亿元，分别
增长 10.4%、6.0%。全体居民人均可支配收入 25 187 元，增长 8.9%。普宁
市扎实推进全国电子商务进农村综合示范项目建设；成功入选全国农产品电
商百强县；在广东省国家级电子商务进农村综合示范县绩效评价中获评"优
秀"等次。

——揭西县。2021 年，揭西县地区生产总值 262.01 亿元，增长 6.8%。
三次产业结构调整为 18.2∶29.4∶52.4。社会消费品零售总额 90.20 亿元，
增长 11.5%。地方一般公共预算收入 4.82 亿元，增长 2.3%。规模以上工业
增加值 43.98 亿元，增长 7.7%。全县各类市场主体 2.97 万户，增长 9.9%。
金融机构本外币各项存款余额 330.94 亿元，增长 5.3%。全体居民人均可支
配收入 17 362 元，增长 6.0%。揭西县山湖村获评全国乡村旅游重点村和广
东省十大美丽乡村；大洋国际生态旅游区获评省休闲农业与乡村旅游示范点；
塔头镇旧住村获评省文化和旅游特色村；棉湖镇南门里获评省历史文化街区。

——惠来县。2021 年，惠来县地区生产总值 293.95 亿元，增长 7.3%。

三次产业结构调整为 19.5：33.2：47.3。规模以上工业增加值 44.42 亿元，增长 15.9%。社会消费品零售总额 102.96 亿元，增长 9.3%。地方一般公共预算收入 8.96 亿元，增长 44.9%。金融机构本外币各项存款、贷款余额分别为 257.69 亿元、91.75 亿元，分别增长 7.6%、61.4%。全体居民人均可支配收入 19 672 元，增长 13.6%。惠来县大力发展现代农业，打造 4 个现代农业产业园和 10 条农业产业链；建设数字农业，创新"网络节＋云展会"产销对接模式；成功入选全国第三批农村创业创新典型县。

5. 重大区域发展平台建设情况。

——揭阳新区。新区规划总面积 595 平方公里，核心区是榕江新城，面积 44.2 平方公里，起步区位于核心区范围内，面积约 19 平方公里。榕江新城开发建设全面加快，新城聚集效应不断凸显。一是交通基础体系逐渐完善。揭阳机场航站区扩建工程进展顺利。揭惠高速公路市区连接线、揭阳大桥建成通车，进贤门大桥进入主拱施工，京灶大桥开工建设。湖心路、渔湖路、建设路（二期）和天福东路改造升级项目、榕江新城重点项目周边市政道路配套建设工程等一批市政道路工程启动建设。二是宜居宜业项目加快集聚。有序推进高品质现代化住宅小区和广建粤东总部大厦（揭阳）、绿地国际空港城等城市综合体项目建设。市区商业配套日趋成熟，万达广场、天虹广场建成开业，20 公里都市型万里碧道完成提升建设。榕江新城宜居宜业指数不断提升。三是公共配套设施日臻完善。揭阳市第二实验小学竣工开学，成功创建揭阳技师学院；揭阳市人民医院入选省高水平重点建设医院。加快推进粤东肿瘤医院、浩泽医院和渔湖卫生院、砲台卫生院医技大楼等项目建设。

——揭阳滨海新区。新区规划总面积 369 平方公里，其中核心区粤东新城面积 51.3 平方公里。揭阳市全力聚焦"一城两园"，加快揭阳滨海新区粤东新城、大南海石化工业区、临港产业园三大板块建设。一是加快推进粤东新城规划建设。有序推进城市社区人才安居项目开发建设及社区服务设施、市政道路等配套建设，完成投资 13.1 亿元，主体结构完成 92%；加快推进汕汕高铁惠来站项目建设。优化服务加大招商力度，深化"放管服"改革，落实"三个一"服务机制，推行并联审批、容缺受理，提升审批效率；大力开展招商引资，累计接待企业 200 多批次，签约项目 3 个，协议投资额 210 亿元。广东工业大学揭阳校区 9 月如期开学。二是全力推进中石油广东石化炼化一体化项目建设。截至 2021 年底，中石油项目总体建设进度完成约 90%，完成投资 273.74 亿元。吉林石化 ABS 项目投资进度过半；中石油原油码头和成品油码头中期交工；前詹通用码头基本成型；大南海公共码头开工建设。全面推进公共码头防波堤工程、进港航道工程等多项大型项目建设。三是加快揭阳海上风电项目建设。临港产业园建设取得新进展，截至 2021 年底，累计落户企业 24 家，总投资 1 450 亿元。国电投 315 兆瓦海上风电项目实现全容量并网发电；GE 海上风电机组总装基地竣工投产；神泉二、靖海海上风电项目及深水区海上风电项目开展前期各项专题论证；明阳新能源综合基地等多项临港重点项目开工建设；地块二惠商产业转移工业园 6 个产业项目完成入园评审，逐步形成海上风电、装备制造、冷链物流等全产业链条。

（五）汕尾市

1. 概况。

2021 年，汕尾市地区生产总值 1 288.04 亿元，增长 12.7%。三次产业结构调整为 13.6∶38.7∶47.7。人均地区生产总值 48 095 元，增长 12.7%。地方一般公共预算收入 52.77 亿元，增长 14.7%。规模以上工业增加值 191.95 亿元，增长 21.5%。社会消费品零售总额 477.30 亿元，增长 9.6%。外贸进出口总额 203.40 亿元，增长 19.9%。全体居民人均可支配收入 27 423 元，增长 12.3%。

2. 振兴发展情况。

——产创融合日益加深。加快推进产业协同发展，全市四个省级产业园区累计入园工业项目 232 个，累计建成投产项目 108 个，累计承接珠三角产业梯度转移项目 174 个，新动工亿元以上产业共建项目累计达 89 个；信利、比亚迪、康佳等一批产值超十亿元、超百亿元的大项目推动产业链条不断延伸，逐步形成"5 + N"的产业集聚新格局。推进创新平台建设，陆河县产业转移工业园区被评为省级高新技术产业开发区；全力推进汕尾创新岛（深圳）建设，同步谋划汕尾创新岛（广州）建设。推动科研机构建设，完成 2 批次市级企业研究开发中心认定工作，共有 21 家通过认定；引进中广核集团设立新能源实验中心、天贸国家级工程技术研究中心和比亚迪单晶硅太阳能电池研发中心，建成市级科技成果中试基地 6 家。

——交通条件渐趋完善。聚力建设大通道、振兴大港航、发展大物流，投入资金超百亿元，全面打响综合交通大会战。广汕铁路、汕汕铁路建设有序开展；深汕西改扩建工程、兴汕高速海丰至红海湾段二期加快推进，积极推进沈海高速汕尾段改扩建工程，有序开展揭普惠高速南延线等工程前期工作。G236 线、S241 线汕尾城区段改扩建等一批国省干线加快改造升级，广东滨海旅游公路品清湖南岸段动工建设，广东省滨海旅游公路汕尾段启动规划建设，全市"四好农村路"建设步伐加快。稳步推进汕尾机场前期选址工作，开通深圳机场汕尾城市候机楼，《汕尾港总体规划修编》完成编制。

——改革攻坚纵深推进。深化国资国企改革，产业发展投资基金完成首期出资 10 亿元，产业基金管理公司获得粤东首个市属"私募基金管理人"牌照，完成 74 家全民所有制企业公司制改革任务，"僵尸企业"全部出清。畅通融资渠道，设立目标规模 5 亿元的信保基金和 8 000 万元的融资专项资金。全面推开"5 + 2"农村综合改革，创新"股票田"新型集体经济发展模式，新增承包地经营权流转面积 11.8 万亩，完成经营性资产股份合作制改革，量化资产约 11 亿元，涉农贷款余额 253 亿元。

——营商环境优化升级。建立"1 + 5 + X"工作协调机制，全力推动项目落地实施建设。加快推进企业投资项目审批制度改革，出台《汕尾市推进企业投资项目落地便利化实施方案》。加速企业开办便利化迭代升级，大力推行企业登记全程电子化，启用汕尾市"银政通"商事登记智能服务一体机。大力推行全省通办，深化市场准入制度改革，推动减证便民落地见效。全面推广"互联网 + 不动产登记"，实现不动产登记事项 100% 网办。加快"粤系列"平台型应用建设，推动"无证明城市"落地，实现"市县两级标准统一"，推进政务服务事项标准化。

——民生福祉殷实普惠。2021 年，全市十件民生实事支出 19.93 亿元，占地方一般公共预算支出 7.1%。实施"三大工程"，解决企业用工 3.5 万人，城镇新增就业 5.5 万人，城镇登记失业率 2.3%。城乡低保人数降至 9.69 万人，城乡低保标准提高 18.0%。新改扩建公办幼儿园 65 所，增加中小学学位 1.7 万个；华南师范大学汕尾校区正式招生，市高级技工学校升格为汕尾技师学院。市县（区）医联体、医共体实现全覆盖，市第三人民医院门诊正式运营。城乡居民医疗参保率 96.6%，居民医保报销比例提高 10.0%。启动实施"双百工程"，建成镇（街）社会工作服务站 51 个、文化礼堂 35 个、爱心（长者）食堂 80 家。

3. 推进区域合作情况。

一是加强统筹规划。先后制定出台《中共汕尾市委、汕尾市人民政府关于全面接轨深圳全力融入"双区"的意见》《2021 年汕尾市全面接轨深圳、全力融入"双区"工作要点》等文件，推动全市融湾工作有序开展。注重发挥规划的引领作用，主动参与深圳都市圈发展规划编制，强化"十四五"规划衔接，争取将更多诉求和重大项目列入规划。二是推进优质资源合作共享。争取深汕师资双向挂职交流，从 2021 年至 2025 年，深圳每年派出 40 名优秀中小学教师到陆河县支教，陆河县每学期派出 40 名中小学骨干教师到深圳跟岗锻炼。积极促成深汕之间学校结对帮扶，推进中职学校与深圳高水平职业院校联合办学，培养高素质合格的技能技术型人才。华南师范大学汕尾校区建成招生，校区首届 622 名本科新生已如期顺利报到入学，师生学习和生活条件得到切实保障。深化医疗健康资源协作联动，加强医疗人才交流，深汕中心医院正式运营且被列入省高水平医院之一，市中医医院加快建设。

4. 县域经济发展情况。

2021 年，汕尾市县域地区生产总值 930.81 亿元，占全市地区生产总值的 72.3%。地方一般公共预算收入 26.75 亿元，占全市地方一般公共预算收入的 50.7%。社会消费品零售总额 362.47 亿元，占全市社会消费品零售总额的 75.9%。

表18　　2021年汕尾市县域经济发展状况

地区	地区生产总值 （亿元）	社会消费品零售总额 （亿元）	地方一般公共预算收入 （亿元）	三次产业结构
海丰县	406.14	158.37	12.28	10.5：46.0：43.4
陆丰市	423.90	164.89	10.17	18.6：40.4：40.9
陆河县	100.77	39.21	4.30	16.2：28.3：55.5

——海丰县。2021年，海丰县地区生产总值406.14亿元，增长13.5%，其中，第一产业增加值42.79亿元，增长11.4%；第二产业增加值186.95亿元，增长16.3%；第三产业增加值176.40亿元，增长11.2%。三次产业结构调整为10.5：46.0：43.4。地方一般公共预算收入12.28亿元，增长15.5%。社会消费品零售总额158.37亿元，增长10.0%。接待游客520.3万人次，旅游收入27.90亿元。入选全国农业科技现代化共建先行县名单。建设省级"一村一品"项目13个。新山村、莲花山片区成功创建国家3A级旅游景区。

——陆丰市。2021年，陆丰市地区生产总值423.90亿元，增长13.9%，其中，第一产业增加值78.86亿元，增长9.3%；第二产业增加值171.46亿元，增长20.6%；第三产业增加值173.58亿元，增长10.2%。三次产业结构调整为18.6：40.4：40.9。地方一般公共预算收入10.17亿元，增长17.2%。规模以上工业增加值80.58亿元，增长33.8%。社会消费品零售总额164.89亿元，增长8.1%。获授"四好农村路"省级示范县。市政务服务大厅获评"广东省区县级标杆大厅"。"粤菜师傅""广东技工""南粤家政"三项工程共带动就业创业1.2万人次。

——陆河县。2021年，陆河县地区生产总值100.77亿元，增长10.9%，其中，第一产业增加值16.33亿元，增长9.4%；第二产业增加值28.52亿元，增长15.3%；第三产业增加值55.92亿元，增长9.4%。三次产业结构调整为16.2：28.3：55.5。地方一般公共预算收入4.30亿元，增长13.9%。社会消费品零售总额39.21亿元，增长9.2%。城镇、农村居民人均可支配收入分别为26382、15554元，分别增长9.2%、12.3%。陆河县产业转移工业园区被评为省级高新技术产业开发区。陆河单丛茶获"全国名特优新农产品"称号。南部示范带入选"广东美丽乡村精品线路"。

5. 汕尾新区规划建设情况。

——高新区核心片区。园区先后引进比亚迪、信利国际等99个产业项目，计划总投资约400亿元；逐步形成电子信息、新能源新材料、生物医药三大产业链条集聚发展，日益成为汕尾市新的经济增长新引擎。自启动建设以来，园区投入资金约38亿元，开发面积8 600亩；完善基础设施功能配套建设，市政道路累计完成里程约12.8公里道路建设，形成"两横二纵"路网格局；110千伏红草输变电站运营正常，220千伏富莲变电站完成规划选址及项目立项核准；公共汽车停车站场及公共站台建设完成，污水处理厂一期项目厂区及配套设施建成运营；汕尾高新区创业服务中心投入使用，食品药品检测中心大楼主体完工，产品质量检测中心开工建设。

——中央商务区。中央商务区起步区面积约6平方公里，依托品清湖生态景观资源及高铁、高速交通两大核心资源打造城市新中心区。中央商务区以发展服务业为主，集商业贸易、商务办公、电子商务、旅游、物流配送、会展、居住配套等服务功能，形成中心城区商贸流通与现代服务业集聚发展区。依托振兴发展基金，振兴公司累计投入13.21亿元，推进中央商务区土地整治、火车站前广场及道路等基础设施建设。中央商务区保利大都汇、碧桂园时代城、金融中心等一批商务产业项目建成落地。

——金町湾旅游度假区。金町湾旅游度假区立足于以滨海度假、沙滩浴场、滨海娱乐为特色的发展定位，片区整体规划4 500亩，已落实约2 000亩，共分为三期。金町湾旅游度假区一期累计投资40亿元，完成总建筑面积69万平方米，已建成希尔顿酒店、"玩得乐"旅游度假中心、海滨浴场等配套以及高端洋房、度假公寓等居住产品。二期累计投资20亿元，总建筑面积73万平方米，C021地块已竣工，在建C023、C003、C024等地块，规划打造滨水文化创意街区、渔人码头等一系列文旅配套设施。三期累计投资20亿元，建筑面积达111万平方米，规划包含风情商业街、高级养老配套设施等。

三、粤西地区

（一）发展概述

2021 年，粤西地区生产总值 8 773.89 亿元，增长 8.1%。其中，第一产业增加值 1 538.80 亿元，增长 6.5%；第二产业增加值 3 284.93 亿元，增长 10.4%；第三产业增加值 3 950.17 亿元，增长 7.1%。人均地区生产总值 55 464 元，增长 7.5%。社会消费品零售总额 3 764.49 亿元，增长 9.2%。外贸进出口总额 1 042.43 亿元，增长 24.7%，其中，出口总额 570.38 亿元，增长 13.0%。地方一般公共预算收入 386.49 亿元，增长 11.7%。

——产业发展水平持续提升。2021 年，粤西地区三次产业结构调整为 17.5 : 37.4 : 45.0；规模以上工业增加值 1 752.31 亿元，增长 13.0%。其中，湛江、茂名、阳江市规模以上工业增加值分别为 855.33 亿元、537.14 亿元、359.84 亿元，分别增长 14.8%、4.6%、20.9%。湛江市先进制造业增加值 455.27 亿元，占规模以上工业增加值的比重为 53.2%；新增规模以上工业企业 60 家，石化产业项目增至 21 个，成为湛江市首个产值超千亿元产业集群。茂名市省级产业园工业总产值 547.70 亿元，增长 40.4%；广东国联粤西首个加氢加油混合示范站项目加快推进，谋划建设茂南南方国际汽车产业园等一批特色园区。阳江市工业投资增长 72.4%，占固定资产投资的比重为 62.1%；累计建成电力装机容量 1 730 万千瓦，其中绿色能源装机规模占比超 71.0%；全年发电量超 570 亿度，占全市发电量的 72.8%。

——交通基础设施日益完善。2021 年，湛江市机场高速公路一期工程累计完成投资 7.98 亿元，新增铁路里程 143 公里，新开航线 25 条、海铁联运专列 23 条，完成国省道改建和路面改造 572 公里。茂名综合客运枢纽基本建成，云茂高速公路、沈海高速公路阳茂段改扩建项目正式通车，广东滨海旅游公路茂名先行段加快推进。阳江市高速公路通车里程增至 378 公里，3 条高速公路建成通车；10 万吨级进港航道改造工程等项目建成，阳江港在建泊位数量创历史之最。

——重点项目建设稳步推进。2021 年，粤西地区固定资产投资增长 16.7%，湛江、茂名、阳江市分别增长 19.1%、0.4%、37.8%。粤西地区省重点项目建设完成投资 1 219.10 亿元，占全省完成投资的 11.7%，为年度计划投资的 135%。新开工建设巴斯夫（广东）一体化项目大件码头、环北部湾广东水资源配置工程试验段等项目，东华能源（茂名）烷烃资源综合利用项目（一期）等项目建成投产。

——民生事业取得新成效。2021 年，粤西地区全体居民人均可支配收入 27 538 元，增长 9.8%。其中，湛江、茂名、阳江市全体居民人均可支配收入分别为 27 646 元、26 729 元、29 168 元，分别增长 10.6%、8.7%、9.7%。湛江市城镇新增就业 5.79 万人，失业再就业 2.74 万人；入选省高水平中职学校建设培育单位 7 所；16 家县级公立医院升级基本完成。茂名市新增公办幼儿园 8 所，建成 10 所"特色学校示范校"和 30 所"特色学科基地"；城市和乡镇居家社区养老服务覆盖率达 100%，农村社区养老服务覆盖率超过 90%。阳江市民生类支出 193.78 亿元，占地方一般公共预算支出 79.9%；广东海洋大学阳江校区本硕博同步招生；广东省水下文化遗产保护中心动工建设。

表 19 2021 年广东省粤西三市主要经济指标

地区	地区生产总值		人均地区生产总值		第三产业增加值		地方一般公共预算收入	
	绝对数（亿元）	增长（%）	绝对数（元）	增长（%）	绝对数（亿元）	增长（%）	绝对数（亿元）	增长（%）
粤西	8 773.89	8.1	55 464	7.5	3 950.17	7.1	386.49	11.7
湛江	3 559.93	8.5	50 814	8.1	1 545.81	6.7	160.40	16.4

（续上表）

地区	地区生产总值		人均地区生产总值		第三产业增加值		地方一般公共预算收入	
	绝对数（亿元）	增长（%）	绝对数（元）	增长（%）	绝对数（亿元）	增长（%）	绝对数（亿元）	增长（%）
茂名	3 698.10	7.6	59 648	6.8	1 730.01	7.9	148.42	4.0
阳江	1 515.86	8.3	58 005	7.7	674.35	5.9	77.67	18.2

（二）湛江市

1. 概况。

2021年，湛江市地区生产总值3 559.93亿元，增长8.5%。三次产业结构调整为18.0：38.6：43.4，其中，第一产业增加值640.94亿元，增长7.8%；第二产业增加值1 373.18亿元，增长11.3%；第三产业增加值1 545.81亿元，增长6.7%。社会消费品零售总额1 784.46亿元，增长8.9%。地方一般公共预算收入160.40亿元，增长16.4%。外贸进出口总额544.50亿元，增长22.5%。

2. 振兴发展情况。

——创新基础不断夯实。数字赋能持续强化，新增5G基站3 627座，实现5G网络"镇镇通"、4G网络"村村通"，光纤用户、百兆光纤用户占比分别达97.3%、95.6%，均居全省前列。"粤西数谷"大数据产业园规划建设加快推进。宝钢湛江钢铁建成国内行业首例独立5G工业专网，小家电行业工业互联网云平台、全国首个羽绒行业工业互联网节点平台建成运行。高新技术企业新增60余家，总数突破360家；科技型中小企业新增70余家，入库达302家。全市拥有研发机构443家、省重点实验室13家、博士后科研工作站和省博士工作站35家；获得国家科技进步二等奖2项、中国专利优秀奖1项。湛江湾实验室加快建设，国家耐盐碱水稻技术创新中心华南中心挂牌成立。

——现代产业持续壮大。工业发展增势较快，新增规模以上工业企业60家，工业园区总产值2 200亿元，宝钢湛江钢铁等4个投资超百亿美元的重大项目建成投产或加快推进。临港产业聚集发展，石化产业项目增至21个，成为湛江市首个产值超千亿元产业集群；钢铁产业项目增至52个，产值超640亿元；湛江大型产业集聚区奋勇片区起步区建设取得实质性进展。鼎龙湾水上世界建成开业，华侨城欢乐海湾等文化旅游综合体项目动工建设，新增国家4A级旅游景区4个，上榜全国"十大新兴海岸休闲城市"。全国名特优新农产品增至40个，拥有农业龙头企业214家；省级以上现代农业产业园新增3个，总数增至21个；地理标志证明商标16个，数量居全省第一。

——综合枢纽全面强化。高快速路枢纽全面完善，新增铁路里程143公里，高速公路通车里程突破470公里，完成国省道改建和路面改造572公里。国家物流枢纽建设全面提速，深度参与共建西部陆海新通道，新开航线25条、海铁联运专列23条；40万吨级航道和码头发挥核心优势，港口货物吞吐量居全省前三；琼州海峡北岸港航资源完成整合；东海岛港区杂货码头完成主体工程，宝钢湛江钢铁三高炉项目配套码头建成营运，一批港区和重大项目配套码头加快推进。空港枢纽建设全面加快，湛江吴川机场作为全省第三大干线机场建成投用，机场高速公路一期工程累计完成投资7.98亿元，空港经济区起步区一期路网工程完工。

——开放活力明显增强。扎实推进"营商环境整治提升年"，70项目标任务基本完成，全市投资环境不断向好。国企改革三年行动扎实推进，整合国企国资，组建三大新产业集团，完成30家全民所有制企业公司制改革任务。粤西首个综合保税区获批建设，湛江综合保税区一期如期封关，湛江跨境电子商务公共服务平台上线，大唐雷州电厂码头、中科炼化一体化项目码头对外开放，全球最大客货滚装码头徐闻港建成开港。

——乡村振兴成效显著。农村集体产权制度改革深入推进，创办镇（村）供销社助农综合服务中心88个。完成28.63万亩高标准农田建设和4.87万亩垦造水田任务，遂溪县RCEP香蕉国际采购交易中心获批创建，徐闻县RCEP菠萝国际采购交易中心获批创建、芦荟系列产品顺利进军乌兹别克斯坦等

"一带一路"沿线国家（地区）市场。全市水产产业高质量发展大会成功举办，出台规范性文件推动水产业高质量发展。驻镇帮镇扶村工作全面启动，美丽乡村示范创建工作扎实推进，农村人居环境持续改善。

——民生改善更有实效。2021 年，城镇新增就业 5.79 万人，失业再就业 2.74 万人，登记失业率 2.33%。义务教育"双减"工作扎实推进，新建乡镇寄宿制小学或九年一贯制学校 33 所，新增市区公办义务教育学位 10 615 个；新增公办学前教育学位 7 090 个；入选省高水平中职学校建设培育单位 7 所。16 家县级公立医院升级基本完成，建成市级名老中医传承工作室 20 个；卫生健康信息化发展总指数位列全国地市第 18 位，获国家通报表扬。改造城镇老旧小区 120 个、惠及居民 1.96 万户，完成公租房分配 1 015 套，建成保障房 699 套，完成危房改造 395 户。

3. 推进区域合作情况。

——积极融入粤港澳大湾区。积极引导大湾区优质企业到湛投资，广汽、广州发展、越秀、广药等国有企业已与湛江市签署战略合作协议，华侨城集团、深国际物流等公司在湛投资稳健。新增大湾区"菜篮子"生产基地 3 个，年内共供港澳活畜禽 23 141 头。与广州深度协作成效初步显现，港航合作建立常态化沟通机制，开通"湛江—华南"航线；共同推进湛江大型产业集聚区建设；110 个、2 600 余个高频政务及服务事项实现跨域服务，职业技能鉴定互认互通。

——加强与海南相向而行。出台《关于落实粤琼两省合作交流座谈会精神进一步推进与海南相向而行的工作方案》，强化交通互联、产业发展、平台对接、共治共享举措。琼州海峡南北两岸完成航运资源整合，两地集装箱运输"天天班"格局初步形成。广东·海南（徐闻）特别合作区临港产业园首开区加快建设，联动海南高质量建设先进制造业基地。世界级旅游景区和度假区建设步伐加快，"菜篮子"互动协作机制日趋健全，与海南果蔬种植合作持续深化。

——携手共建北部湾城市群。北部湾城市群中心城市功能和辐射带动作用明显增强，联通"三南"快速运输通道基本完善。建设以木材深加工为主的融水县融创和睦工业园区、以茶叶加工为主的三江县扶贫生态产业园和以农副产品加工为主的融安县粤桂协作农产品加工聚集区，促进柳州市当地特色产业提质升级。以湛江湾等为重点，强化海岸带等重要生态系统保护修复，加快开发红树林碳汇项目，推动琼州海峡两岸环境污染联防联治。

——湛茂阳协同发展持续深化。推动交通互联互通，加快推进湛江吴川机场、广湛高铁等一批重大交通基础设施建设，加强高速公路与国省道有效对接和相互融合，粤西地区交通一体化进程全面加速。加强石化产业链合作，打造绿色石化产业集群；高水平谋划建设空港经济区；积极开展三市旅游联合推介活动，强化旅游市场对接，携手共创全域旅游示范区。全面加强河湖清漂保洁、河流污染治理、打击非法采砂等方面合作。

4. 县域经济发展情况。

湛江市下辖吴川市、雷州市、廉江市和徐闻县、遂溪县，五个县（市）土地面积为1.16万平方公里，占全市总面积的87.9%。2021年，湛江市县域地区生产总值1 803.76亿元，占全市地区生产总值的50.7%。

表20　2021年湛江市县域经济发展状况

地区	地区生产总值（亿元）	社会消费品零售总额（亿元）	地方一般公共预算收入（亿元）	三次产业结构
雷州市	354.12	177.95	9.55	41.0：11.5：47.5
廉江市	516.16	305.22	17.53	26.0：32.2：41.8
吴川市	304.41	159.24	15.01	12.3：31.6：56.0
遂溪县	415.48	141.31	9.31	34.1：21.9：44.0
徐闻县	213.59	72.97	14.04	49.8：10.0：40.3

——雷州市。2021年，雷州市地区生产总值354.12亿元，增长7.5%。人均地区生产总值26 773元，增长7.6%。三次产业结构调整为41.0：11.5：47.5。社会消费品零售总额177.95亿元，增长9.0%。地方一般公共预算收

入9.55亿元，增长42.4%。城镇居民、农村居民人均可支配收入分别为26 408元、16 798元，分别增长12.1%、11.7%。雷州经济开发区获批成立，威希德等6个项目落户。规模以上农业龙头企业26家，扶持培育高新技术企业4家。入选省民间文化艺术之乡。

——廉江市。2021年，廉江市地区生产总值516.16亿元，增长7.1%。人均地区生产总值37 816元，增长7.0%。三次产业结构调整为26.0∶32.2∶41.8。社会消费品零售总额305.22亿元，增长9.2%。地方一般公共预算收入17.53亿元，增长16.2%。城镇居民、农村居民人均可支配收入分别为31 293元、22 532元，分别增长9.6%、10.4%。清洁能源项目前期准备工程开工；建成省小家电智能制造区域创新中心，成功创建全省首个"信用县"；良垌镇入选全国乡村特色产业十亿元镇。

——吴川市。2021年，吴川市地区生产总值304.41亿元，增长7.2%。人均地区生产总值33 502元，增长7.2%。三次产业结构调整为12.3∶31.6∶56.0。社会消费品零售总额159.24亿元，增长7.6%。地方一般公共预算收入15.01亿元，增长34.5%。城镇居民、农村居民人均可支配收入分别为29 405元、24 081元，分别增长6.7%、6.8%。全年新增规模以上企业10家，7家企业被认定为高新技术企业；成功创建广东省卫生城市；吴阳镇合和信生态园入选省级休闲农业与乡村旅游示范点。

——遂溪县。2021年，遂溪县地区生产总值415.48亿元，增长8.8%。人均地区生产总值50 301元，增长9.1%。三次产业结构调整为34.1∶21.9∶44.0。社会消费品零售总额141.31亿元，增长9.4%。地方一般公共预算收入9.31亿元，下降8.1%。城镇居民、农村居民人均可支配收入分别为28 454元、21 596元，分别增长9.8%、10.8%。完成国家级电子商务进农村综合示范县（一期）建设，电商网络销售额增长10.3%。荣获广东荔枝"12221"市场体系建设优秀政务服务奖，入选省民间文化艺术之乡。

——徐闻县。2021年，徐闻县地区生产总值213.59亿元，增长6.8%。人均地区生产总值33 676元，增长7.1%。三次产业结构调整为49.8∶10.0∶40.3。社会消费品零售总额72.97亿元，增长8.6%。地方一般公共预算收入

14.04 亿元，增长 133.1%。城镇居民、农村居民人均可支配收入分别为 28 996 元、21 269 元，分别增长 7.7%、9.3%。新寮海上风电等重点项目建成投产，放坡村获评全国乡村旅游重点村，鼎龙天海湾旅游景区被评为国家 3A 级景区。

5. 海东新区规划建设情况。

——全力推进高新产业集聚。大力培育海洋生物医药、海洋电子信息、海工装备等海洋战略性新兴产业，新签约引进广州鸿博微电子、深圳四海万联科技等多家电子信息企业。高新区科技创新"倍增集聚"优势明显，拥有 1 家国家级研发机构、2 家省级新型研发机构、3 家省级重点实验室，全年申请专利 70 项，授权专利 28 项。深入实施人才强区、创新强区首位战略，总投资 41.50 亿元的湛江湾实验室一期工程和人才公寓建设进入最后的攻坚阶段，总投资 17.55 亿元的广东医科大学海东校区破土动工。成功举办招商推介会，与华润电力集团、中国软件公司等 8 家企业签订框架合作协议，签约金额达 74.20 亿元。

——城市扩容提质成效显著。加快现代化交通体系建设，全年完成交通基础设施投资 20.55 亿元，增长 5.1%；汕湛高速吴川支线、调顺跨海大桥等一批重大交通项目建成通车，民航湛江终端管制中心交付使用，海川大道改扩建、广湛高铁（坡头段）、湛江机场高速（二期）、龙乾公路、沈海高速茂湛段改扩建等项目加快建设，湛江内港湾海底隧道及连接线等项目启动前期工作。城市生活配套设施不断完善，怡海公园建成使用，附属医院海东院区一期工程全面封顶，广东医科大学海东校区、湛江一中新校区、湛江三十一中等项目动工建设，南油片区（首期）"三旧"改造等项目加快推进。

——持续推进产城融合发展。实施"筑巢引凤"行动，全面启动海东高新园区 5 000 亩土地征收，总投资 8.84 亿元的园区路网建设全面铺开，总投资 3.87 亿元的海东新区自来水厂动工建设，总投资 7.26 亿元的管网工程即将建成，总投资 5.55 亿元的污水处理厂及管网工程启动勘察设计，供电、供气、5G 通信等基础设施项目加快推进。产业园区聚集效应初步形成，累计引进项目 117 个，全年工业总产值 43.40 亿元，增长 15.0%；规模以上企业总产值 41.90 亿元，增长 14.3%。科技产业园基础设施持续完善，龙头园区污水处理厂建成，官渡园区 B 区排水排污完成升级改造。

（三）茂名市

1. 概况。

2021 年，茂名市地区生产总值 3 698.10 亿元，增长 7.6%。三次产业结构调整为 17.5：35.7：46.8。人均地区生产总值 59 648 元，增长 6.8%。社会消费品零售总额 1 497.32 亿元，增长 10.4%。外贸进出口总额 229.36 亿元，增长 15.1%。地方一般公共预算收入 148.42 亿元，增长 4.0%。全体居民人均可支配收入 26 729 元，增长 8.7%，其中，城镇居民人均可支配收入 33 424 元，增长 8.8%；农村居民人均可支配收入 21 561 元，增长 9.9%。

2. 振兴发展情况。

——奋力提升创新驱动能力。新华粤石化公司获批茂名市首家企业类省重点实验室，茂名重力石化装备股份公司完成的"球面隔膜高效密封技术研发及其在承压设备中的产业化应用"项目获全国设备技术创新成果二等奖，是广东省成台装备设计、制造领域唯一获奖项目。茂名市规模以上工业企业设立研发机构比例为 35%，主营业务收入 5 亿元以上工业企业实现研发机构全覆盖。高新技术企业达 152 家，入库科技型中小企业 125 家，全市国家级专精特新"小巨人"、省级"专精特新"中小企业共 19 家。

——奋力推进产业高质量发展。2021 年，规模以上工业增加值 548.24 亿元，增长 4.6%。东华能源烷烃资源综合利用项目加快建设，茂石化炼油转型升级及乙烯提质改造加快推进，德纳新材料醇醚及醇醚酯类系列项目基本建成，50 000N·m³/h 乙烯粗氢提纯生产装置技术改造项目投产，茂石化公司氢燃料电池供氢中心项目建成，广东国联粤西首个加氢加油混合示范站项目加快推进。广州工控丙烯腈等落户茂名并加快推进，其中，广药集团王老吉粤西生产基地建成投产。产业园区成为工业发展主引擎，省级产业园工业总产值 547.70 亿元，增长 40.4%。谋划建设茂南南方国际汽车产业园等一批特色园区。

——奋力厚植发展基础。广湛高铁茂名段、茂名东站至博贺港区铁路建设有序推进，深南高铁与广湛高铁茂名至岑溪连接线谋划推进；云茂高速公路、沈海高速公路阳茂段改扩建项目建成通车，广东滨海旅游公路茂名先行段加快推进，中山至茂名高速阳春至信宜段开工建设，化州至广西（北流）高速公路等前期工作抓紧推进；茂名综合客运枢纽基本建成。博贺新港区10万吨级成品油码头及海上公共管廊、博贺疏港铁路等项目加快建设。环北部湾广东水资源配置工程试验段开工建设。粤西天然气主干管网湛江至茂名、茂名至阳江干线建成投产。新增5G基站1 967座。

——奋力提升城市能级。引导城市共治共管、共建共享，成功创建国家卫生城市，获评全国文明城市提名城市。建成大园一二四路，完成茂南大道改扩建工程，建成站南公园、钟鼓公园、铁路文化公园，群众高度关注的"断头路"高凉南路动工建设，站南片区、茂东片区主干道路稳步建设中，11个老旧小区改造工作进度在全省排名前列。出台《茂名市生活垃圾分类管理条例》，改造提升316个垃圾收集点，全市城市生活垃圾分类工作在省住房城乡建设厅季度考核中排名前列。

——奋力增进民生福祉。2021年，民生类支出405.77亿元，占地方一般公共预算支出的82.9%。新增就业5.09万人，城镇登记失业率2.2%。全市共开展"粤菜师傅"培训9.95万人次，开展"广东技工"相关培训16.49万人次，"南粤家政"培训2.46万人次。茂南第一实验学校、市福地小学动工建设，华南师范大学附属滨海中学招生开学，新增公办幼儿园8所，建成10所"特色学校示范校"和30所"特色学科基地"。养老机构增至158家，城市和乡镇居家社区养老服务覆盖率达100%，农村社区养老服务覆盖率超过90%。维护妇女儿童权益工作获全国表彰。

——奋力建设美丽茂名。市区空气质量稳居全省前列，全市地表水优良比例提高至85.7%，近岸海域海水水质总体良好，推动实施小东江、水东湾水环境综合整治。新增镇级以上污水处理设施89座，新增污水管网994公里，处理能力达33.67万吨/天，绿能环保发电项目实现县域全覆盖，循环经济示范中心投入运营。完成造林与生态修复面积约10.25万亩；完成高质量水源林面积约 6.13 万亩；完成沿海防护林约 2.57 万亩、大径材培育 2.53 万亩、乡村绿化美化示范点 66 个。露天矿生态公园荣获全省十佳"污染防治攻坚战典型案例"。

3. 推进区域合作情况。

——积极融入"双区"和两个合作区建设。实施《茂名市融入"双区"主要任务分工方案》，加强与"双区"在创新资源、产业、机制等方面衔接。与广州国资国企合作引进 50 多个项目，广州工控化工新材料集团驻茂名指挥部及 2 家公司在茂名市揭牌成立。推进茂名港博贺新港区广港通用码头二期项目建设。7 家企业获得认定粤港澳大湾区"菜篮子"生产基地，1 家获得认定粤港澳大湾区"菜篮子"加工企业。

——加强湛茂阳合作。2021 年 8 月，湛茂阳党政主要领导第二次联席会议在茂名召开，湛茂阳三市审议通过《湛茂阳 2021 年至 2022 年合作工作计划》，从交通网络、水利工程、湛茂空港经济区、产业协同发展等主要方面实现"抱团式"发展，共同推动沿海经济带西翼高质量发展。谋划推进茂名至吴川高速公路、郁南至阳西高速等项目，加快推进沈海高速机场北互通连接线建设。湛江、茂名两市合作共建湛茂空港经济区。

4. 县域经济发展情况。

2021 年，茂名市县域地区生产总值 1 834.74 亿元，占全市地区生产总值的 49.6%。社会消费品零售总额 686.74 亿元，占全市社会消费品零售总额的 45.9%。地方一般公共预算收入 42.60 亿元，占全市地方一般公共预算收入的 28.7%。

表 21　2021 年茂名市县域经济发展状况

地区	地区生产总值（亿元）	社会消费品零售总额（亿元）	地方一般公共预算收入（亿元）	三次产业结构
信宜市	522.23	224.60	11.72	27.3：16.8：55.9
高州市	687.16	247.82	17.18	24.1：24.7：51.2
化州市	625.35	214.32	13.70	23.6：24.7：51.7

——信宜市。2021 年，信宜市地区生产总值 522.23 亿元，增长 7.1%。人均地区生产总值 51 237 元，增长 6.0%。三次产业结构调整为 27.3∶16.8∶55.9。社会消费品零售总额 224.60 亿元，增长 10.1%。地方一般公共预算收入 11.72 亿元，增长 3.1%。城镇居民、农村居民人均可支配收入分别为 30 992 元、21 521 元，分别增长 8.9%、9.9%。粤丰环保电力有限公司年产值、茂名市循环经济示范中心年营业收入均超亿元。入选创建国家级电子商务进农村综合示范县，成功创建广东省全域旅游示范区。

——高州市。2021 年，高州市地区生产总值 687.16 亿元，增长 7.8%。人均地区生产总值 51 670 元，增长 7.5%。三次产业结构调整为 24.1∶24.7∶51.2。社会消费品零售总额 247.82 亿元，增长 10.4%。地方一般公共预算收入 17.18 亿元，下降 4.6%。城镇居民、农村居民人均可支配收入分别为 31 516 元、21 666 元，分别增长 6.3%、10.0%。入选中国乡村振兴十大示范县和全国首批创建农业现代化示范区。广东生命一号药业股份有限公司荣获国家级科技进步奖。

——化州市。2021 年，化州市地区生产总值 625.35 亿元，增长 8.4%。人均地区生产总值 48 206 元，增长 7.3%。三次产业结构调整为 23.6∶24.7∶51.7。社会消费品零售总额 214.32 亿元，增长 11.0%。地方一般公共预算收入 13.70 亿元，增长 3.0%。城镇居民、农村居民人均可支配收入分别为 30 918 元、21 756 元，分别增长 7.0%、9.8%。成功申报化橘红国家现代农业产业园，化橘红入选国家地理标志产品保护示范区筹建名单；入选全国农业社会化服务创新试点县。

5. 重大区域发展平台建设情况。

——茂名滨海新区。2021 年，规模以上工业增加值 14.68 亿元，增长 245.9%。社会消费品零售总额 27.86 亿元，增长 13.0%。外贸进出口总额 16.46 亿元，增长 103.0%。粤电博贺电厂一期 1、2 号两台 100 万千瓦超临界燃煤发电机组顺利投产，茂名港博贺新港区通用码头外贸进出口业务首航启动。益海嘉里粮油加工项目古榨花生产线等基本具备投产条件。粤西 LNG 造陆工程完工。滨海新区绿色化工和氢能产业园纳入国家级高新区、省级产业集聚区。

——茂名国家高新技术产业开发区。2021年，开发区规模以上工业增加值65.79亿元，增长31.4%。地方一般公共预算收入28 152万元，增长67.3%，其中，税收收入20 945万元，增长52.3%。截至2021年底，高新技术企业22家，科技型中小企业27家，各类研发机构和创新平台46家。茂名绿色化工新材料产业人才振兴项目获省财政资金6 000万元支持。组建茂名绿色化工研究院，引入科研团队13个，培育孵化企业5家。在全国169家国家高新区综合评价排名中上升4名，产业升级和结构优化能力处于中游水平。

——茂名水东湾新城。2021年，规模以上工业增加值2.86亿元，增长6.3%。社会消费品零售总额15.30亿元，增长12.0%。地方一般公共预算收入1.30亿元，增长44.5%。旅游收入19.70亿元，增长20.0%。南海岛快旅慢游线一期水东湾大桥、海城西路建成通车，歌美海东路等道路竣工验收。华侨城·纯水岸一期、歌美海景区东岸一期等项目完成建设。海岸带综合示范区项目完成沙滩清洁净化44万平方米、防护林清整29万平方米、绿化工程2.3万平方米。南海片区雨污管网改造工程（一期）日处理能力达2.25万吨，通过环保验收并投入运行。

（四）阳江市

1. 概况。

2021年，阳江市地区生产总值1 515.86亿元，增长8.3%。三次产业结构调整为16.4∶39.1∶44.5。人均地区生产总值58 005元，增长7.7%。规模以上工业增加值359.84亿元，增长20.9%。社会消费品零售总额482.71亿元，增长7.0%。外贸进出口总额268.58亿元，增长40.1%。地方一般公共预算收入77.67亿元，增长18.2%。全体居民人均可支配收入29 168元，增长9.7%。

2. 振兴发展情况。

——推进科技协同创新。聚焦产业发展需求，积极打造产教融合发展的阳江科学城，谋划与国内 7 所高水平综合性大学及科研院所合作新建一批科技创新载体；稳步推进阳江高新区创建国家级高新区工作，建成高功率激光应用实验室等一批重大科技平台；加快合金材料、海上风电两家省实验室建设，引进院士领军的高层次人才团队，省科技专项、省"大专项"共有 15 个项目获得立项。加大新型研发机构建设力度，新增 16 家省、市级工程技术研究中心和 3 家市级重点实验室，广东海洋大学阳江校区共建五金刀剪、海上风电等产业学院和数字旅游研究中心；年产值 5 亿元以上企业实现研发机构全覆盖，规模以上工业企业研发机构覆盖率达 44.6%。

——加强产业协同发展。加快打造国家新能源基地，海上风电总规划装机容量 2 000 万千瓦，350 万千瓦项目全容量并网发电，650 万千瓦项目全部动工；东方电气电机、龙马铸造精加工等风电装备制造项目建成投产，海上风电大数据中心建成，"一港四中心"加速形成。千亿级合金材料产业集群成链发展，规划建设 6.17 平方公里的阳江合金材料产业基地，广青科技等龙头企业先后入驻，全产业链格局日趋完善；红荔枝新材料一期、宏旺冷轧二期等项目建成投产，合金材料产业总产值超 1 000 亿元。传统优势产业加速壮大，五金刀剪规模以上制造环节年产值约 150 亿元，张小泉阳江刀剪智能制造中心项目建成投产；食品加工产业蓬勃发展，引进 2 家世界 500 强企业，在建和落户调味品项目全部投产后年产量将超过 400 万吨。

——深化重点领域改革。营商环境改革有序开展，出台《阳江市深化营商环境综合改革行动方案》，配合做好广东省营商环境评价，对标最优最好持续推进优化。社会信用体系建设加快推进，举办"诚信示范企业"创建活动，首创"守信惠"模式，通过"粤省事"小程序为守信个人和企业提供 20 多项优惠激励措施。"放管服"改革不断深化，政府和社会投资类工程建设项目审批时限分别压缩至 55 和 45 个工作日以内。政务服务水平持续提升，推行"一件事一次办"改革，审批事项实行"一窗通办"，商事登记实现智能"秒批"。

——加大招商引资力度。2021 年，全市共签订内外资项目 143 个，总投资 1 126.5 亿元，其中投资额 10 亿元以上项目 21 个、100 亿元以上项目 1 个。

围绕做大做强合金材料、风电、食品加工、五金刀剪等特色产业，主动对接融入"双区"建设，谋划招引家电、机械制造等产业项目。赴多地开展招商引资活动，签约激光产业项目10个，总投资共9亿元，推进激光智能家电、电子信息、医药、精细化工等战略性新兴产业，以及激光与增材制造产业项目加速落地。与中国铁建、中国交建、中国电建、中国中铁、中国能建等央企签署战略合作协议。

——优化提升城市功能。加快与"双区"基础设施的"硬联通"，广湛高铁阳江段加快建设；沈海高速阳江段由4车道扩宽至8车道，汕湛高速阳春段等3条高速公路建成通车，全市高速公路通车里程378公里；阳江机场建设工作有序开展；阳江港已建成码头泊位17个，在建码头泊位18个，阳江港进港航道改造工程竣工，有效满足10万吨级散货船乘潮满载单向通航要求。全面巩固创卫成果，扎实开展城区老旧管网、内涝点改造工程。着力推进国土绿化，完成造林更新5.9万亩、森林抚育12万亩。

——持续改善民生福祉。2021年，全市民生类支出193.78亿元，占地方一般公共预算支出79.9%。多措并举稳定就业，全市新增城镇就业1.7万人，城镇登记失业率为2.4%；开展"粤菜师傅""广东技工""南粤家政"工程职业技能培训。教育医疗文化服务水平继续提升，广东海洋大学阳江校区交付使用并正式招生，绿地小学等30所中小学校（幼儿园）完成建设，新增基础教育学位1.9万个；市中医院二期、市第三人民医院迁建一期等项目完工，市呼吸疾病重点实验室投入使用；"七馆合一"等项目加快推进，广东省水下文化遗产保护中心动工建设。

3. 推进区域合作情况。

——加强科技交流合作。与香港浸会大学合作开展"阳江菜篮子食品安全全流程追溯区块链应用平台研发及示范项目"，建设食品安全追溯平台，解决食品安全问题。有序推进"阳江地方特色产业防伪溯源区块链创新服务平台"项目建设，引进香港浸会大学创新技术，建立基于区块链技术的阳江五金刀剪行业防伪溯源公共服务平台，提升产业质量监管效率，有效维护公平竞争的市场环境。

——加强农业合作。贯彻实施《北部湾共建现代农业产业发展集聚区合作协议》，推动加强建设现代特色农业产业集群。贯彻实施北部湾城市群与中国热带农业科学院签订的《院地科技合作框架协议》，共同建设国家热带农业科学中心，推进科技成果转化基地建设。打造成为大湾区重要的畜禽产品生产供应基地，组织参加第六届中国国际食品及配料博览会、第二届粤港澳大湾区名特优新农产品推介活动。

——加强文化旅游合作。推动区域旅游市场开发及旅游营销合作，积极参与广东滨海（海岛）旅游联盟，与深圳、珠海等 14 个沿海城市共同签署《广东滨海（海岛）旅游联盟章程》，大力培育跨海岛旅游业态。组织参加 2021 广东国际旅游产业博览会，充分展示阳江海丝文化和旅游资源；组织阳江漆艺院、市风筝协会等单位参加第十七届中国（深圳）国际文化产业博览交易会，加强漆艺、风筝等海丝文化宣传推广，支持阳江企业加强与"一带一路"沿线国家和地区的文化旅游交流合作；与茂名、湛江等地区共同打造区域旅游品牌，协同推进海丝文化发展。

4. 县域经济发展情况。

阳江市县域共 2 个县（市），包括阳春市、阳西县，土地面积合计 5 506 平方公里，占全市陆域面积的 69.2%。2021 年，全市县域地区生产总值 610.86 亿元，占全市地区生产总值的 40.3%。

表 22　2021 年阳江市县域经济发展状况

地区	地区生产总值（亿元）	社会消费品零售总额（亿元）	地方一般公共预算收入（亿元）	三次产业结构
阳春市	366.77	143.73	16.83	20.1 : 30.8 : 49.2
阳西县	244.09	52.77	9.49	26.7 : 33.8 : 39.6

——阳春市。2021 年，阳春市地区生产总值 366.77 亿元，增长 5.7%。三次产业结构调整为 20.1 : 30.8 : 49.2。社会消费品零售总额 143.73 亿元，增长 5.7%。地方一般公共预算收入 16.83 亿元，增长 17.9%。规模以上工业

增加值69.44亿元，增长4.7%。农业总产值120.26亿元，增长9.4%。外资进出口总额43.90亿元，增长74.5%。全年共接待游客221.9万人，增长23.4%；旅游收入18.80亿元，增长8.6%。新增规模以上工业企业10家，新签约项目29个，投资总额115.50亿元。成功申报夏威夷果省级现代农业产业园。春湾风景区升级为国家4A级旅游景区，春湾镇高村被评为广东省文化和旅游特色村。

——阳西县。2021年，阳西县地区生产总值244.09亿元，增长8.5%。三次产业结构调整为26.7∶33.8∶39.6。地方一般公共预算收入9.49亿元，增长11.2%。社会消费品零售总额52.77亿元，增长6.3%。规模以上工业增加值64.84亿元，增长28.3%。全年共接待游客206.0万人，增长41.0%；旅游收入16.80亿元，增长29.2%。引进世界500强调味品企业2家、全国前十强调味品企业4家。成功创建2个省级楹联文化教育基地，荣获广东省楹联文化之乡称号。

5. 阳江滨海新区规划建设情况。

2021年，阳江滨海新区地区生产总值322.01亿元，增长14.3%。规模以上工业增加值156.88亿元，增长41.6%。社会消费品零售总额121.93亿元，增长7.9%。地方一般公共预算收入10.06亿元，增长11.5%。

——坚持以产业为支撑，推动产城融合。阳江滨海新区在建（续建）商住项目规划用地面积337.16万平方米，总建筑面积约763.08万平方米，居住人口超8万人。加快发展金融、教育、科研、总部经济等现代产业，总投资额141亿元的阳江滨海中央商务区项目建设初具规模，产业招商中心、康养酒店等部分商业配套设施已基本完工；投资10亿元的阳江国际金融中心已基本建成；全力推动阳江滨海中央商务区、阳江国际金融中心的招商工作；加快海湾新城、科创智慧城等重大产业项目的开发建设进度。

——坚持以项目为抓手，提升城市品质。2021年，政府投资工程建设项目共32个，总投资约68.65亿元。以精心打造高品质人居环境为抓手，配套建设漠阳湖公园、连围河公园、新阳河公园、江湾公园等一批公园绿地、公共绿化设施，总面积约57万平方米；构建漠阳江、那龙河"两江四岸"景观带以及连围河、新阳河景观带，谋划推进滨海生态湿地公园建设，努力打造滨海、沿江、环湖生态景观线；公共配套设施不断完善，"七馆合一"项目、城南二小加快建设。

四、粤北地区

（一）发展概述

2021 年，粤北地区生产总值 7 282.33 亿元，增长 7.7%。三次产业结构为 15.6 : 35.9 : 48.5。其中，第一产业增加值 1 134.26 亿元，增长 9.1%；第二产业增加值 2 617.38 亿元，增长 8.6%；第三产业增加值 3 530.70 亿元，增长 6.7%。人均地区生产总值 45 695 元，增长 7.7%。社会消费品零售总额 2 485.28 亿元，增长 8.1%。地方一般公共预算收入 501.05 亿元，增长 8.3%。全体居民人均可支配收入 27 038 元，增长 10.3%。

——产业发展势头良好。2021 年，粤北地区规模以上工业增加值 1 801.19 亿元，增长 12.4%。其中，韶关、河源、梅州、清远和云浮市规模以上工业增加值分别为 361.23 亿元、345.77 亿元、264.09 亿元、678.83 亿元和 151.27 亿元，增速分别为 12.7%、12.5%、10.8%、14.2% 和 7.1%。韶关市全年合同投资额 1 766.26 亿元，其中超亿元项目 141 个；全市产业园新动工入库基础设施及配套项目 21 个；两批"厂区变园区、产区变城区"试点改革谋划项目 84 个，总投资 165.80 亿元。河源市全年签约项目 176 个，计划投资 868.33 亿元；200 家规模以上工业企业年产值超亿元，国家高新区获批国家信息终端设备制造创新型产业集群。梅州市先进制造业、高技术制造业增加值分别占全市规模以上工业增加值的 27.1%、19.4%，完成技术改造投资 34.18 亿元，实现跨境电商出口总额 9.33 亿元。清远市新增规模以上工业企业 123 家，"小升规"重点培育库在库企业超过 70 家；服务业增加值占地区生产总值比重49.0%，成功申报国家跨境电商综合试验区。云浮市全年累计开展技改企业118家，新增工业技改备案项目85个，涉及投资超30亿元；新引进翔海光电等一批项目，获批2个省市共建生物医药产业园。

——交通基础设施建设取得新成效。韶关市丹霞机场正式通航，韶新高速、韶州互通立交建成通车，韶州大桥、丹霞大道北等市政道路通车，雄信高速顺利启动。河源市4个高铁站场同步建成投入使用，河源东站综合交通枢纽工程（西部）投入使用，"四好农村路"建设完成里程240公里。梅州市丰华高速顺利通车，梅龙高铁加快建设，瑞梅铁路获批立项，梅汕高速改扩建等项目前期工作有序推进，国际无水港全面动工建设。清远清新至广州花都高速加快推进，佛清从高速全面建设，广连高速三凤里至连州段、二广高速连州连接线、广清城际一期建成通车。云浮市交通基础设施投资41亿元，完成年计划的102.5%；全市高速公路通车总里程达423公里，完成农村公路和村道安防建设286公里、危桥改造48座。

——重点项目扎实推进。2021年，粤北地区固定资产投资增长2.9%，韶关、河源、清远、云浮市分别增长2.2%、8.9%、9.5%、4.5%，梅州市下降14.8%。粤北地区省重点项目建设完成投资1 200亿元，占全省完成投资的11.5%，为年度计划投资的126.1%。新开工建设韶关港北江港区白土作业区一期工程等项目，韶关机场军民合用工程等项目建成投产，韩江高陂水利枢纽工程基本完工，600千伏闽粤联网工程（广东段）全线贯通。

——民生保障水平稳步提升。2021年，粤北地区全体居民人均可支配收入27 038元，增长10.3%。其中，韶关、河源、梅州、清远和云浮市全体居民人均可支配收入分别为30 212元、24 627元、26 210元、28 741元和24 611元，分别增长9.7%、10.5%、9.8%、10.3%和10.3%。韶关市第一人民医院入选广东省高水平医院重点建设医院，20家县级公立医院基本完成改造升级。河源市"双减"工作全面开展，压减学科类培训机构183家、压减率95.81%；城乡居民基本养老保险参保人数130万人。梅州全市办成1.1万个"我为群众办实事"项目；广东梅州职业技术学院建成招生；通过全国基层中医药工作先进市评审。清远市全年新增幼儿园学位5 540个、义务教育学位

12 950 个，完成 18 个体育场馆新建或改造。云浮市失业人员实现再就业 6 003 人，就业困难人员实现就业 1 169 人；建成 93 个居家养老服务中心（站），农村集中供水基本实现全覆盖。

表 23　2021 年广东省粤北五市主要经济指标

地区	地区生产总值		人均地区生产总值		第三产业增加值		地方一般公共预算收入	
	绝对数（亿元）	增长（%）	绝对数（元）	增长（%）	绝对数（亿元）	增长（%）	绝对数（亿元）	增长（%）
粤北	7 282.33	7.7	45 695	7.7	3 530.70	6.7	501.05	8.3
韶关	1 553.93	8.6	54 377	8.4	765.67	7.2	109.08	3.8
河源	1 273.99	8.0	44 886	8.2	657.02	6.1	84.30	5.6
梅州	1 308.01	5.5	33 764	6.1	647.53	7.3	95.01	7.7
清远	2 007.45	8.1	50 459	7.7	909.37	5.8	137.42	11.2
云浮	1 138.97	8.1	47 685	7.9	551.11	7.4	75.24	14.2

（二）韶关市

1. 概况。

2021 年，韶关市地区生产总值 1 553.93 亿元，增长 8.6%，其中，第一产业增加值 215.33 亿元，增长 13.1%；第二产业增加值 572.94 亿元，增长 8.9%；第三产业增加值 765.67 亿元，增长 7.2%。人均地区生产总值 54 377 元，增长 8.4%。规模以上工业增加值 361.23 亿元，增长 12.7%。社会消费品零售总额 488.16 亿元，增长 9.6%。地方一般公共预算收入 109.08 亿元，增长 3.8%。全体居民人均可支配收入 30 212 元，增长 9.7%。

2. 振兴发展情况。

——坚持实施科技创新战略。研究与试验发展经费投入强度稳居粤东西北地区各地级市首位，规模以上企业研发机构覆盖率达54%。新增国家专精特新"小巨人"企业5家，总数达8家；省级"专精特新"中小企业达42家。新增认定省级高新区2个、省级工程技术研究中心14家、省级研发平台（孵化器）6个、科技专家（院士）工作站7个，国家级孵化器和省重点实验室均实现零的突破。制定实施《韶关高新区总体发展规划（2021—2035年)》，构建"一区多园"新发展格局。成功引进6个院士团队项目，先后成立8家科研机构；引进"丹霞英才"1 717人，其中博士57人。

——积极推动产业转型升级。以韶钢、韶冶、凡口矿等传统产业企业为试点，先后启动了两批"厂区变园区、产区变城区"试点改革，共谋划项目84个，总投资165.8亿元，完成投资43.1亿元；共盘活利用土地2 564亩；韶钢产业园成功获批省级产业园。成功争取全国一体化算力网络粤港澳大湾区国家枢纽节点数据中心集群布局韶关。推动华天、正威等一批新兴优质产业项目落地，联通智慧客服南方中心、广东移动5G智慧城市及大数据等项目建设顺利推进，华韶数据谷等大型数据中心项目实现开园投产。浪潮集团、铜道电子等一批互联网企业注册落地。

——加快发展特色产业。农业平稳发展，不断完善"跨县集群、一县一园、一镇一业、一村一品"的农业发展格局，新增8个省级现代农业产业园，新增数量位居全省第一，省级现代农业产业园总数达21个；新增全国名特优新农产品22个。文化旅游全面发展，接待游客1 014.19万人次，旅游收入90.87亿元；稳步推进华南教育历史研学基地建设，成功举办穿越丹霞山50公里徒步赛、环丹霞山自行车赛等系列赛事；成功举办格力电器全国巡回直播韶关站、第三届"粤菜师傅"特色餐饮名店评选、金秋消费节等主题促消费活动。

——不断改善城乡面貌。深入实施"东进、南拓、西融、北优"城市发展战略，强化市辖三区和韶关高新区城市功能建设，大力推进中心城区道路贯通联网"10＋1"工程，韶州大桥等市政道路通车。推进老旧小区改造项目111个，市区新增绿色建筑项目122个。韶州中学等项目如期建成，百年东街成功列入全省示范特色步行街。实施县城品质提升"439"等行动，县城品质提升项目建成 87 个、在建 21 个，完成整治提升乡镇 50 个，创建 10 个示范镇，实现镇级生活污水处理设施全覆盖。4G 网络行政村覆盖率达 100%，干净整洁村创建达标率达 97%。

——全力筑牢粤北生态防线。深入开展污染防治攻坚战，六项指标均达到国家二级标准和省考核目标要求。高质量建成碧道 103.5 公里，13 个地表水省考（国考）断面水质优良比例 100%，9 个县级以上集中式饮用水水源水质达标率 100%。实施山水林田湖草生态保护修复 17 项治理工程，全部完成国家确定的 19 项试点任务。全市森林面积、森林覆盖率、森林蓄积量 3 项指标均居全省前列。谋划资源资产价值化在建项目超 90 个，总价值超 800 亿元，储备项目超 110 个，总价值超 900 亿元。率先启动碳达峰碳中和工作，被列为全省首批碳中和试点示范市。

——持续优化营商环境。全面落实惠企纾困政策，全年为企业降低成本 14.1 亿元，减税降费 9.9 亿元。推动政务服务事项"全程网办""跨域通办"，全市政务服务事项大厅进驻率 96%，全程网办率近 80%，一次办好率达 90%。推进"无证明"城市建设，691 个政务服务事项实现"免证办"，开通证照发证服务 201 项。推进"纳税服务体验师"试点建设，办税速度居全省前列。畅通政企互动渠道，举办"韶商·市长面对面"活动，依托 12345 政府服务热线等平台，多渠道听取企业心声。实施知识产权信用联合奖惩机制，知识产权保护力度不断提高。

3. 推进区域合作情况。

全力对接融入"双区"和参与两个合作区建设。交通路网不断完善，韶新高速建成通车、丹霞机场正式通航，韶关融入"双区"、两个合作区 2 小时经济圈的步伐不断加快。2021 年，莞韶共建园区规模以上工业总产值 1 073.73 亿元，增长 37.0%。产业共建新签约项目 258 个，计划总投资 1 732.20 亿元，其中亿元以上项目 155 个；新开工项目 280 个，计划总投资 753.50 亿元，其中亿元以上项目 109 个；新投产项目 87 个，累计完成投资额 47.80 亿元。莞韶两市累计到位政府帮扶专项资金 11.25 亿元，成功争取政府专项债和东莞银行授信额度共 21.30 亿元。华南装备园液压件产业园等重要设施投入使用，表面处理站一期进入调试阶段，莞韶城印雪酒店等产业配套建成运营。韶关（广州）离岸孵化器揭牌运作，推动形成"双区"研发、韶关转化的创新格局。布局建设融湾产业平台，签约引进万洋、一品红等项目，广汽测试中心进入全面建设阶段，万洋众创城首期（新丰）招商中心建成运营。新增19个粤港澳大湾区"菜篮子"生产基地。

4. 县域经济发展情况。

2021年，全市县域地区生产总值795.51亿元，占全市地区生产总值的51.2%。社会消费品零售总额249.49亿元，占全市社会消费品零售总额的51.1%。地方一般公共预算收入43.83亿元，占全市地方一般公共预算收入的40.2%。

表24　2021年韶关市县域经济发展状况

地区	地区生产总值（亿元）	社会消费品零售总额（亿元）	地方一般公共预算收入（亿元）	三次产业结构
乐昌市	137.71	55.35	8.20	22.9∶22.4∶54.7
南雄市	131.90	46.79	6.89	27.7∶24.9∶47.3
仁化县	111.43	25.74	4.77	21.3∶40.7∶38.0
始兴县	98.16	28.85	5.05	26.0∶33.4∶40.6
翁源县	128.27	41.79	7.98	26.9∶27.5∶45.6
新丰县	80.52	26.81	4.81	19.8∶31.2∶49.0
乳源县	107.52	24.16	6.13	8.5∶48.7∶42.8

——乐昌市。2021年，乐昌市地区生产总值137.71亿元，增长9.5%，其中，第一产业增加值31.50亿元，增长17.2%；第二产业增加值30.89亿元，增长10.6%；第三产业增加值75.32亿元，增长5.8%。人均地区生产总值35 947元，增长9.7%。三次产业结构调整为22.9∶22.4∶54.7。规模以上工业增加值15.73亿元，增长16.0%。地方一般公共预算收入8.20亿元，增长13.1%。全体居民人均可支配收入25 837元，增长4.8%。新增规模以上工业企业16家、亿元企业3家、超10亿元企业1家；新增高新技术企业

16 家、工程研究中心 4 家、"专精特新"企业 2 家。入选国家级电子商务进农村综合示范县。

——南雄市。2021 年，南雄市地区生产总值 131.90 亿元，增长 7.0%，其中，第一产业增加值 36.55 亿元，增长 6.0%；第二产业增加值 32.90 亿元，增长 5.7%；第三产业增加值 62.45 亿元，增长 8.2%。人均地区生产总值 37 220 元，增长 6.6%。三次产业结构调整为 27.7：24.9：47.3。规模以上工业增加值 19.09 亿元，增长 10.1%。地方一般公共预算收入 6.89 亿元，增长 12.5%。全体居民人均可支配收入 25 760 元，增长 5.0%。国家级检测中心、省级博士工作站及省工业设计中心均实现零的突破。通过知识产权"贯标"认证企业 12 家，新增各类专利授权 335 项，省、市级工程技术研究中心 8 家，高新技术企业保有量达 39 家。

——仁化县。2021 年，仁化县地区生产总值 111.43 亿元，增长 8.1%，其中，第一产业增加值 23.70 亿元，增长 5.4%；第二产业增加值 45.35 亿元，增长 10.5%；第三产业增加值 42.38 亿元，增长 7.3%。人均地区生产总值 59 965 元，增长 8.2%。三次产业结构调整为 21.3：40.7：38.0。规模以上工业增加值 28.84 亿元，增长 13.8%。地方一般公共预算收入 4.77 亿元，下降 19.7%。全体居民人均可支配收入 33 351 元，增长 7.9%。获评全国县域数字农业农村发展水平评价先进县；黄坑贡柑主产区入选首批全国种植业"三品一标"基地，金喆园被授予全国首批"生态农场"称号。

——始兴县。2021 年，始兴县地区生产总值 98.16 亿元，增长 13.1%，其中，第一产业增加值 25.54 亿元，增长 8.1%；第二产业增加值 32.76 亿元，增长 25.8%；第三产业增加值 39.86 亿元，增长 8.1%。人均地区生产总值 49 554 元，增长 13.1%。三次产业结构调整为 26.0：33.4：40.6。规模以上工业增加值 23.70 亿元，增长 37.9%。地方一般公共预算收入 5.05 亿元，增长 5.2%。全体居民人均可支配收入 25 073 元，增长 7.9%。新增省级农业龙头企业 1 家。隘子镇被评为"一镇一业"省级专业镇，15 个村被评为"一村一品"省级专业村。国家重点生态功能区县域生态环境质量考核列全省第一。

——翁源县。2021年，翁源县地区生产总值128.27亿元，增长13.5%，其中，第一产业增加值34.55亿元，增长22.5%；第二产业增加值35.23亿元，增长15.3%；第三产业增加值58.49亿元，增长7.6%。三次产业结构调整为26.9∶27.5∶45.6。人均地区生产总值39 765元，增长13.4%。规模以上工业增加值22.55亿元，增长25.3%。地方一般公共预算收入7.98亿元，增长19.0%。全体民居人均可支配收入24 204元，增长8.2%。培育市级以上农业龙头企业2家，总量达23家，居全市第一。获评为广东省全域旅游示范区、广东省民间文化艺术之乡。广东核工业教育基地成功创建为国家AAA级景区。

——新丰县。2021年，新丰县地区生产总值80.52亿元，增长7.0%，其中，第一产业增加值15.96亿元，增长17.6%；第二产业增加值25.12亿元，下降1.1%；第三产业增加值39.44亿元，增长7.9%。人均地区生产总值41 181元，增长7.2%。三次产业结构调整为19.8∶31.2∶49.0。规模以上工业增加值16.56亿元，增长0.2%。地方一般公共预算收入4.81亿元，增长5.0%。全体居民人均可支配收入25 704元，增长8.1%。韶能生物质建成投产，成为亚洲装机容量最大的生物质发电厂。获评第二批国家森林生态道地药材产业基地试点建设单位。荣获省级"旅游创新发展十强县"。

——乳源县。2021年，乳源县地区生产总值107.52亿元，增长12.2%，其中，第一产业增加值9.12亿元，增长15.0%；第二产业增加值52.34亿元，增长10.2%；第三产业增加值46.06亿元，增长13.7%。人均地区生产总值57 287元，增长11.7%。三次产业结构调整为8.5∶48.7∶42.8。规模以上工业增加值37.57亿元，增长12.0%。地方一般公共预算收入6.13亿元，增长8.5%。全体居民人均可支配收入25 211元，增长7.1%。全年净增"四上"企业24家，新增高新技术企业11家、研发机构5家。入选国家级电子商务进农村示范创建县。创建国家全域旅游示范区。县文化馆被评定为国家一级馆。

5. 韶关新区规划建设情况。

2021年，韶关新区规模以上工业增加值21.95亿元，增长13.0%。地方一般公共预算收入 3.40 亿元，增长 2.4%。固定资产投资增长 1.7%。

——创新发展氛围浓厚。打造"三地六大板块"科技孵化主阵地。先后 10 批次共 78 家企业入库科技型中小企业，先后 10 批次申报认定 34 家高新技术企业。新认定省级工程技术研究中心 2 家、市级工程技术研究中心 2 家。

——产业发展不断提速。2021 年，辖区有"四上"企业 74 家，其中规模以上工业企业 55 家。入驻高新区的宏大齿轮等 78 家企业认定为国家高新技术企业。工业投资 12.37 亿元，新增规模以上企业 13 家，基础设施及配套项目投资额 14.78 亿元。

——招商引资成效显著。2021 年，共签订招商引资项目 38 个，计划总投资达 296.58 亿元。累计新竣工投产项目 20 个，新开工项目 23 个，累计年度招商引资投资 25.17 亿元。

——产城融合不断推进。珠玑路南段建成通车，东景路东段、宝园街、济康路已动工建设。风度小学、蓉城幼儿园等顺利开学，新增公立学位 6 420 个。保利广场商业综合体、碧桂园碧城广场商业综合体建成投入使用。市妇幼保健院新院完成建设，前海人寿韶关医院、市第一人民医院已完成主体结构封顶。城市配套设施建设进度不断加快。

（三）河源市

1. 概况。

2021 年，河源市地区生产总值 1 273.99 亿元，增长 8.0%。人均地区生产总值 44 886 元，增长 8.2%。三次产业结构调整为 12.1∶36.4∶51.6。规模以上工业增加值 345.77 亿元，增长 12.5%。社会消费品零售总额 387.62 亿元，增长 7.5%。地方一般公共预算收入 84.30 亿元，增长 5.6%。外贸进出口总额 306.88 亿元，增长 4.7%。全体居民人均可支配收入 24 627 元，增长 10.5%。

2. 振兴发展情况。

——现代工业加速集聚。推动单体投资超 50 亿元的卓翼科技等一批优质产业项目动工投产。加快壮大电子信息产业集群，投资超 10 亿元的艾佛光通科技等项目加快建设；河源国家高新区获批国家信息终端设备制造创新型产业集群、国家外贸转型升级基地、全省首批特色产业园；被纳入全省珠江东岸电子信息产业带重点扶持城市。加快建设现代农业与食品产业集群核心城市，加快打造水产业集群，农夫山泉三期等一批水产业项目签约落地。加快推进先进材料产业集群成型，引进铂科新材料等项目。举办系列招商活动，签约项目 176 个，计划投资 868.33 亿元。深圳南山河源高新区共建产业园一期开园、二期启动建设，深河产业共建示范区成为广东省六大省级合作区之一。

——高质量发展平台提质升档。创建国家农高区步伐加快，灯塔盆地农高区党工委、管委会（筹）顺利挂牌运作；农产品精深加工业等主导产业快速发展，新增油茶跨县集群省级现代农业产业园；落户 5 个国家级实验室和 8 个省级实验室；华农大研究生院河源分院开始招生。江东新区开发建设提效加速，江东滨江新城、高铁新城有序开发建设，河紫花园等基础设施加快建设，新区城镇化率达 67.7%；高端装备制造、汽车零部件、新材料等主导产业不断集聚；圆满科技等一批优质项目成功"上规升级"。河源国家高新区产城融合全面提速，完成综合保税区修建性详细规划等规划设计，强化规划引领作用；园区创新能力加快提升，南方科技大学河源数字经济技术创新中心、深圳大学湾区（河源）研究院挂牌进驻；广东技术师范大学河源研究院落地建设。园区获得"国家外贸转型升级基地"等荣誉称号。

——重点改革取得进展。推动实施一批创造型引领型改革，改革热度指数稳居全省首位。有力推进要素市场化配置综合改革省级试点工作，在全省率先编制上报整体实施方案，出台实施 5 个要素市场化改革行动方案及要素市场运行监管方案。大力推进国企改革三年行动，完成改革任务 80% 以上，完成 10 家市属全民所有制企业的公司制改革。先后三批授予河源国家高新区198 项、江东新区 174 项市级经济社会管理权限。农村改革探索建立土地股份联结机制，开展 82 个集体经济发展试点村扶持培育工作。

——项目建设持续发力。完成省市重点项目投资 400 亿元，谋划"十四五"时期重大项目 350 个,计划总投资 3 300 亿元。加快构建"水陆空铁"现代综合交通运输体系,赣深高铁建成通车,4 个高铁站场同步建成投入使用,江东新区高铁新城、梅龙高铁加快建设;龙寻高速等项目加快建设,长深高速改扩建项目启动建设;东江航道河源段扩能升级等项目前期工作扎实推进;5 个通用机场被纳入省规划布局并开展选址研究工作;河源东站综合交通枢纽工程(西部)投入使用。万达广场、中骏世界城建成开业。无水港、区域物流分拨中心等加快建设。跨境电子商务综合试验区申报工作有序推进。

——生态优势持续巩固。生态环境质量保持全省前列,国控断面、集中式饮用水水源水质达标率均为 100%;全市森林覆盖率达 73.18%,全省排名第三。生态文明建设成效明显,将"三线一单"成果应用纳入生态环境智慧云平台建设项目,确保重要生态空间生态功能不降低、面积不减少、性质不改变;推动建立东江流域省内生态保护补偿长效机制。生态产品价值实现路径更加清晰,创建国家级林下经济示范基地 1 个、省级林下经济示范基地 13 个;东源硅基新材料产业园等一批特色产业园加快建设;万绿湖景区创 5A 级旅游景区工作进展顺利,霍山景区成功创建 4A 级旅游景区。

——民生保障持续改善。社会保障体系不断完善,城镇新增就业 2.70 万人,城镇登记失业率控制在 3.0% 以内;城乡居民基本养老保险、失业保险参保人数分别为 130 万人、28 万人。教育事业持续健康发展,学前教育分别新增公办、民办普惠学位 4 535、6 602 个,义务教育新增公办学位 12 780 个,172 所义务教育学校实现课后服务"全覆盖"。医疗卫生水平不断提升,市人民医院列入全省高水平医院建设名单,深河人民医院投入运营;城乡居民基本医疗保险参保人数达 266.45 万人。文化体育事业蓬勃发展,建成基层综合性文化服务中心和旅游咨询中心融合试点 4 个。

3. 推进区域合作情况。

坚持全域全面"融湾""融深"。一是强化协同创新。新增高新技术企业 60 家以上,全市高新技术企业存量突破 280 家。鹏城实验室等一批重大科创平台分支机构落地建设。国家级孵化载体数量位居粤东西北前列。电子信息产业智能制造公共技术服务平台成功认定为省级智能制造公共技术支撑平台,大型工业企业实现研发机构全覆盖。二是抢抓战略性产业集群重大发展机遇。成功争取 11 个产业集群纳入省产业集群空间布局，加快打造千亿级新一代电子信息产业集群、百亿级水产业集群、百亿级先进材料产业集群。深入实施制造业高质量发展"六大工程"，建立战略性产业集群联动协调推进机制。三是全面提升开放水平。"硬联通"方面，赣深高铁建成通车，梅龙高铁、龙寻高速等建设加快推进，国道 G205 线热水至埔前段改建项目全面开工建设，广河客专等项目规划研究工作有序推进。"软联通"方面，全面开启要素市场化配置综合改革省级试点建设工作，商事登记便利度位居全省前列。四是深河产业共建再结硕果。深圳南山河源高新区共建产业园起步园区建成开园。深圳产业疏解河源招商引资项目清单和招商引资项目库加快建立，完成产业梯度转移超亿元项目 18 个、产业共建亿元以上项目 30 个。

4. 县域经济发展情况。

河源市县域包括东源县、龙川县、和平县、连平县、紫金县，总面积 15 292 平方公里，占全市总面积的 97.7%。2021 年，全市县域地区生产总值 751.24 亿元，占全市地区生产总值的 59.0%。地方一般公共预算收入 44.30 亿元，占全市地方一般公共预算收入的 52.6%。

表 25   2021 年河源市县域经济发展状况

地区	地区生产总值（亿元）	社会消费品零售总额（亿元）	地方一般公共预算收入（亿元）	三次产业结构
东源县	167.19	43.62	13.39	17.5：37.6：45.0
龙川县	170.25	61.39	8.33	19.9：23.0：57.1
和平县	127.87	40.80	6.19	19.9：25.6：54.5
连平县	97.82	35.92	7.49	22.9：27.2：49.9
紫金县	188.11	57.10	8.90	20.9：29.8：49.3

——东源县。2021 年，东源县地区生产总值 167.19 亿元，增长 12.6%。人均地区生产总值 47 837 元，增长 14.6%。三次产业结构调整为 17.5：37.6：

45.0。规模以上工业增加值 54.22 亿元,增长 20.6%。社会消费品零售总额 43.62 亿元,增长 7.5%。地方一般公共预算收入 13.39 亿元,增长 12.6%。城镇居民、农村居民人均可支配收入分别为 27 897 元、19 520 元,分别增长 5.0%、8.3%。东源县产业转移工业园获批省级高新技术产业开发区,被列入国家"十四五"时期重点支持的县城产业转型升级示范园区。成功入选国家农业可持续发展示范区。东瑞集团成为全市首家主板上市企业。

——龙川县。2021 年,龙川县地区生产总值 170.25 亿元,增长 2.9%,其中,第一产业增加值 33.85 亿元,增长 1.5%;第二产业增加值 39.23 亿元,下降 5.7%;第三产业增加值 97.17 亿元,增长 7.2%。人均生产总值 28 644 元,增长 4.6%。三次产业结构调整为 19.9:23.0:57.1。社会消费品零售总额 61.39 亿元,增长 7.1%。地方一般公共预算收入 8.33 亿元,增长 6.1%。国家级电子商务进农村综合示范县效应进一步提升,电子商务交易额突破 12.00 亿元。建设完成省级现代农业(油茶)产业园,成功创建龙川县丝苗米产业园、省级林下经济扶贫示范县。

——和平县。2021 年,和平县地区生产总值 127.87 亿元,增长 2.1%,其中,第一产业增加值 25.50 亿元,增长 4.2%;第二产业增加值 32.68 亿元,下降 12.0%;第三产业增加值 69.69 亿元,增长 9.1%。人均生产总值 36 153 元,增长 2.2%。三次产业结构调整为 19.9:25.6:54.5。社会消费品零售总额 40.80 亿元,增长 7.7%。地方一般公共预算收入 6.19 亿元,下降 11.5%。猕猴桃省级现代农业产业园入选广东省现代农业产业园十大科技创新示范园。成功创建广东省全域旅游示范区。古树森林康养基地获评省级休闲农业与农村旅游示范点。

——连平县。2021 年,连平县地区生产总值 97.82 亿元,增长 5.5%,其中,第一产业增加值 22.42 亿元,增长 9.2%;第二产业增加值 26.61 亿元,增长 6.2%;第三产业增加值 48.79 亿元,增长 3.7%。三次产业结构调整为 22.9:27.2:49.9。规模以上工业增加值 17.00 亿元,增长 13.0%。地方一般公共预算收入 7.49 亿元,增长 44.9%。税收收入 9.50 亿元,增长 16.4%。接待游客 59.25 万人次,旅游收入增长 15.0%。成功举办桃花节、蜜桃节等系列节庆活动,推动现代农业、民俗文化与乡村旅游多业态融合发展,田源镇肖屋村获评广东文化和旅游特色村。

——紫金县。2021 年,紫金县地区生产总值 188.11 亿元,增长 8.7%。人均地区生产总值 34 209 元,增长 10.5%。三次产业结构调整为 20.9:29.8:49.3。规模以上工业增加值 20.13 亿元,增长 11.2%。社会消费品零售总额 57.10 亿元,增长 8.1%。地方一般公共预算收入 8.90 亿元,增长 5.3%。城镇居民、农村居民人均可支配收入分别为 25 603 元、19 573 元,分别增长 10.3%、12.1%。紫金教育委托办学综合改革和基层社会治理改革案例入选 2021 年度全面深化改革优秀案例。荣获 2021 年县级全国基层中医院工作先进单位。"紫金蝉茶"获评全国乡村特色产品。

5. 河源江东新区规划建设情况。

——经济发展稳中有进。2021 年,江东新区地区生产总值 71.74 亿元,增长 3.5%。社会消费品零售总额 18.73 亿元,增长 7.5%。地方一般公共预算收入 3.97 亿元,增长 13.1%。全体居民人均可支配收入 19 857 元,增长 13.6%。城镇居民、农村居民可支配收入分别为 22 352 元、15 163 元,分别增长 11.5%、15.1%。新增规模以上工业企业 5 家,新增限额以上商贸企业 6 家。

——产业集聚步伐加快。2021 年,电子信息、先进材料、高端装备制造、汽车配件、医疗健康五大主导产业不断集聚,动工投产项目 32 个,投资额 193.0 亿元,其中动工投产工业项目 15 个,投资额 65.7 亿元。成功举办江东新区 2021 年春季重大项目集中动工活动,全年签约项目 17 个,投资额 259.2 亿元。江东新区产业园累计投入建设资金 36.4 亿元,其中征拆资金约 16.0 亿元。

——城乡建设加快推进。2021 年,共投入 16.6 亿元全力推进城乡建设。赣深高铁通车运营,河源东站综合交通枢纽工程(西侧)投入使用,国道 G205 东移线、G355 河紫线加快建设,新河紫路、凤凰西侧路建成产竣工,旅游大道、紫古公路、竹港大道提升工程基本完成,临江圩镇道路完成改造。中骏世界城大型商业综合体建成开业。撂荒耕地实现 100% 复耕复种目标,"厕所革命""三清三拆三整治"任务全面完成。

——民生事业明显改善。2021 年,10 件 23 项民生实事基本完成。投入

4.8亿元，完成碧桂园学校二期建设，基本完成城东学校等学校扩建，推进教学设施更新及改造，新增中小学学位4 680个、公办幼儿园学位735个。深河人民医院建成运营。投入6 000多万元整治东环路第一期交通安全隐患，河职院、河高人行天桥建成通行。投入1 549.6万元，提高底线民生保障水平。快递进村覆盖率达100%。

（四）梅州市

1. 概况。

2021年，梅州市地区生产总值1 308.01亿元，增长5.5%。三次产业结构调整为19.2∶31.3∶49.5。人均地区生产总值33 764元，增长6.1%。规模以上工业增加值264.09亿元，增长10.8%。社会消费品零售总额654.37亿元，增长3.1%。地方一般公共预算收入95.01亿元，增长7.7%。全体居民人均可支配收入26 210元，增长9.8%。金融机构各项本外币存款、贷款余额分别为2 579.03亿元、1 758.09亿元，分别增长5.8%、10.7%。

2. 振兴发展情况。

——产业创新协同发展。先进制造业加快发展，新动工投资亿元以上工业项目26个，新投产规模以上企业10家，先进制造业增加值占规模以上工业增加值比重近四分之一；铜箔和高端电路板产业产值突破百亿元，嘉元科技、博敏电子、盈华电子等超10亿元增资扩产项目动工建设，签约总投资约80亿元的10万吨高端锂电铜箔项目；圣戈班高端汽车玻璃项目实现1个月签约、8个月投产。发展平台优化提升，高新区"以升促建"加快推进，梅州经开区（电子电路制造）特色产业园获批省首批特色产业园。创新能力持续增强，引入松山湖材料实验室与嘉元科技开展合作，发挥全市首家国家企业技术中心辐射带动效应；推进"三院一基地"创新发展，农林科学院加快补齐标准科研实验室等基础研究短板，市医学科学院大楼加快建设，省科学院梅州产业技术研究院创新平台作用初显；高陂水利枢纽科研成果获国家安全科技进步二等奖。

——发展基础不断夯实。重大项目建设取得新成果，240 项市重点项目完成投资 325 亿元，完成年度投资计划的 95.4%，其中 59 项省重点项目完成投资 181.3 亿元，完成年度投资计划的 138.8%；梅龙高铁全线动工建设，瑞梅铁路获批立项；丰华高速顺利通车，梅汕高速改扩建等项目前期工作有序推进；韩江高陂水利枢纽工程基本完工，梅州抽水蓄能电站一期首台机组投产发电，500 千伏闽粤联网工程（广东段）全线贯通，粤东天然气主管网梅州段具备通气条件。积极扩大内需，落实各项促消费政策措施，促进汽车、餐饮、文旅等消费；兴宁、丰顺国家电子商务进农村综合示范工作通过专家绩效考评；梅江区成功创建省全域旅游示范区。外贸健康发展，全年外贸出口总额增长 11.2%，其中橡胶轮胎和机电出口实现两位数增长；全年实际利用外资 1.52 亿元，增长 5%。

——改革开放全面深化。推进重点领域改革，行政审批制度改革分级分类推进，工程建设项目实现从立项到竣工验收"一网通办"，开办企业实现"网上办""一窗办"，全流程压缩至 0.5 天；投融资体制改革有序推进，落实投资项目代码制度，投资审批事项全部纳入平台并实行"不见面"办理；社会信用体系加快构建，建立"双公示"数据月度通报机制，完善规范信用修复机制；国有企业改革稳步推进，实施市属国企改革专项行动，完成全民所有制企业公司制改革工作。扩大对内对外开放，积极融入"双区"和"两个合作区"建设，加快推进与南沙、前海、横琴自贸区交流与合作；梅州综保区（一期）通过国家验收，跨境电商综合试验区加快建设。

——生态屏障更加牢固。污染防治攻坚战成效显著，城市空气质量优良率 99.5%，国考省考断面水质达标率 100%、优良率 100%，县级以上集中式饮用水源地水质达标率 100%。环保基础设施不断完善，全市建成 4 座生活垃圾无害化填埋和 3 座焚烧处理设施，5 个街道（镇）开展生活垃圾分类示范片区建设。生态系统质量和稳定性持续提升，有序推进国土空间规划编制，自然保护地整合优化预案通过国家评审；大力推进营造林工作，森林覆盖率达 74.5%；出台全省首个地级市林长制工作方案，国家储备林建设稳步推进。

——民生保障持续改善。全市 10 件民生实事顺利完成，办成 1.1 万个

"我为群众办实事"项目。"粤菜师傅""广东技工""南粤家政"三项工程深入推进，新增城镇就业 2.12 万人，城镇登记失业率 2.46%。农村规范化幼儿园建设实现全覆盖，梅州职业技术学院首次招生，嘉应学院紫琳学院加快建设。市人民医院获国家级"高级卒中中心"认证，新增 1 家省高水平医院建设单位，1 883 个行政村在全省率先建成标准化规范化村卫生站。基本养老保险、医疗保险参保率分别达 98%、100%，获评省星级养老机构 21 家。

3. 推进区域合作情况。

——主动对接融入粤港澳大湾区建设。谋划建设融湾合作发展平台，积极谋划粤闽赣苏区对接融入粤港澳大湾区振兴发展先行区，协同赣南、闽西原中央苏区共同对接融入粤港澳大湾区。主动承接珠三角产业转移，深入实施乡贤回乡投资兴业工程，引进省能源集团光伏发电等优质项目；2021 年，从珠三角地区引进项目 33 个，全市 10 个省级产业园（集聚地）内企业有近40% 来自珠三角地区。深化穗梅对口帮扶，统筹抓好"1＋8"产业共建园建设，积极引进龙头企业及上下游配套企业集聚落户；穗梅产业共建全年新签约产业项目 83 个，新开工项目中亿元以上产业项目 32 个，11 个项目竣工投产；科伦药业获评博士工作站，新增亚洲数据集团产业育成中心等孵化平台。

——开展闽粤赣十三市区域合作。完善区域基础设施网络，推动交通互联互通和电力互补互济。深化文旅产业合作，成功举办世界客家（梅州）文化旅游推广中心国际视频会议等活动。强化区域污染防治，联合区域相关城市开展韩江流域水环境综合整治，梅州市与汕头市签订韩江流域片水面漂浮物清理合作框架协议等文件，与赣州市建立跨市河长制合作机制，实现流域生态环境保护联防联控。

4. 县域经济发展情况。

梅州市下辖兴宁市、五华县、平远县、蕉岭县、丰顺县、大埔县 6 个县（市）。2021 年，全市县域地区生产总值783.17 亿元，占全市地区生产总值的59.9%。

表26　2021年梅州市县域经济发展状况

地区	地区生产总值（亿元）	社会消费品零售总额（亿元）	地方一般公共预算收入（亿元）	三次产业结构
兴宁市	196.32	104.02	10.65	26.7∶17.1∶56.3
五华县	175.84	85.39	12.16	24.5∶21.9∶53.6
平远县	85.66	33.30	5.28	18.4∶27.3∶54.3
蕉岭县	106.40	39.37	7.02	16.8∶44.6∶38.7
丰顺县	118.68	55.72	7.92	21.8∶37.0∶41.2
大埔县	100.27	48.41	6.52	28.2∶21.5∶50.3

　　——兴宁市。2021年，兴宁市地区生产总值196.32亿元，增长8.8%。人均地区生产总值25 232元，增长10.3%。三次产业结构调整为26.7∶17.1∶56.3。规模以上工业增加值18.10亿元，增长26.8%。社会消费品零售总额104.02亿元，增长2.7%。地方一般公共预算收入10.65亿元，增长3.0%。城镇居民、农村居民人均可支配收入分别为30 434元、21 069元，分别增长8.9%、9.5%。金雁电工成为梅州市首个年产值超十亿元的工业企业，成为唯一入选省制造业500强的企业。"兴宁单丛茶"获国家地理标志证明商标。国家级电子商务进农村综合示范项目全面建成。

　　——五华县。2021年，五华县地区生产总值175.84亿元，增长5.1%。人均地区生产总值19 127元，增长5.8%。三次产业结构调整为24.5∶21.9∶53.6。规模以上工业增加值6.44亿元，增长4.6%。社会消费品零售总额85.39亿元，增长4.5%。地方一般公共预算收入12.16亿元，增长15.2%。城镇居民、农村居民人均可支配收入分别为25 090元、15 677元，分别增长9.7%、11.0%。中心城区和重点工业区域实现5G网络全覆盖。新增3A景区2个。足球文化公园体育场馆荣获中国建筑工程"鲁班奖"。成立全省首个发展乡村振兴共同富裕基金会。

　　——平远县。2021年，平远县地区生产总值85.66亿元，增长5.9%。人均地区生产总值45 168元，增长7.1%。三次产业结构调整为18.4∶27.3∶

54.3。规模以上工业增加值 12.26 亿元，增长 11.1%。社会消费品零售总额 33.30 亿元，增长 4.1%。地方一般公共预算收入 5.28 亿元，增长 1.8%。城镇居民、农村居民人均可支配收入分别为 29 628 元、21 225 元，分别增长 9.8%、10.8%。获评全国村庄清洁行动先进县。南台卧佛山景区获评国家 3A 级旅游景区；县文化馆获评国家一级馆。平远客家炒绿、平远石斛和平远灵芝列入全国名特优新农产品名录。

——蕉岭县。2021 年，蕉岭县地区生产总值 106.40 亿元，增长 5.0%。人均地区生产总值 57 890 元，增长 5.8%。三次产业结构调整为 16.8∶44.6∶38.7。规模以上工业增加值 29.76 亿元，增长 7.8%。社会消费品零售总额 39.37 亿元，增长 3.6%。地方一般公共预算收入 7.02 亿元，增长 9.1%。城镇居民、农村居民人均可支配收入分别为 31 847 元、21 017 元，分别增长 10.0%、11.2%。获评"四好农村路"全国示范县。蕉岭大米入选第二批全国名特优新农产品名录。"卡拉比一丘"数学世界成功创建国家 3A 级旅游景区。

——丰顺县。2021 年，丰顺县地区生产总值 118.68 亿元，增长 2.3%。人均地区生产总值 24 748 元，增长 2.2%。三次产业结构调整为 21.8∶37.0∶41.2。规模以上工业增加值 12.69 亿元，增长 5.4%。社会消费品零售总额 55.72 亿元，增长 0.7%。地方一般公共预算收入 7.92 亿元，增长 7.6%。城镇居民、农村居民人均可支配收入分别为 29 412 元、17 251 元，分别增长 8.8%、10.4%。全年新增规模以上企业 14 家、"专精特新"企业 2 家。特色蔬菜产业园入选 2021 年省级特色农业产业园。成功签约 23 个项目，投资总额 72.50 亿元，其中超 10 亿元项目 1 个。

——大埔县。2021 年，大埔县地区生产总值 100.27 亿元，增长 6.7%。人均地区生产总值 30 408 元，增长 7.5%。三次产业结构调整为 28.2∶21.5∶50.3。规模以上工业增加值 17.46 亿元，增长 17.2%。社会消费品零售总额 48.41 亿元，增长 3.8%。地方一般公共预算收入 6.52 亿元，下降 8.7%。城镇居民、农村居民人均可支配收入分别为 28 146 元、17 228 元，分别增长 8.2%、9.2%。荣获 2021 年度茶叶百强县、2021 年度智慧茶业样板县域称号。入选国家 2021 年农产品产地冷藏保鲜整县推进试点。张弼士故居旅游区获评国家 4A 级旅游景区。

5. 重大区域发展平台建设情况。

——梅州嘉应新区。积极完善起步区江南新城、芹洋半岛、梅县新城基础设施和公共服务设施，绿轴公园及市汽车客运枢纽中心建成竣工，剑英公园大道南延线开工建设，城市展览馆、科技馆建成开放，市全域旅游中心、妇女儿童医院基本建成。产城融合步伐加快，商会大厦等 28 个在建产业项目加快推进，完成投资 52.5 亿元，占年度投资计划的 175%。扎实推进江南新城二期开发前期工作，江南新城铁路以南部分区域纳入城镇开发边界。抓好存量隐性债务清零化解工作，江南新城道路及管廊项目等存量隐性债务化解基本完成。

——广东梅兴华丰产业集聚带。2021 年，规模以上工业增加值 54.47 亿元，增长 22.8%；税收 14.11 亿元，增长 13.8%。截至 2021 年底，集聚带产业园（集聚地）累计落户企业 498 家，建成企业 409 家，规模以上工业企业 166 家。加强硬件建设，集聚带投入 21.85 亿元财政资金推进园区内"七通一平"建设，推动落实或正在落实低效产业用地再利用 1 025.8 亩；集聚带核心区广梅园一期污水处理厂扩建项目建成投产，集聚带"四组团"建成一批标准厂房等项目。培育主导产业集群，结合集聚带资源禀赋，推动项目落地建设，形成铜箔和高端印制电路产业集群、汽车零部件产业集群。

（五）清远市

1. 概况。

2021 年，清远市地区生产总值为 2 007.45 亿元，增长 8.1%，其中，第一产业增加值为 303.81 亿元，增长 9.2%；第二产业增加值为 794.26 亿元，增长 10.5%；第三产业增加值为 909.37 亿元，增长 5.8%。规模以上工业增加值 678.83 亿元，增长 14.2%。社会消费品零售总额 579.62 亿元，增长 11.4%。外贸进出口总额 536.45 亿元，增长 25.8%。地方一般公共预算收入

137.42 亿元，增长 11.2%。

2. 振兴发展情况。

——着力推进产业转型提质增效。建立"项目大招商＋项目要素保障＋项目落地协调"齿轮化联动机制，新引进产业项目 250 个，其中亿元以上项目 98 个；与 14 家中央、省属国有企业举行战略合作协议集中签约仪式。优化企业服务，"扶优计划"试点企业 21 家，成功申报国家跨境电商综合试验区。园区扩能增效加快，广东清远经济开发区落户，园区规模以上工业增加值、全口径税收分别增长 23%、34%。创新能力持续提升，中山大学华南生物安全四级实验室获科技部批复，与广工、省农科院等 4 所高校或院所签署战略合作协议，新增高新技术企业 54 家，新建成省博士工作站 11 家。积极谋划做优国资国企，组建 4 家市属国企集团公司。广东佳纳能源科技有限公司、广东先导先进材料股份有限公司被国家工业和信息化部列入重点"小巨人"企业。

——扎实推动城乡融合发展。国家城乡融合发展试验区"广清接合片区"实施方案获国家发展改革委批准、省政府正式印发，制定清远片区改革要点、重点项目清单，10 项试验任务和一批重点项目建设稳步推进。在全省地级市中率先出台农村集体经营性建设用地入市实施办法；建立进城落户农民有偿转让退出农村权益制度；鼓励农户将家庭承包地以入股的形式参与集体合作；着力搭建城乡产业协同发展平台；全面取消城镇落户限制，促进城乡人口有序流动。截至 2021 年底，试验区共有 208 个经济社完成了股份合作制改革；共创建省级休闲农业与乡村旅游示范镇 3 个、示范点 3 个，开发广东省乡村旅游精品线路 4 条，注册登记乡村民宿专业合作社 5 个，建设粤港澳大湾区"菜篮子"生产基地 13 个。

——努力补齐民族地区高质量发展短板。基础设施建设加快完善。广清永高铁项目列入国家、省级的重大规划。韶关至连山高速公路列入《广东省高速公路网规划（2020—2035 年）》；二广高速公路连山至广西贺州支线动工建设；多条旅游公路建设完成。连山德建水库供水工程列入省水利"十四五"发展规划。大力发展特色农业。完成 2 个省级现代农业产业园主体项目建设，带动农户 1.78 万户。连南大叶茶、连南高山稻香米入选全国名特优新农产品名录。清远民族工业园累计入园项目 148 个，建成投（试）产项目 93 个。广东省环保集团有限公司投资 4 亿元的国家级项目落户并动工建设。累计引进总部经济企业 514 家，累计纳税 24.84 亿元。开通全省首条少数民族旅游班线。

——持续深化污染防治攻坚。2021 年，清远市空气质量综合指数改善率为 8.0%，位居全省第 1 位。$PM_{2.5}$、PM_{10}、NO_2 三项指标下降幅度均居全省首位。7 个国考断面水质全部达标且达到 Ⅱ 类；全市 19 个水功能区代表断面无超标情况，11 个县级以上集中式饮用水水源地水质 100% 达标；水质综合指数为 3.4244，名列全省第 6 名。新建改建危废处置项目 2 个，完成土壤重点监管单位隐患排查，土壤环境总体安全可控。全力推进中央第二轮生态环境保护督察问题整改，259 件交办信访案件全部或阶段办结。

——不断增进民生福祉。认真落实义务教育阶段学生"双减"工作，全面推行"5＋2"课后服务。2021 年，完成中小学改扩建工程 13 所，新增公办中小学学位 12 950 个；全市校内课后服务实现两个"全覆盖"；压减校外学科类教学培训机构 132 个。市人民医院入选省第三批高水平医院建设单位，纳入建立现代医院管理制度改革试点；市中医院成为粤东西北地区首家通过国家评审的三甲中医医院并进入全国中医院百强。大力推进居家养老服务建设，建成市智慧养老信息平台。系统防范化解道路交通安全风险的"清远战法"、森林防火的"清远阳山经验"在全省推广。

3. 推进区域合作情况。

广清一体化步入深度融合发展新阶段。一是交通一体化不断完善。广清城际一期建成通车，二期北延线项目开工建设。清远磁浮旅游专线进展顺利。连接广清两市高速公路已通车 6 条，在建 4 条。太石路、广清大道等市内骨干路网加快南延接入广州快速路网。开通市际公交线路数条。二是营商环境一体化再上新台阶。成立清远市人民政府广清营商一体化专班工作组，制定《清远市 2021 年加快广清营商环境一体化对标先进责任清单细化表》，确定 21 项重点任务，71 项对标改革措施。2021 年，71 项责任清单完成。以年度绩效考核为抓手，把全市共 83 个单位纳入优化营商环境工作考核范围。在全省营商环境评价考核排名第 12 位，较 2020 年上升 6 个名次。三是产业合作更加紧密。广清两市以产业合作园区为载体，加强两市产业分工合作和有序转移承接，推动广清产业联动发展。2021 年，广清产业园新引进项目 20 个，新动工项目 15 个，新增投（试）产项目 20 个；广德（英德）产业园新增项目 7 个，新动工项目 7 个，新增投（试）产项目 8 个；广佛（佛冈）产业园新增项目 20 个，新动工项目 8 个，新增投（试）产项目 4 个。广东广清空港现代物流产业新城实现营业收入 1.6 亿元，增长 201.9%。

4. 县域经济发展情况。

清远县域共计 6 个县（市），包括 2 个县级市、4 个县，县域面积达 1.54 万平方公里，占全市总面积的 80.8%。2021 年，全市县域地区生产总值 992.30 亿元，占全市地区生产总值的 49.4%。地方一般公共预算收入 53.73 亿元，占全市地方一般公共预算收入的 39.1%。

表 27　2021 年清远市县域经济发展状况

地区	地区生产总值（亿元）	社会消费品零售总额（亿元）	地方一般公共预算收入（亿元）	三次产业结构
英德市	403.67	98.83	25.26	19.8：41.2：39.0
连州市	181.43	40.23	6.62	25.8：28.7：45.5
佛冈县	158.52	39.19	11.61	14.3：48.6：37.1
连山县	42.12	5.44	2.21	26.2：17.0：56.8
连南县	67.50	10.93	2.12	18.1：28.5：53.3
阳山县	139.06	33.29	5.91	33.9：18.9：47.1

——英德市。2021 年，英德市地区生产总值 403.67 亿元，增长 11.0%，其中，第一产业增加值 79.97 亿元，增长 15.5%；第二产业增加值 166.39 亿元，增长 10.4%；第三产业增加值 157.31 亿元，增长 9.4%。人均地区生产总值 42 835 元，增长 10.9%。规模以上工业增加值 138.80 亿元，增长

10.0%。社会消费品零售总额98.83亿元，增长11.5%。地方一般公共预算收入25.26亿元，增长13.9%。英德市现代农业产业园通过国家现代农业产业园创建绩效中期评估。九龙镇获评广东省乡村民宿示范镇，横石塘镇龙华村获评广东省文化和旅游特色村。

——连州市。2021年，连州市地区生产总值181.43亿元，增长9.1%，其中，第一产业增加值46.76亿元，增长8.1%；第二产业增加值52.07亿元，增长15.5%；第三产业增加值82.60亿元，增长6.5%。规模以上工业增加值28.50亿元，增长26.9%。社会消费品零售总额40.23亿元，增长11.1%。地方一般公共预算收入6.62亿元，增长0.9%。全体居民人均可支配收入25 273元，增长8.5%。沙坊粉入选全国名特优新农产品名录。瑶族布袋木狮舞入选第五批国家级非遗项目名录。西岸东村入选省文化和旅游特色村。基层治理经验"一站式多元解纷"成功入选广东省典型案例。

——佛冈县。2021年，佛冈县地区生产总值158.52亿元，增长12.8%，其中，第一产业增加值22.71亿元，增长16.1%；第二产业增加值76.99亿元，增长15.8%；第三产业增加值58.82亿元，增长8.3%。规模以上工业增加值79.46亿元，增长23.4%。全体居民人均可支配收入26 056元，增长10.6%。高技术制造业增加值19.35亿元，增长37.3%；先进制造业增加值32.18亿元，增长39.6%。佛冈德福、惠文合作社被认定为大湾区"菜篮子"生产基地。荣获全国县域旅游发展潜力百佳县、国际时尚旅游目的地称号。澳洲坚果等入选全国"名特优新"农产品名录。

——连山县。2021年，连山县地区生产总值42.12亿元，增长7.6%。人均生产总值44 187元，增长7.5%。三次产业结构调整为26.2∶17.0∶56.8。社会消费品零售总额5.44亿元，增长9.1%。地方一般公共预算收入2.21亿元，增长36.3%。城镇居民、农村居民可支配收入分别为28 853元、16 788元，分别增长9.8%、11.8%。"连山大米"等特产获得国家地理标志保护产品称号。鹰扬关风景区被国家民委命名为全国民族团结进步宣传教育基地。列入全国森林康养基地建设试点县。连续四年被评为"全国百佳深呼吸小城"。

——连南县。2021年，连南县地区生产总值67.50亿元，增长9.8%，其中，第一产业增加值12.24亿元，增长6.2%；第二产业增加值19.25亿元，增长12.9%；第三产业增加值36.01亿元，增长9.7%。人均地区生产总值49 974元，增长9.6%。社会消费品零售总额10.93亿元，增长12.8%。地方一般公共预算收入2.12亿元，增长18.7%。共有54家总部经济公司落户，累计达297家。连南瑶山香菇入选2021年第一批全国名特优新农产品名录。成功创建省级全域旅游示范区。成功创建省级休闲农业与乡村旅游示范镇1个、示范点8个。

——阳山县。2021年，阳山县地区生产总值139.06亿元，增长9.7%，其中，第一产业增加值47.18亿元，增长6.3%；第二产业增加值26.32亿元，增长35.3%；第三产业增加值65.56亿元，增长5.4%。规模以上工业增加值9.92亿元，增长15.1%。社会消费品零售总额33.29亿元，增长6.1%。地方一般公共预算收入5.91亿元，增长20.1%。全体居民人均可支配收入24 498元，增长8.6%。新增农业经营主体97家、重点农业龙头企业3家。成功打造4个粤字号知名品牌。大崀镇被认定为广东省休闲农业与乡村旅游示范镇。

5. 广清经济特别合作区建设情况。

广清经济特别合作区下辖广清产业园、广德产业园、广佛产业园和广清空港现代物流产业新城。2021年，合作区完成工业总产值超150亿元。拥有世界500强企业投资项目6个，高新技术企业54家，上市企业10家。

——广清产业园。初步形成现代智能家居、汽车零部件、新材料（精细化工）、高新现代农业生物技术、食品美妆五个产业集群，累计签约项目251个，累计投（试）产项目86个，拥有高新技术企业21家、规模以上企业33家。2021年，园区工业总产值超150亿元，带动本地就业人数近7 000人。

——广德产业园。着力发展新型建材、先进金属材料产业、装备制造业、生物科技产业、生态旅游、茶产业六大产业。累计引进262个项目，成功落地戴卡旭等世界500强项目，引进刘仲华院士担任英德红茶产业研究院院长等。全年实现全口径税收2亿元，增长21.4%。

——广佛产业园。致力打造智能装备制造、新材料、精细化工三大主导产业以及新一代信息技术、生物医药两大战略新兴产业，现代服务业辅助产业协同发展的"3+2+1"核心产业体系。累计引进项目107家。推动中山大学华南生物安全四级实验室项目落户园区。

——广清空港现代物流产业新城。新城的目标定位是保障广州和珠三角城市生产生活分拨中心、粤港澳大湾区产业协同发展基地、大宗农产品等的"中央厨房"、全球一流的国际化现代供应链基地。新城综合服务中心启动建设；与12家公司签订合作框架协议或达成合作意向；招商储备项目达40个。

（六）云浮市

1. 概况。

2021年，云浮市地区生产总值1 138.97亿元，增长8.1%，其中，第一产业增加值209.96亿元，增长9.7%；第二产业增加值377.90亿元，增长8.3%；第三产业增加值551.11亿元，增长7.4%。人均地区生产总值47 685元，增长7.9%。社会消费品零售总额375.50亿元，增长11.3%。外贸进出口总额133.14亿元，增长13.3%。地方一般公共预算收入75.24亿元，增长14.2%。全体居民人均可支配收入24 611元，增长10.3%。

2. 振兴发展情况。

——发展动能加速集聚。重点项目建设成效明显，165个市重点项目投资336.15亿元，完成年计划的103.3%；海天精密弹簧生产项目等一批项目基本建成。园区经济持续发力，全市产业园区实现规模以上工业增加值93.59亿元，增长5.6%；园区基础设施建设累计投入资金167.62亿元；新兴新成产业园已获批省级特色产业园。创新能力逐步增强，50家企业通过高新技术企业认定，有效期内高新技术企业120家；云浮高新区孵化器被认定为省级科技企业孵化器，新增3家省级工程技术研究中心和14家市级工程技术研究中心；组织2021年省科技专项资金项目53项。

——发展基础不断夯实。战略性产业加快培育，金晟兰优特钢项目一期投产并完成 360 万吨钢铁产能置换，南方东海精品钢项目正在办理产能置换等手续，新引进总投资 22 亿元的翔海光电项目；获批 2 个省市共建生物医药产业园；联合佛山、深圳等城市申报国家燃料电池汽车应用示范城市群并获财政部等五部委审批通过。传统工业加速升级，累计开展技改企业 118 家，新增工业技改备案项目 85 个，涉及投资超 30 亿元。农业不断提质增效，新增省级现代农业产业园 6 个、全国"一村一品"示范村 2 个和省级"一村一品、一镇一业"专业镇 4 个、专业村 49 个，国家级新兴县数字农业农村试点项目（生猪）建设全面完成。

——互通互联水平稳步提升。交通基础设施投资 41 亿元，完成年计划的 102.5%，高速公路通车总里程增至 423 公里。一批重点交通项目加快推进，云茂高速建成通车；广梧高速云浮东出入口扩建已建成；深南高铁云浮段、罗岑铁路等项目前期工作有序开展。普通国省道建设稳步推进，省道 S276 线新兴龙山段入选省"十大最美普通国省干线公路"，国道 G324 线逕口至镇安段路面改造建成，国道 G324 线腰古至茶洞段改线、省道 S537 改线云城区段（疏港公路）等项目稳步推进。"四好农村路"建设顺利，完成农村公路和村道安防建设 286 公里、危桥改造 48 座。

——脱贫攻坚成果进一步巩固。出台《云浮市健全防止返贫动态监测和帮扶机制实施方案》，监测对象（875 户 3 476 人）全部录入省防止返贫监测信息平台，全市 63 个镇（街）均派驻工作队，开展分类精准帮扶、组团帮扶，为云浮市符合相应条件的有劳动力低收入户购买"防返贫险"。对监测对象的基本生活、教育、医疗、住房等民生保障普惠性政策全覆盖；将符合条件的监测对象纳入农村低保、特困人员供养救助范围，从医、食、住、行、教、产业、就业和收入等方面进行兜底保障。

——生态文明建设稳步推进。生态环境质量不断提升，全年无重度污染以上污染日，空气质量优良率达 97%，六项空气污染物指标阶段性浓度均达到国家二级标准，二氧化硫年均浓度下降 31.3%，改善幅度为全省最大；西江云浮段水质常年保持 II 类及以上，4 个国控断面水质优良率 100%；建成碧道 137 公里，全市森林覆盖率达 68.23%。"双碳""双控"工作切实加强，坚决全面落实中央生态环保督察整改要求；华润西江发电厂建设进展顺利，云河发电公司天然气热电联产项目已获核准，云浮水源山抽水蓄能项目前期手续基本完备。

——民生福祉持续改善。就业形势稳定，城镇新增就业 19 799 人、失业人员实现再就业 6 003 人、就业困难人员实现就业 1 169 人。医疗卫生资源配置日渐优化，市人民医院纳入广东省第二期高水平医院建设单位，推进 11 间县级公立医院升级建设。教育均等化水平不断提升，新建公办幼儿园 4 所、中小学 6 所，改扩建公办幼儿园 27 所、中小学 13 所，新增 2.73 万个公办基础教育学位。广东省新兴中药学校和云浮市中等专业学校获批为广东省高水平中职学校建设单位。社会保障更趋完善，养老保险等五险种累计参保198.82 万人次，建成 93 个居家养老服务中心（站）。

3. 推进区域合作情况。

东融湾区成效初显。一是营商环境持续优化。依申请事项精简压缩后网上可办率达 93.6%，全市实有各类市场主体增长 7.9%，"粤商通"注册使用在全省率先达到 100%。二是招商引资精准推进。全年共引进招商项目 59 个，计划总投资 815.10 亿元，完成年度目标任务的 181.1%，其中超亿元项目 50 个，计划投资 810.00 亿元；超 10 亿元项目 22 个，计划投资 745.00 亿元。三是加快打造高品质农副产品供给地。新增 6 家大湾区"菜篮子"生产基地、3 家省级"菜篮子"生产基地、6 个广东省特色农产品优势区。四是聚力建设粤港澳大湾区后花园。接待游客 1 655.65 万人次，增长 17.2%；旅游收入129.68 亿元，增长 15.6%。创建第二批广东省文化和旅游特色村 3 个，培育第二批广东省乡村旅游精品线路 2 条。

4. 县域经济发展情况。

云浮市下辖罗定市（县级市）、新兴县和郁南县（2 个县）。3 个县（市）土地面积为 0.58 万平方公里，占全市土地面积的 74.7%。2021 年，全市县域地区生产总值 759.30 亿元，占全市地区生产总值的 66.7%。社会消费品零售总额 239.24 亿元，占全市社会消费品零售总额的 63.7%。地方一般公共预算收入 44.92 亿元，占全市地方一般公共预算收入的 59.7%。

表28 2021年云浮市县域经济发展状况

地区	地区生产总值（亿元）	社会消费品零售总额（亿元）	地方一般公共预算收入（亿元）	三次产业结构
罗定市	312.19	135.35	19.97	20.5∶27.8∶51.7
新兴县	308.91	58.82	18.62	24.5∶34.8∶40.6
郁南县	138.20	45.07	6.33	24.5∶23.8∶51.7

——罗定市。2021年，罗定市地区生产总值312.19亿元，增长6.0%，其中，第一产业增加值64.04亿元，增长7.7%；第二产业增加值86.82亿元，下降0.2%；第三产业增加值161.33亿元，增长8.8%。三次产业结构调整为20.5∶27.8∶51.7。人均地区生产总值33 224元，增长5.8%。社会消费品零售总额135.35亿元，增长11.7%。地方一般公共预算收入19.97亿元，增长26.8%。全体居民人均可支配收入22 920元，增长10.5%。新引进项目30个，其中超10亿元项目6个。获批全国农产品产地冷藏保鲜整县推进试点县。创建省级"一村一品、一镇一业"专业镇1个、专业村15个。

——新兴县。2021年，新兴县地区生产总值308.91亿元，增长9.9%，其中，第一产业增加值75.80亿元，增长9.0%；第二产业增加值107.60亿元，增长13.0%；第三产业增加值125.50亿元，增长8.0%。三次产业结构调整为24.5∶34.8∶40.6。人均地区生产总值71 614元，增长9.8%。社会消费品零售总额58.82亿元，增长13.2%。地方一般公共预算收入18.62亿元，增长0.6%。全体居民人均可支配收入26 416元，增长9.3%。产业园数量位居全省县域单元第一。六祖镇龙山塘村获评中国美丽休闲乡村。六祖故里旅游度假区等通过国家4A级景区评定复核。获得2021年度中国高质量发展百佳示范县市等多项荣誉称号。

——郁南县。2021年，郁南县地区生产总值138.20亿元，增长8.1%，其中，第一产业增加值33.92亿元，增长14.3%；第二产业增加值32.83亿元，增长5.6%；第三产业增加值71.45亿元，增长6.4%。三次产业结构调整为24.5∶23.8∶51.7。人均地区生产总值37 125元，增长8.2%。社会消费品零售总额 45.07 亿元，增长 11.4%。地方一般公共预算收入 6.33 亿元，增长 13.2%。全体居民人均可支配收入 23 688 元，增长 10.4%。全县创建省级以上农业品牌 98 个，其中国家级农业品牌 41 个。省级工程技术研究中心 6 家。郁南县广东省农业科技园区入选省科技厅第七批广东省农业科技园区建设名单。

5. 云浮新区规划建设情况。

——西江新城起步区。2021 年，起步区规模以上工业增加值 11.65 亿元，增长 18.2%。地方一般公共预算收入 3.74 亿元，增长 94.7%。外贸进出口总额 6.63 亿元，增长 41.6%。实际利用外资 1 943 万元，增长 23.1%。一是产业规模不断壮大。实际引进合同项目 6 个，计划总投资 46.60 亿元。"5G 智能生态＋产业基地"等 7 个项目新开工建设，计划总投资 38.50 亿元。成功培育 3 家年工业总产值超 10 亿元企业。二是科技创新不断突破。全区共有省级及以上研发机构 31 家，其中新认定 3 家。新增高新技术企业 15 家，增长 48.4%。云浮、佛山两市高新区签订框架协议开展合作共建，申报国家级科技企业孵化器进入国家备案环节。三是城市建设不断完善。市体育场等公共服务设施不断完善，蝶采园等文旅项目有效吸引人口集聚；支持云安区鲲鹏学校建成小学部，新增学位 1 620 个。

——佛山（云浮）产业转移工业园（南园）起步区。2021 年，工业总产值 8.66 亿元，增长 42.4%，其中，规模以上工业总产值 3.00 亿元，规模以上工业增加值 0.48 亿元。一是招商引资有新成效。共引进项目 7 个，计划总投资约 32.30 亿；储备投资落户意向较强项目 19 个。二是项目建设有新速度。7 个省市重点项目年度计划投资 5.60 亿元，完成投资 6.12 亿元，完成 109.3%。三是企业发展有新跨越。国鸿氢能科技有限公司连续四年国内电堆市场占有率排名第一，在第二届粤港澳大湾区发展论坛获"粤港澳大湾区最具投资价值奖"；稳步推进上市发行计划，上市后估值有望达到 300 亿～500 亿元。四是科技创新有新成果。共获得 130 多项专利，有效推动氢燃料电池汽车关键技术及零部件自主知识产权化。广东省氢能技术重点实验室因在氢能领域的突出贡献荣获"广东青年五四奖章"集体奖。

专项篇

一、重大区域发展平台建设

（一）综述

截至 2021 年底，广东全省经省政府同意设立的省级以上重大区域发展平台共 38 个，其中国家级重大区域发展平台 6 个，省级重大区域发展平台 25 个，合作区 7 个。在区域分布上，珠三角地区合计 15 个，粤东西北地区合计 23 个。重大区域发展平台已成为全省促进产业聚集发展、推动改革创新发展和区域经济协调发展的重要载体。

——经济发展潜力持续迸发。广州南沙新区、深圳前海深港现代服务业合作区、珠海横琴粤澳深度合作区、汕头华侨经济文化合作试验区等国家级区域平台发展成效显著，2021 年，广州南沙新区地区生产总值 2 131.61 亿元，规模以上工业总产值 3 401.70 亿元；深圳前海深港现代服务业合作区地区生产总值增长 10.5%，关区进出口总额增长 20.3%；珠海横琴粤澳深度合作区新设立澳资企业 253 家，累计共有澳资企业 4 771 家；汕头华侨经济文化合作试验区存量登记注册企业 1 136 家，总注册资本 436.61 亿元，增长 45.3%。省级区域平台发展各具特色，江门大广海湾经济区地方一般公共预算收入 5 851 万元，增长 167.2%；阳江滨海新区社会消费品零售总额 121.93 亿元，增长 7.9%；韶关新区规模以上工业增加值 21.95 亿元，增长 13.0%；云浮新区西江新城起步区实际利用外资 1 943 万元，增长 23.1%。

——基础设施条件日趋完善。广州南沙新区国际物流中心建成投用，深江铁路（南沙段）加快推进，狮子洋通道先行段开工建设。惠州潼湖生态智慧区共启动 38 条市政道路建设，智慧大道和惠桥快线全线主路面施工基本完成。肇庆粤桂合作特别试验区 110 千伏红庄变电站投入运营，园区便民公交路线开通运营，新能源汽车充电站投入使用。潮州闽粤经济合作区全面启动总投资 9.89 亿元的 6 项基础设施建设，华丰中天 5 万吨级 LPG 码头启动改造升级。汕尾新区市政道路累计完成里程约 12.8 公里，污水处理厂一期项目厂区及配套设施建成运营。湛江海东新区供电、供气、5G 通信等基础设施项目加快推进，总投资 7.26 亿元的管网工程接近建成。韶关新区基础设施及配套项目投资额 14.78 亿元，珠玑路南段建成通车，宝园街、济康路等项目动工建设。

——产业转型升级不断加快。深圳前海深港现代服务业合作区加速建设"互联网＋"未来科技城等重大项目，现代物流、信息服务等四大主导产业占服务业比重 88.7%。佛山中德工业服务区相继落户欢聚集团产业互联等 5 个总部项目，中设机器人华南智能制造产业基地等先进制造项目相继布局。东莞水乡功能区基本完成数字经济和新能源产业规划，联东 U 谷科技智造中心等一批新兴产业发展平台动工建设。揭阳滨海新区国电投 315 兆海上风电项目实现全容量并网发电，GE 海上风电机组总装基地竣工投产。茂名滨海新区粤电博贺电厂一期两台 100 万千瓦超临界燃煤发电机组顺利投产，绿色化工和氢能产业园纳入国家级高新区。梅州广东梅兴华丰产业集聚带规模以上工业企业 166 家，形成铜箔和高端印制电路产业集群、汽车零部件产业集群。河源江东新区电子信息、医疗健康等五大主导产业不断集聚，动工投产项目 32 个，投资额 193 亿元。

——产城融合理念深度落实。珠海横琴粤澳深度合作区建成启用子期幼儿园、子期小学，德威高中等优质教育资源投入使用，新增学位 4 100 个。东莞银瓶合作创新区启动建设银瓶湖湿地公园、鹭巢生态保护公园，探索整合300 亩连片土地建设"中学园"。汕头华侨经济文化合作试验区全面建成汕头大学东校区一、二期，加快推进侨韵文化旅游商业带建设。汕潮揭临港空铁经济合作区加快建设凤凰商业中心等一批重点项目，推动商贸服务、教育文化等配套服务设施有序嵌入。阳江滨海新区总投资额 141 亿元的阳江滨海中央商务区项目建设初具规模，康养酒店等部分商业配套设施基本建成。梅州嘉应新区城市展览馆、科技馆建成开放，市全域旅游中心、妇女儿童医院基本建成。

（二）广州南沙新区

广州南沙新区战略地位和功能优势持续跃升，国家级新区、自贸试验区建设走在前列，在粤港澳大湾区战略中被赋予建设粤港澳全面合作示范区的重要使命。2021 年，南沙新区地区生产总值 2 131.61 亿元，增长 9.6%；规模以上工业总产值 3 401.70 亿元，增长 11.2%；地方一般公共预算收入 108.20 亿元，增长 19.8%；社会消费品零售总额 265.71 亿元，增长 28.2%；在国家级经济开发区中综合排名第 12 位。

——高质量发展迈出新步伐。经济实力跃上新台阶，新设企业 8 万家，增长 65%；新引进世界 500 强企业投资项目 26 个、产出超百亿元项目 13 个，累计培育上市公司 11 家。发展新动能加速壮大，广汽丰田新能源车产能扩建项目等完成一期投产，智能网联汽车产业园等全面动工；广州南沙经济技术开发区（汽车）入选广东省首批特色产业园，集聚人工智能和生命健康企业超 620 家。重大平台加快建设，全球人道主义应急仓库和枢纽（过渡仓）建成并交付使用，广州期货交易所挂牌成立，全国首个碳中和融资租赁服务平台落地。

——科技创新取得新成效。创新资源加速集聚，南沙科学城被省纳入大湾区综合性国家科学中心主要承载区，明珠科学园项目以及高超声速风洞等重大科技基础设施加快建设；高新技术企业达 745 家，集聚 4 家省级高水平创新研究院和 14 家省级新型研发机构，累计建成创新平台 352 个。创新人才加快汇聚，获批国家海外人才离岸创新创业基地，新增 3 家博士后创新实践基地，资讯科技园获评全国优秀博士后科研工作站，集聚高层次和骨干人才达 1.5 万人。

——改革开放取得新突破。营商环境持续优化，自贸区新增 73 项改革创新成果，12 项金融改革创新成果入选人民银行及省、市创新案例，全球溯源中心纳入国家社会管理和公共服务综合标准化试点。国际交往更加紧密，成功举办大湾区科学论坛、国际金融论坛（IFF）全球年会等高端国际会议活动，积极推进国际化社区试点建设及"一带一路"文旅商融合创新示范区建设，新缔结 2 对国际友好城区。

——门户枢纽功能实现新提升。交通体系不断完善，《南沙综合交通枢纽规划（2020—2035 年）》获省印发实施，狮子洋通道先行段开工建设，深江铁路（南沙段）等项目加快推进。航运枢纽功能持续增强，南沙国际物流中心建成投用，新增外贸航线 21 条，开展南沙综保区与白云机场联运业务。国际贸易蓬勃发展，综保区进出口额增长约 40.0%，跨境电商进出口货值增长约 70%，国际中转集拼业务进出口额增长 71.8%。

——生态宜居城市建设呈现新面貌。城乡规划建设有序推进，明珠湾起步区、庆盛枢纽区块开发全面加快，7 个旧村改造项目开工建设，9 个老旧小区微改造项目完工，整治提升村级工业园用地面积 203 公顷。生态环境品质不断优化，环境空气质量及 $PM_{2.5}$ 浓度等指标考核位居全市前列；完成 11 条劣 V 类河涌整治任务，4 个国考断面水质稳定达标；建成海绵城市达标区 35 平方公里，新建口袋公园 6 个、碧道 21 公里。

——民生发展收获新成果。基本民生保障扎实有力，全面完成十件民生实事，城镇新增就业人数 1.58 万人，城镇职工养老保险月平均退休待遇提高至 3 834 元。社会事业稳步发展，新增普惠性幼儿园学位超 6 800 个，新增优质公办中小学学位 8 820 个，缔结港澳姊妹学校近 40 对；中山大学附属第一（南沙）医院、广州市妇女儿童医疗中心南沙院区工程建设基本完工，省中医药科学院加快建设；原创文艺作品获省级奖项 7 项。

（三）深圳前海深港现代服务业合作区

按中共中央、国务院印发的《全面深化前海深港现代服务业合作区改革开放方案》，前海面积由 14.92 平方公里扩展至 120.56 平方公里，迎来扩区和全面深化改革开放的重要机遇与使命。2021 年，扩区后的前海深港现代服务业合作区地区生产总值增长 10.5%，关区进出口总额增长 20.3%；新推出制度创新成果 75 项，累计 685 项。

——打造粤港澳大湾区全面深化改革创新试验平台。推进现代服务业创新发展，完善现代服务业标准体系，发布全国首个《基于跨境活动的企业信用报告格式规范》，出台产业集聚、金融发展等产业政策，促进现代服务业集聚发展，金融、现代物流、信息服务和科技服务四大主导产业占服务业比重88.7%。加快科技发展体制机制改革创新，建设工程中心、工程实验室、企业技术中心等各类创新载体 96 家，培育国家级专精特新"小巨人"企业 19 家，省级专精特新"小巨人"企业 74 家，与香港大学、香港中文大学等高校联合开展科技成果转化，探索设立粤港澳新型研发机构。加快推进深港数字经济集聚区建设，"互联网＋"未来科技城等重大项目建设加速，"科创中国"大湾区联合体落地前海。

——建设高水平对外开放门户枢纽。不断深化与港澳服务贸易自由化，研究制定面向港澳的跨境服务贸易负面清单，成立粤港澳大湾区标准创新联盟，推动前海商贸物流小镇开业，引入深免集团全球购体验店。加快扩大金融业对外开放，促进深港金融市场互联互通，全国首批本外币合一银行账户试点、全国首批跨国公司本外币一体化资金池业务试点、粤港澳大湾区首批"跨境理财通"业务等落地实施，前海深港国际金融城启动建设，跨境股权投资管理规模超 400 亿元。前海综合保税区二期封关运作，前海国际人才港、前海深港国际法务区、深港商贸物流平台投入使用，"一带一路"贸易组合枢纽港启动，粤港澳大湾区国际仲裁中心落户。

——打造服务香港融入国家发展大局的桥头堡。拓展香港服务业发展空间，推进深港合作重大平台建设；加大支持港资企业力度，新出台产业政策对港企按一般扶持标准的 1.2 倍执行。大力支持港澳青年到前海就业、创业，实施前海港澳青年招聘计划，为香港大学生提供实习岗位，发放港澳青年专项扶持资金；建设青年创新创业空间，孵化港澳台及国际青年创业团队，深港青年梦工场新孵化创业团队 87 家。持续提升软硬联通水平，出台港澳金融、会计跨境执业便利措施，深化税务、工程建设、文化旅游领域执业便利化，制定与港澳规则衔接的建设工程管理制度。

（四） 珠海横琴粤澳深度合作区

中共中央、国务院印发的《横琴粤澳深度合作区建设总体方案》为新形势下粤澳合作开发横琴按下快进键。2021 年，合作区地区生产总值 454.63 亿元，增长 8.5%。地方一般公共预算收入 108.68 亿元，增长 14.3%。外贸进出口总额 314.66 亿元，增长 53.3%。澳门经济适度多元发展成效初现，新设立澳资企业 253 家，累计共有澳资企业 4 771 家，覆盖国民经济 17 大行业门类。

——管理机制初步建立且运行良好。2021 年 9 月 17 日，横琴粤澳深度合作区管理机构揭牌仪式在珠海横琴举行，广东省人大常委会出台关于横琴合作区有关管理体制的决定，人、财、物、职、权顺利交接，实现挂牌即依法履职运作。先后召开 2 次管委会会议、6 次执委会会议，制定出台管委会工作规则，执委会议事规则，执委会主要职责、工作机构和人员额度等重要规章制度。积极创新党的建设工作，成立执委会直属党委及各局党支部。

——"1+1+1+N"政策框架体系加快构建。横琴合作区条例已形成草案文稿，积极争取由国家层面制定并取得重要突破，有望为合作区建设提供坚强的法律保障。合作区实施方案已制定出台，聚焦 2024 年远期发展目标细化提出 24 方面、88 条具体工作措施，形成合作区建设的路线图、施工图。横琴总体发展规划已形成规划文本初稿，力求在发展空间、产业布局等方面发挥好统筹引领作用。现已在分线管理、财税金融、市场准入、人才集聚等重点领域形成政策文稿或重要研究成果上报国家有关部委，后续将加快推动相关政策措施落地见效。

——重大产业科技项目加快布局。粤澳半导体基金项目、空客直升机中国总部项目、横琴中药新药技术创新中心等首批 13 个重点项目集中签约落户，形成合作区加快建设的示范效应。支撑高质量发展的创新资源加快集聚，科技企业孵化器、新型研发机构等各类国家级、省级科技创新平台达 20 家，院士 6 名、国家重大人才工程入选者 119 人。金融业高质量发展初见成效，合作区持牌金融机构达 71 家，金融机构各项存、贷款余额分别为 1 605 亿元、1 417 亿元，分别增长 15.1%、32.7%；办理跨境人民币结算业务 2 300 亿元。产业发展内生动力日益增强，现有科技型企业超 3 000 家，加快推动落实企业和个人所得税优惠、高端紧缺人才清单管理暂行办法，合作区引才聚产优势显现。

——基础设施软硬联通和民生融合加快推进。合作区"一线"横琴口岸（二期）工程加快建设，创新客货车通道"联合一站式"通关模式，探索实施结果互认查验模式；合作区"二线"基础设施开工建设，基本具备封关运作条件。澳门机动车入出合作区配额总量增加至 10 000 个，加快推动全面放开澳门机动车入出合作区。澳门居民就业创业更加便利，制定出台《横琴粤澳深度合作区境外专业人才执业备案试行管理办法》，截至 2021 年底，合作区登记就业的澳门居民数 503 人，增长 114.96%。配套公共服务逐步完善，子期小学、子期幼儿园建成启用，哈罗礼德、华发容闳、德威高中等优质教育资源投入使用，新增学位 4 100 个。"澳门新街坊"综合民生项目加快建设，将为澳门居民提供约 4 000 套住房。

（五）汕头华侨经济文化合作试验区

2021 年，华侨经济文化合作试验区直管区地区生产总值 32.77 亿元，增长 22.7%；规模以上工业增加值 0.57 亿元，增长 12.3%；地方一般公共预算收入 3.77 亿元，增长 50.3%。在建项目 54 个，固定资产投资增长 3.2%，完成年度投资计划 95.5%；存量登记注册企业 1 136 家，总注册资本 436.61 亿元，增长 45.3%；税收 12.21 亿元，增长 75.2%。

——构建现代都市产业体系。建成约 1 万平方米的华侨试验区数字科技产业基地，114 家企业注册登记，合计注册资本 16.85 亿元。宝能、明园、太安堂、雅士利等 13 个总部经济项目落户，总投资超 200 亿元，吸引 300 多家企业注册入驻。发挥汕头海缆登陆站优势，成功争取汕头区域性国际通信业务出入口局落户华侨试验区。35 家金融机构入驻试验区直管区，注册资本约 25 亿元。新希望和瑞坤两家企业获批省金融局"监管沙盒"供应链金融公司试点企业，供应链服务企业完成营业额约 115.29 亿元。

——改革创新措施逐步深化。贯彻落实省政府《关于支持华侨试验区高质量发展的若干意见》，承接下放的"8＋1"省级行政职权，全部纳入权责清单管理。省"四税"增量返还专项补助资金政策经上级批准延长 3 年。不断优化营商环境，推行"周六不打烊"工作制，设立华侨华人专用服务通道，立讯项目实现"拿地即开工"。

——基础设施建设全面提速。汕头大学东校区一、二期全面建成，三期进入全面推进阶段。汕头金中海湾学校、华侨试验区金湾学校按期交付使用。汕头国际眼科中心、市中心医院易地建设项目和侨韵文化旅游商业带建设加快推进。全国首条填海造陆区大型城市地下综合管廊完成建设，全长约 14.54 公里。

——全力以赴抓好招商引资。立讯全球电子信息产业中心项目成功落户东海岸新城，投资方向以新一代电子信息产业集群为主，总投资约 50 亿元，项目预计达产后实现年产值 100 亿元、年税收 2 亿元，创造不少于 4 200 个就业岗位。加快深汕协同创新科技园建设，首期总投资约 15 亿元的深圳市汕头商会科技园、深汕数字科创产业园两个现代产业项目已入驻。

——推进"侨"文章全面提质。利用互联网探索海外华文教育试点"汕头路径"，结对 12 所泰国华校嵌入常态线上华文直播课，累计授课 260 课次，服务学生超 1.4 万人次。创建"华侨之家"，优化升级新侨创新创业基地，吸引 41 个创业团队入驻人才大厦。实施 6 项引才聚才优惠措施，大力引进博硕士 121 人。精心建设汕头城市发展和产业展厅，接待国家、省、市各级单位和海外华侨华人共 400 多批次。

二、海洋经济综合试验区建设

广东省按照党中央、国务院关于发展海洋经济、推进海洋强国建设的部署，从全局和战略高度出发，谋划和编制海洋强省建设政策文件及三年行动方案，深化海洋领域重大改革，大力推动"双区"和横琴、前海两个合作区建设，精准有力实施涉海重大项目，扎实推进海洋经济高质量发展。2021 年，广东省海洋生产总值 19 941 亿元，增长 12.6%，占地区生产总值的 16.0%，占全国海洋生产总值的 22.1%，海洋经济总量连续 27 年居全国首位；海洋三次产业结构调整为 2.5 : 27.5 : 70.0。海洋经济对地区经济增长的贡献率达 16.4%，实现"十四五"良好开局。

——大力推动海洋经济发展。海洋优势产业继续做大做强，全省新承接船舶订单量、海工装备订单量大幅增长，全省海洋船舶工业增加值 52 亿元，增长 8.3%；海洋交通运输业、海洋工程建筑业增加值分别为 1 121 亿元、64 亿元，增长 13.8%、12.3%；全省海洋旅游业增加值 2 886 亿元，增长 9.0%；14 个沿海城市接待游客 3.7 亿人次，旅游收入 4 647 亿元。海洋新兴和前沿产业加快培育，海洋生物医药业增加值 58 亿元，增长 13.7%；海洋电子信息产业产学研协同创新平台建设稳步推进，产业智能化、无人化趋势明显；天然气水合物勘查开发国家工程研究中心获国家发展改革委批复建设，国产自主天然气水合物钻探和测井技术装备完成海试任务。保障能源、食品和水资源安全的海洋产业稳健发展，全年海上风电新增投资超 700 亿元，全省共有 21 个海上风电项目实现机组接入并网，累计并网总容量 651 万千瓦，占全国比重达 24.7%；海洋油气业、海洋化工业增加值分别为 657 亿元、231 亿元，分别增长 43.1%、14.4%；全省海洋渔业和海洋水产品加工业增加值 598 亿元，海水产品产量位居全国前列；海水淡化产水量达 1 325.5 万吨，海水冷却利用量达 535.3 亿立方米。持续支持海洋六大产业创新发展，全年省级促进经济高质量发展专项（海洋经济发展）支持六大产业共 32 个项目，经费总额 2.91 亿元。

——加快海洋科技创新步伐。加速推进海洋科技创新平台建设，构建全省"实验室＋科普基地＋协同创新中心＋企业联盟"四位一体的海洋科技协同创新体系；2021 年，全省建有覆盖海洋生物技术、海洋防灾减灾、海洋药物、海洋环境等领域的省级以上涉海平台超过 145 个，其中国家级重点实验室 4 个、省实验室 3 个、省级工程技术研究中心 137 个、省海洋科技协同创新中心 1 个；广东海上丝绸之路博物馆等 5 个涉海单位入选 2021—2025 年全国第一批科普教育基地，全省现有认定涉海高新技术企业 609 家，南方海洋科学与工程广东省实验室顺利推进。海洋科技创新成果丰硕，涉海单位专利授权总数为 33 957 件，增长 26.5%；在海洋电子信息、海上风电、海洋工程装备、海洋生物、海洋新材料等领域研究取得重大突破，获评 2021 年度国家海洋科学技术奖项 13 项、省科学技术奖项 15 项。

——不断提升海洋管理能力。健全海洋管理法规制度，推进《广东省海岛保护条例》立法，规范海岛保护利用管理；出台《海岸线占补实施办法（试行）》，在全国率先建立海岸线占补制度；印发《关于加强养殖用海管理工作的通知》等，进一步规范全省养殖用海管理；出台《广东省海洋协管员管理制度（试行）》，健全违法用海用岛行为巡查发现机制。加强海域海岛精细化管理，全面完成海岸线修测工作，修测成果在全国率先通过自然资源部审查；深入推进"阳光用海"工程，省市县三级联通的海域（海岛）审批系统正式启动运行；探索推动养殖用海海域使用权由行政审批逐步向市场化配置转变。完善海洋经济运行监测与评估工作，健全海洋经济调查指标体系；开展全省海洋经济活动单位名录更新工作，初步形成 8 万余家名录；提升涉海企业监测能力，完善省市两级海洋生产总值核算体系；发布《广东海洋经济发展报告（2021）》，客观评价广东海洋经济发展质量。

——强化海洋生态文明建设。省级财政下达 2.68 亿元专项资金支持红树林保护修复、重点海湾整治、海岸线生态修复等，筑牢生态保护屏障。印发《广东省红树林保护修复专项行动计划实施方案》，2021 年全省新营造红树林面积 214 公顷。珠海获批中央财政资金 2.5 亿元开展海洋生态保护修复，湛江以红树林营造为主的海洋生态保护修复项目获得 3 亿元中央财政资金支持。大鹏湾、青澳湾入选生态环境部评选的 2021 年全国八大美丽海湾优秀案例，汕头市南澳县"生态立岛"促进生态产品价值实现案例获评自然资源部第三批生态产品价值实现典型案例。全省高质量建设万里碧道 2 075 公里，地表水国考断面水质优良率达 89.9%，近岸海域水质优良率达 90.2%，创国家实施考核以来最好水平。

三、县域经济发展

（一）总体情况

截至 2021 年底，全省共有 57 个县级市、县、自治县［本部分统称为"县（市）"］，分布在 15 个地级市，近八成的县（市）分布在粤东西北地区。其中，粤北地区县（市）的个数最多，为 27 个，占全省近一半。珠三角地区共有 12 个县（市），占全省的 21.1%。全省县域土地面积 12.95 万平方公里，占全省土地面积的 72.1%，其中珠三角、粤东、粤西和粤北地区县域面积分别占全省土地面积的 15.8%、5.9%、14.3% 和 36.1%。

——经济规模。2021 年，广东省县域地区生产总值 15 531.36 亿元，占全省比重为 12.5%，与上年持平。分区域看，珠三角、粤东、粤西、粤北四大区域县域地区生产总值占本区域比重分别为 4.7%、31.7%、48.4%、56.0%；其中，粤西地区变化最为明显，较上年下降 1.8 个百分点。地区生产总值超过 500 亿元的县（市）有 9 个，比上年增加 3 个；超过 100 亿元的县（市）有 50 个，比上年增加 3 个，其中博罗县（741.46 亿元）、四会市（725.22 亿元）、惠东县（710.87 亿元）总量规模分列全省县域地区前三；地区生产总值增速不低于全省水平的县（市）共有 31 个，其中四会市（14.0%）、陆丰县（13.9%）、翁源县（13.5%）、海丰县（13.5%）经济规模增速位列全省县域地区前茅。2021 年，全省县域人均地区生产总值 43 800.98 元，相当于全省平均水平的 44.6%，比上年略有提高。各县（市）中，人均地区生产总值超过全省平均水平的县（市）依然仅有四会市 1 个，达 112 542 元；人均地区生产总值增速超过全省平均水平的县（市）共有 41 个，较上年增加 2 个，其中东源县（14.6%）、陆丰市（14.3%）、翁源县（13.4%）人均地区生产总值增速位列全省县域地区前三。

——财政收支。2021年，全省县域地方一般公共预算收入726.06亿元，增长11.4%，高出全省平均水平2.3个百分点；占全省的5.1%，比上年略有提高。各县（市）中，地方一般公共预算收入超过10亿元的县（市）共有26个，较上年增加1个，其中博罗县（56.12亿元）、鹤山市（36.51亿元）、台山市（35.67亿元）财政收入规模位列全省县域前三；地方一般公共预算收入增速高于全省县域平均水平的县（市）共有24个，高于全省平均水平的县（市）共有31个，其中徐闻县（133.1%）、连平县（44.9%）、惠来县（44.9%）、雷州市（42.4%）财政收入增速位列全省县域地区前茅。2021年，全省县域地方一般公共预算支出2951.15亿元，下降2.1%，低于全省平均水平6.8个百分点；占全省的16.2%，比上年降低1.1个百分点。各县（市）中，地方一般公共预算支出超过50亿元的县（市）共有25个，其中博罗县（104.48亿元）、普宁市（101.57亿元）、陆丰市（90.91亿元）财政支出规模位列全省县域前三；地方一般公共预算支出增速高于全省县域平均水平的县（市）共有29个，高于全省平均水平的县（市）共有6个，其中徐闻县（26.6%）、鹤山市（11.7%）、台山市（7.0%）财政支出增速位列全省县域地区前三。

——产业结构。2021年，广东省县域三次产业结构由2020年的22.0：30.8：47.2调整至20.5：33.4：46.1。具体来看，第一产业占比不低于全省县域平均水平的县（市）共有32个，但均高于全省平均水平，其中徐闻县（49.8%）、雷州市（41.0%）、怀集县（40.6%）第一产业占比位列全省县域前三；第二产业占比高于全省县域平均水平的县（市）共有20个，高于全省平均水平的县（市）共有12个，其中博罗县（53.1%）、四会市（53.0%）、鹤山市（50.5%）第二产业占比位列全省县域前三；第三产业占比不低于全省县域平均水平的县（市）共有29个，高于全省平均水平的县（市）共有7个，其中普宁市（63.5%）、龙川县（57.1%）、恩平市（56.8%）、连山县（56.8%）第三产业占比位列全省县域前茅。

——消费市场。2021年，全省县域社会消费品零售总额6186.98亿元，增长9.5%，略低于全省平均水平0.4个百分点，占全省的14.0%，与上年大致持平。分区域看，珠三角、粤东、粤西、粤北地区县域社会消费品零售总额占本区域比重分别为 6.1%、28.9%、46.2%、53.2%，其中粤东地区变化幅度相对较大，占比水平提高 0.3 个百分点。分县（市）看，社会消费品零售总额超过 100 亿元的县（市）共有 21 个，较上年增加 2 个，其中四会市（443.83 亿元）、惠东县（411.87 亿元）、普宁市（338.54 亿元）消费市场规模位列全省县域前三。社会消费品零售总额增速超过全省县域平均水平的县（市）共有 26 个，超过全省平均水平的县（市）共有 23 个，其中佛冈县（15.2%）、惠东县（13.4%）、新兴县（13.2%）消费需求增速位列全省县域地区前三。

表29 2021年广东省各县（市）主要经济指标

县（市）	地区生产总值		人均地区生产总值		地方一般公共预算收入		地方一般公共预算支出	
	绝对数（亿元）	增长（%）	绝对数（元）	增长（%）	绝对数（亿元）	增长（%）	绝对数（亿元）	增长（%）
南澳县	34.73	5.6	53 797	5.3	2.41	-13.4	13.84	-9.6
乐昌市	137.71	9.5	35 947	9.7	8.20	13.1	41.07	-5.1
南雄市	131.90	7.0	37 220	6.6	6.89	12.5	39.52	-3.9
仁化县	111.43	8.1	59 965	8.2	4.77	-19.7	25.79	-1.5
始兴县	98.16	13.1	49 554	13.1	5.05	5.2	25.43	-3.9
翁源县	128.27	13.5	39 765	13.4	7.98	19.0	34.68	-1.1
新丰县	80.52	7.0	41 181	7.2	4.81	5.0	25.97	-7.1
乳源县	107.52	12.2	57 287	11.7	6.13	8.5	29.04	-3.4
东源县	167.19	12.6	47 837	14.6	13.39	12.6	57.04	6.6
和平县	127.87	2.1	36 153	2.2	6.19	-11.5	38.79	-14.9
龙川县	170.25	2.9	28 644	4.6	8.33	6.1	67.66	3.1

（续上表）

县（市）	地区生产总值		人均地区生产总值		地方一般公共预算收入		地方一般公共预算支出	
	绝对数（亿元）	增长（%）	绝对数（元）	增长（%）	绝对数（亿元）	增长（%）	绝对数（亿元）	增长（%）
紫金县	188.11	8.7	34 209	10.5	8.90	5.3	47.65	-8.0
连平县	97.82	5.5	34 324	6.3	7.49	44.9	35.48	-9.6
兴宁市	196.32	8.8	25 232	10.3	10.65	3.0	69.28	-3.7
平远县	85.66	5.9	45 168	7.1	5.28	1.8	29.05	-6.7
蕉岭县	106.40	5.0	57 890	5.8	7.02	9.1	24.62	-22.6
大埔县	100.27	6.7	30 408	7.5	6.52	-8.7	45.36	-6.6
丰顺县	118.68	2.3	24 748	2.2	7.92	7.6	51.00	-6.6
五华县	175.84	5.1	19 127	5.8	12.16	15.2	84.09	0.5
惠东县	710.87	11.2	69 772	12.0	31.47	7.4	87.74	-9.8
博罗县	741.46	12.6	61 205	10.6	56.12	11.4	104.48	6.0
龙门县	187.87	8.7	58 837	8.7	19.45	18.8	43.32	-11.3
陆丰市	423.90	13.9	34 249	14.3	10.17	17.2	90.91	2.8
海丰县	406.14	13.5	54 906	13.1	12.28	15.5	62.68	2.8
陆河县	100.77	10.9	40 470	10.9	4.30	13.9	32.93	2.2
台山市	503.23	8.5	55 504	8.9	35.67	9.5	77.19	7.0
开平市	438.45	8.3	58 448	7.8	31.65	9.2	51.94	0.0
鹤山市	440.69	9.7	82 396	8.4	36.51	8.0	49.51	11.7
恩平市	205.72	7.1	42 491	7.0	13.89	9.5	40.10	0.1
阳春市	366.77	5.7	41 736	5.2	16.83	17.9	65.72	-5.4
阳西县	244.09	8.5	56 067	8.4	9.49	11.2	36.36	0.8
雷州市	354.12	7.5	26 773	7.6	9.55	42.4	72.52	-1.4
廉江市	516.16	7.1	37 816	7.0	17.53	16.2	83.05	2.2

（续上表）

县（市）	地区生产总值		人均地区 生产总值		地方一般公共 预算收入		地方一般公共 预算支出	
	绝对数 （亿元）	增长 （%）	绝对数 （元）	增长 （%）	绝对数 （亿元）	增长 （%）	绝对数 （亿元）	增长 （%）
吴川市	304.41	7.2	33 502	7.2	15.01	34.5	54.50	6.1
遂溪县	415.48	8.8	50 301	9.1	9.31	−8.1	47.87	−19.8
徐闻县	213.59	6.8	33 676	7.1	14.04	133.1	48.64	26.6
信宜市	522.23	7.1	51 237	6.0	11.72	3.1	75.72	−1.5
高州市	687.16	7.8	51 670	7.5	17.18	−4.6	90.05	−0.1
化州市	625.35	8.4	48 206	7.3	13.70	3.0	82.79	−4.7
四会市	725.22	14.0	112 542	12.7	20.44	14.6	36.12	−5.7
广宁县	176.80	8.3	43 343	8.5	7.17	21.2	34.56	−0.8
德庆县	175.65	7.7	52 979	7.8	9.00	6.4	36.55	3.6
封开县	164.32	7.8	43 870	8.2	11.86	0.5	37.34	−9.9
怀集县	276.67	10.7	34 350	10.8	7.26	8.4	54.08	0.0
英德市	403.67	11.0	42 835	10.9	25.26	13.9	81.44	−3.5
连州市	181.43	9.1	48 049	9.1	6.62	0.9	36.28	−1.5
佛冈县	158.52	12.8	50 154	12.6	11.61	9.7	36.58	−1.3
阳山县	139.06	9.7	37 836	9.7	5.91	20.1	36.71	−3.7
连山县	42.12	7.6	44 187	7.5	2.21	36.3	17.60	−6.2
连南县	67.50	9.8	49 974	9.6	2.12	18.7	20.73	−1.2
饶平县	324.44	11.8	39 684	12.1	9.26	10.3	66.63	−6.6
普宁市	607.58	6.3	30 251	6.3	22.66	8.0	101.57	4.2
揭西县	262.01	6.8	38 872	8.0	4.82	2.3	53.01	−7.8
惠来县	293.95	7.3	28 116	7.5	8.96	44.9	60.99	−1.5
罗定市	312.19	6.0	33 224	5.8	19.97	26.8	76.45	−5.6

（续上表）

县（市）	地区生产总值		人均地区生产总值		地方一般公共预算收入		地方一般公共预算支出	
	绝对数（亿元）	增长（%）	绝对数（元）	增长（%）	绝对数（亿元）	增长（%）	绝对数（亿元）	增长（%）
新兴县	308.91	9.9	71 614	9.8	18.62	0.6	47.06	−5.5
郁南县	138.20	8.1	37 125	8.2	6.33	13.2	34.06	0.4

（二）省级财政促进县域经济社会发展情况

2021年，省财政厅认真贯彻习近平总书记对广东重要讲话和重要指示批示精神，全面落实省委、省政府"一核一带一区"区域发展格局和"1＋1＋9"工作部署，努力克服疫情冲击、减税降费压力等多重影响，积极完善省以下财政体制和基本公共服务均等化推进机制，实施差异化的财政支持政策，全省县域财力水平稳步提升。

——加强对县域重点和薄弱环节支持，县域内生发展动力稳步增强。支持产业提质增效，增强县级高质量发展内生动力。2021年，省财政积极支持缓解中小微企业融资难、融资贵问题，全年普惠小微贷款余额增长32.7%，贷款利率进一步下降；推进超5 000家小微工业企业上规模，新培育35家国家制造业单项冠军企业、288家国家级专精特新"小巨人"企业和1 459家省级"专精特新"企业；支持县乡产业融合发展，支持新一轮省级现代农业产业园建设，国家、省、市三级现代农业产业园梯次发展格局日渐成型；推进农业保险扩面、增品、提标，全省主要农产品和地方特色品种基本实现全覆盖。加快推进基础设施建设，2021年，省财政投入45.64亿元，推进广州白云机场三期扩建，湛江吴川机场、韶关丹霞机场顺利建成；投入168.11亿元，加快推进广湛、广汕汕高铁等项目建设，赣深高铁开通运营，畅通县域经济高质量发展的"主动脉"。发挥重点平台牵引带动作用，积极支持横琴粤澳深度合作区、中新广州知识城、广州南沙开发区、广州空港经济区、深汕特别合作区、揭阳滨海新区粤东新城等发展平台建设，积极争取财税优惠政策、安排专项补助支持重点平台开发起步，以点带面推动县域经济增强发展势能。有效发挥债券资金作用，保障重点项目建设需求，牢固树立"先谋事、再排钱"的工作理念，指导市县做好债券项目谋划储备和需求申报工作，推动重点领域和重大项目建设，扩大带动有效投资。

——大力推进基本公共服务均等化，县级社会事业发展水平不断提升。强化社会民生领域投入，2021年，全省民生类支出12842.60亿元，占地方一般公共预算支出的比重超过七成；全省投入十件民生实事资金559.36亿元，其中省级投入206.99亿元，有力提升县级公共服务水平。大力推动基本公共服务各领域财政改革，助力教育公平稳步推进，全省1511.42万学生享受义务教育阶段"两免一补"政策，29万农村义务教育学生获得营养膳食补助，新建和改扩建1297所学校，343.39万进城务工农民工的随迁子女平等接受义务教育；推进更高水平健康广东建设，实施公共卫生防控救治能力建设、中医药传承创新发展三年行动，加快建设3个省级重大疫情救治基地，推进20家县中医院牵头的县域医共体建设；强化社保兜底保障能力，提高困难群众基本生活保障和残疾人两项补贴标准，惠及群众超过280万人；落实基本公共服务和医疗卫生、科技、教育领域省与市县财政事权和支出责任划分改革方案，切实减轻欠发达地区县级负担。

——深化财政管理改革，县级财政管理水平有效提升。推动预算编制执行监督管理改革在县级全面铺开，有效调动县级理财积极性，2021年，在全国率先印发《关于加强统筹进一步深化预算管理制度改革的实施意见》，以"加强统筹"为主线实施重点突破，着力构建全省统筹、全域协同、全链条衔接的预算管理格局，全面增强县级整体预算管理能力。完善县级财政管理绩效综合评价制度，建立省市县齐抓共管工作机制，落实市县财政"一把手"负责制，健全广东省县级财政管理绩效评价办法；实施转移支付资金与财政管理水平挂钩，推动财政管理水平再上新台阶。完善县级"三保"管理体制机制，牢固树立底线思维，切实履行省级主体责任，全国率先建立省对市县预算审核机制和"三保"资金专户管理机制，严格落实"三保"支出的优先顺序，切实兜牢"三保"底线；全省县级"三保"保障良好，有效防范化解县级"三保"风险。

——完善省级转移支付体制，县级"保基本"能力显著增强。系统谋划支持老区苏区、民族地区、北部生态发展区、省际交界地区四类地区一揽子财政政策，通过16项举措解决当地人民群众"急难愁盼"的民生问题和影响发展全局的关键问题，有效提升财力薄弱县区财力水平。从2021年起，将重点老区苏区专项财力补助提升至每县每年5 000万元，其他老区专项财力补助提升至每县每年2 000万元。

四、产业园区扩能增效

截至2021年底，广东省共布局建设95个省产业园（含省产业转移工业园、产业集聚地），主要分布在粤东西北地区12市以及珠三角地区惠州市、中山市、江门市和肇庆市4市，基本实现县域全覆盖。从规模体量看，产值超千亿园区3个，产值500亿~1 000亿元园区2个，产值100亿~500亿元园区25个，产值50亿~100亿元园区26个。从企业数量看，省产业园工业企业数达8 400家，已投产6 400家，其中规模以上工业企业3 650家。2021年，省产业园规模以上工业增加值2 876亿元，增长28%；完成工业投资1 699亿元，增长23%；实现全口径税收668亿元，增长42%。省产业园规模以上工业增加值占粤东西北地区规模以上工业增加值比重提高至42%，园区对粤东西北地区经济增长的支撑作用稳步提升。

——巩固落实现有政策，支持园区建设发展。2021年，省财政安排13.4亿元产业共建奖补资金支持符合条件的转移落户项目，引导和支持王老吉大健康产业（梅州）有限公司、广东金风科技有限公司、广东甬金金属科技有限公司、华润怡宝饮料（肇庆）有限公司、肇庆小鹏汽车有限公司、广东筑智陶科卫浴有限公司等一批重点企业转移落户省产业园。安排汕头、揭阳、湛江、茂名4市各1亿元的专项帮扶资金，支持园区提升和完善基础配套设施，提升产业承载能力。分别安排阳江市高新区和潮州市园区基础设施建设资金1亿元和2亿元，用于支持阳江高新区海港大道、风电装备制造标准厂房工程、排渠工程等项目，以及潮州市临港产业园场地平整、道路建设及绿化等设施建设。

——优化产业发展空间，提升产业发展能级。按照广东省制造强省建设领导小组办公室印发的《关于组织申报省产业园和特色产业园的工作方案》相关要求，围绕"一核一带一区"区域功能定位，引导各地结合本地资源禀赋、基础条件，布局一批省产业园，拓展产业集群发展空间。聚焦战略性产业，培育建设一批产业特色鲜明、产业集中度较高、具备产业核心竞争力的特色产业园。经省政府领导批示同意，以制造强省建设领导小组办公室名义印发首批19家特色产业园名单，引领全省工业园区加快主导产业培育提升，实现主导产业特色化、差异化发展。指导韶关市韶钢改革探索"厂区变园区、产区变城区"相关工作，支持中山南区科技产业园提质增效，经省政府同意批复设立广东省韶钢产业园、广东省中山南区产业园，进一步拓展广东省制造业发展空间。

——强化评价结果应用，提升园区管理水平。开展2020年度省产业园高质量发展综合评价，形成《2020年度省产业园高质量发展综合评价分析报告》，对15个地级市89个参评园区逐个梳理存在的相应问题并提出针对性建议，推动各地结合综合评价情况，分析已有的短板缺项，以精准举措推动园区高质量发展。督促园区规范用地管理，结合违法用地卫片执法的实际应用，督促认真梳理违法用地有关情况，加强与各地相关部门对接，落实违法用地整改。督促园区落实安全生产要求，印发《关于推动省产业园安全专项整治有关工作的通知》，督促指导各地自查整改。结合中央第二轮环保督查，开展园区环保工作自查，先后印发《关于组织省产业园开展环境保护自查工作的通知》《关于开展省产业园规划环境影响评价和完善污水集中处理设施的提醒函》，有力督促园区强化生态保护意识、加强园区环境保护工作。

五、粤港澳台合作

（一）粤港澳合作

——供应链产业链创新链合作巩固提升。投资贸易呈高增长态势，2021年，广东与香港货物进出口 1.17 万亿元，增长 16.2%，占全省货物进出口的 14.3%；广东与澳门货物进出口 122.8 亿元，增长 10.8%；全省新批香港直接投资项目 7 707 个，增长 18.0%；实际吸收港资金额 1 431.5 亿元，增长 20.4%；粤澳基金首批募集资金投放完成，截至 2021 年底，累计投出项目 27 个，实现投资规模 210.64 亿元，累计向澳门出资人汇出投资收益合计 11.05 亿元。产业优势对接更加紧密，积极探索广东制造业与港澳服务业等优势产业相结合，不断拓展粤港澳产业合作的领域和深度；在粤港合作联席会议机制下成立粤港马产业合作专责小组，粤港合作联席会议见证签署 3 份马产业相关合作协议，支持广州成为主要产业承载区，携手香港推进从化马场二期建设；广州期货交易所挂牌运营，已批准设立 14 家粤港澳合伙联营律师事务所。区域科技创新合作扎实推进，粤港、粤澳联合资助计划分别支持项目 198 个、44 个，有效推动科技创新，突破共性技术，培育新经济增长点；携手打造多层次实验室体系，推进 20 家粤港澳联合实验室建设；发挥广州、深圳在构建粤港澳大湾区国际科技创新中心的关键性作用，向港澳有序开放在穗重大科研基础设施和大型科研仪器，深港携手推进河套深港科技创新合作区建设，推动建立深港科研人员、物资、实验样本等跨境便捷流动的绿色通道，加快打造开放创新先导区。

——克服疫情影响粤港澳合作持续深化。粤港、粤澳合作机制有力有效，依托粤港、粤澳合作机制，多次举行粤港、粤澳高层会晤；发挥粤港澳合作优势，加强与香港、澳门协同对接，共同协商和研究粤港澳大湾区、两个合作区建设等重要合作议题，不断深化产业、科创、文化等领域合作；粤港、粤澳双方有关单位在联席会议上分别签署5份、6份合作协议，扎实推进落实粤港13项、粤澳16项重点工作。基础设施"硬联通"结出新成果，横琴口岸新旅检区域、粤澳新通道（青茂口岸）正式开通，实施"合作查验、一次放行"新通关模式，大大提高了通关效率；横琴口岸二期工程建设、5个"二线"通道的7个海关监管作业场所正式动工，澳门机动车入出横琴指标总数从5 000辆上升到10 000辆。规则机制"软联通"实现新突破，2021年，粤港澳大湾区"跨境理财通"正式启动，截至2021年底，共发生业务5 855笔，总金额4.86亿元；广东省政府首次在澳门发行离岸人民币地方政府债券22亿元，深圳市政府在香港发行离岸人民币地方政府债券50亿元；完善"港澳药械通"试点，省药监局与省卫健委联合印发《广东省粤港澳大湾区内地临床急需进口港澳药品医疗器械管理暂行规定》等3项管理制度。

——两个合作区建设加速推进。横琴粤澳深度合作区建设进入新阶段，2021年，横琴粤澳深度合作区管理机构揭牌，标志粤澳深度合作区共商共建共享新机制落地实施；制定《横琴粤澳深度合作区建设实施方案（2021—2024年)》，编制出台《横琴粤澳深度合作区总体任务清单》《横琴粤澳深度合作区近期重点任务清单》，明确合作区建设时间表、路线图和责任书；加快建设粤澳合作中医药科技产业园、横琴国际生命科学中心等研发平台，首批12个重点产业项目集中签约落户。前海深港现代服务业合作区开发开放高水平推进，统筹粤港合作机制，支持深圳市通过深港合作会议与香港直接对接；2021年，深港双方在深圳召开深港高层会晤暨深港合作会议，签署科技、法律等方面共4份合作协议，举行"前海港澳e站通"等4个合作项目启动仪式；实施利港惠港"万千百十"工程，坚持前海合作区三分之一的土地空间面向港企出让；加快规划建设"两城六区一园一场六镇双港"，扩大香港服务业发展空间；打造引领制度创新策源地，累计推出685项制度创新成果。

（二）粤台合作

——粤台贸易稳中向好。2021年，粤台两地进出口贸易额约980多亿美元，其中对台出口近120亿美元，自台进口约860亿美元，广东省对台贸易逆差近740亿美元。粤台贸易额连续多年居大陆对台贸易首位，占两岸贸易总额约三分之一。

——粤台投资持续增加。在台商来粤投资方面，2021年全省新增台资企业1 100多家，原有台资企业增资扩产100多家，新增合同利用台资超12亿美元，新增实际使用台资超8亿美元；截至2021年底，全省累计引进台资企业31 000多家，合同台资超900亿美元，实际使用台资超700亿美元。在粤企入岛投资方面，全年新增广东省企业在台投资设立企业（机构）6家，新增协议投资金额1亿多美元；截至2021年底，广东省在台设立企业（机构）累计达120多家，赴台投资金额累计近4亿美元。

——粤台经贸交流不断深化。组织重大对台经贸交流活动，共同主办2021第十二届东莞台湾名品博览会，聚焦5G、人工智能、物联网等前沿科技领域，10余家台湾龙头企业及全国各地450多家企业参展，云端台博会累计入驻1 600多家台企，线上线下全方位助力台企拓展内销渠道，共计促成合作意向超26亿元。支持台企参加各类展会，在第十七届中国国际中小企业博览会专设台湾展区，组织30余家在粤台企参展；支持广州市台办举行"2021广州台湾商品博览会"。举办2021年"台商走电商"（第四期）专题研修班，帮助台企利用跨境电商、移动电商平台等新业态实现市场拓展。有序推动粤台两地经贸人员交流往来，全年共有60多批次、近700人次赴台开展经贸交流。

——扎实开展惠台暖企行动。支持台企实现高质量发展，支持在粤台企以科技创新催生新发展动能，采取新技术新工艺。帮助台企台商台胞参与"双区"和横琴、前海两个合作区建设，融入新发展格局；积极支持东莞深化两岸创新发展合作试验区建设工作；加强与台湾重要企业和工商团体的联系对接，做好重大台资项目跟踪服务；台泥集团在大陆的首个生态循环开放工厂竣工投产，总投资逾 11 亿元；台湾上市公司兴勤集团在中山签约落地，计划投资总额为 7 亿元。广泛开展走访慰问，全省各地尤其是台务部门元旦、春节期间组织近 200 个走访慰问组，对近百所院校、约千家台企、超万名台商台胞进行走访慰问；积极参与省制造业强省建设领导小组工业外资企业及稳外资工作等专题调研，推动化解台胞台企发展的堵点痛点。统筹推动台企新冠肺炎疫情防控和复工复产，及时启动在粤台胞新冠病毒疫苗接种工作，稳妥有序推进在粤台胞接种及加强免疫接种；截至 2021 年底，在粤台胞已接种新冠病毒疫苗超 5 万人、11 万剂次。

——助力台湾青年来粤发展。稳妥实施台湾青年优才名企实习计划，开展广东台湾青年就业驿站、举办粤港澳大湾区台湾青年人才对接活动等促进就业。2021 年，全省共提供实习就业岗位超 3 000 个，新增台湾青年实习就业创业 1 000 余人；设立于广东的 9 个海峡两岸青年就业创业基地和示范点共有 70 家企业或团队入驻，接收实习、就业、创业台湾青年近 200 人，举办两岸青创活动近 200 场次，吸引参与青创活动的台湾青年 2 400 余人次；截至 2021 年底，累计入驻企业或团队 1 000 余家（其中台湾青年初创企业或团队达 450 余家），接收实习、就业、创业台湾青年近 1 500 人，举办两岸青创活动 1 000 余场次，吸引参与青创活动的台湾青年近 1.5 万人次。

——推动粤台农业合作。深入贯彻落实惠台"农林 22 条措施""粤台农林 34 条"。省政府台办与省农业农村厅、省林业局在韶关举办粤台农林合作交流活动，来自全省各市各部门的有关负责同志以及农林领域台商代表共 150 余人参加活动，涉台农业园区和在粤从事农林业的台商代表进行经验交流。截至 2021 年底，全省累计引进台农企业近 1 100 家，合同利用台资约 20 亿美元，实际利用台资约 16 亿美元。

——深化粤台金融合作。支持在粤台资银行扩大业务范围，鼓励台资金融机构发挥作用助力台企发展。截至 2021 年底，全省累计引进台湾金融机构 50 家，包括台资银行、证券基金公司、保险公司、消费金融公司、融资租赁公司等。

六、泛珠三角合作

——推动重大区域战略带动深化融合发展，协同构建新发展格局。一是发挥粤港澳大湾区建设辐射效应，提升内地省区与港澳合作水平。福建与港澳分别举行股权投融资和经贸交流活动；湖南成立粤港澳科创产业园及产业转移综合服务中心；江西着力打造赣州成为对接粤港澳大湾区的桥头堡；广西实施"湾企入桂"计划，吸引投资项目投资总额超 1.1 万亿元；四川、云南、贵州等省份在吸引大湾区投资、承接产业转移上取得实效。二是发挥海南自贸港建设辐射效应，推动泛珠三角区域协同发展。琼州海峡港航一体化加快推进，海南自由贸易港和粤港澳大湾区联系更趋紧密活跃；广东、四川探索复制海南博鳌乐城国际医疗旅游先行区政策，合力推动健康产业高质量发展。

——加强区域科技创新协同发展，持续推进产业融合。广东与江西、海南签署科技创新战略合作协议，与广西共同设立粤桂科技合作联合基金，新组建粤港澳联合实验室 10 家。粤港澳大湾区"菜篮子"生产基地在湖南、广西、贵州、江西、云南、海南增设基地，并形成"菜篮子"产品质量安全指标体系团体标准；福建与广东、广西、湖南、江西等省份联合开展杂交水稻新品种选育推广。召开第三届粤港澳大湾区中医药传承创新发展大会，推动粤澳合作中医药科技产业园加快发展，签署《粤澳中医药交流合作框架协议》；组建粤港澳中医药政策与技术研究中心、桂澳中药质量研究联合实验室。广西联合深圳华大基因、香港浸会大学、澳门大学共建全球最大药用植物大数据中心。

——加快重大基础设施建设，促进区域互联互通。赣州至深圳高铁、兴国至泉州铁路建成通车，柳广铁路、贵阳至南宁高铁、重庆至昆明高铁等交通路网加快建设，湛海高铁等路网工程前期工作有序推进。河惠莞、玉湛、叙永至威信、宜宾至彝良等高速公路建成通车。天府国际机场、美兰机场二期、贵阳龙洞堡机场三期投运，广州白云国际机场三期、福州机场二期扩建工程、瑞金机场开工建设。大藤峡水利枢纽、贵港航运枢纽二线、湘江湘祁枢纽二线、联石湾船闸建成通航，百色水利枢纽开工建设。湘桂运河、赣粤运河、平陆运河等跨流域运河启动前期规划研究。湄洲湾港40万吨级码头、湛江港40万吨级散货码头和航道建成投产，洋浦港小铲滩起步区改造工程顺利完工。闽粤电网联网工程开工建设。

——统筹推进跨省区合作重点平台与园区建设。深化跨省区合作，西部陆海新通道持续拓宽，湛江港形成辐射云、贵、湘的海铁联运网络，"贵港直通车"专线物流通道开通，"深赣欧"班列开行；粤桂黔滇川高铁经济带合作试验区加快建设；北部湾城市群发展"十四五"实施方案启动新一轮修编工作。加快跨省合作园区建设，湘赣边区域合作示范区、闽粤经济合作区、粤桂合作特别试验区、川粤合作示范园、深赣港产城特别合作区以及深圳产业园等合作园区发展步伐不断加快。推动珠江—西江经济带绿色创新发展，完成《珠江—西江经济带发展规划》实施情况终期评估，谋划启动《新时代促进珠江—西江经济带高质量发展实施方案》编制。

——深化生态文明建设和环境保护合作。泛珠各方签署跨省流域突发水环境事件联防联控合作协议，闽赣湘粤桂五省区建立危险废物跨省转移联防联控合作机制，云贵川等7个省（市、区）签订《突发环境事件联防联控合作协议》。稳步推进东江、汀江—韩江等流域上下游横向生态补偿工作，川滇黔三省共同开展赤水河流域保护立法。福建、江西、贵州、海南4个国家生态文明试验区建设持续推进，武夷山、大熊猫、海南热带雨林等国家公园体制试点工作全面完成。

——全面深化社会事业合作。社会保障方面，推动泛珠区域内基本养老保险等社会保障政策衔接，粤赣桂三省区共同签署旅居养老合作框架协议。教育合作方面，组建粤港澳大湾区高校在线开放课程联盟，港澳、福建、广东等省区组织优秀校长和名师赴四川凉山、云南怒江、贵州等地支教。文旅合作方面，全国首条红色旅游铁路专线韶山—井冈山红色专列开通运行，成功举办海丝福州国际旅游节。社会治理方面，泛珠内地省区建立户口证明、就业等"跨省通办"机制，推进区域警务数据共享共用。

——加快推进统一市场建设。推动口岸通关一体化及资源共享，四川与相关省（市、区）签署《国际贸易"单一窗口"西部陆海新通道平台建设合作协议》，共同推动建设"无水港"。粤澳联合推广"跨境一锁"通关模式，湖南与粤港澳大湾区口岸城市群基本实现大通关合作，钦州港被列入中国—新加坡国际贸易"单一窗口"国际合作试点。

七、对口支援工作

2021 年，广东省坚持以习近平新时代中国特色社会主义思想为指导，深入学习贯彻习近平总书记关于西藏、新疆工作系列重要讲话精神，完整准确贯彻新时代党的治藏治疆方略，在省委、省政府坚强领导下，高质量推进智力支援、民生支援、产业支援、文化教育支援和民族交往交流交融，不断提升对口支援综合效益。

——坚持统筹推进，锚定总体思路谋划新开局。省委、省政府高度重视对口支援工作，省对口支援前后方工作机构围绕"十四五"时期对口支援发展目标，不断完善"省级统筹、前方落实、部门协作、地市配合、社会参与"对口支援工作机制，锚定"三增三提一推进"对口支援工作总体思路，充分发挥支援工作的推动效应、援建项目的带动效应、援建资金的拉动效应，密切协同、合力推动各项援建任务落地见效，实现"十四五"对口支援工作良好开局，助推受援地经济建设和社会事业再上新台阶。

——突出规划先行，强化工作部署推动新发展。精心编制对口支援"十四五"援藏援疆规划，按照国家发展改革委有关部署要求，科学谋划"十四五"援藏援疆总体思路、基本原则和发展目标，精准安排智力支援、产业支援、民生支援、文化教育支援和民族交往交流交融等五大领域项目与资金。

及时下达与调整 2021 年援藏援疆投资计划，根据"十四五"对口援藏援疆规划，分别编制并下达《广东省对口支援西藏林芝 2021 年投资计划》《广东省对口支援新疆喀什地区和兵团第三师 2021 年项目投资计划》；根据国家财政部核定的援藏援疆资金规模，对 2021 年援藏援疆投资计划加以调整、优化；2021 年援藏援疆投资计划紧密衔接乡村振兴和稳边固边发展战略，着力提升产业"造血"功能和就业创业能力，助力受援地经济社会高质量发展，不断铸牢和深化中华民族共同体意识。

——聚焦重点领域，深化援建扶持彰显新成效。一是积极搭台引路，务实推进产业协作。大力开展招商引资，2021 年落地项目 168 个，总投资额 310.31 亿元。引入联升贸易、中拉控股两家澳门企业入林芝投资，实现港澳资本投资林芝"零突破"；"林芝源"全年销售近 5 亿元。支持援疆企业与腾讯、京东等电商企业开展深度合作，拓展线上销售途径，实现销售特色产品 21.34 万吨和销售额达到 21.35 亿元的良好成效；成功助力塔县创建红其拉甫国门 4A 级旅游景区。二是持续引才赋能，突出抓好智力支援。"组团式"援藏不断延伸拓展，以教育和医疗为示范，以鲁朗、易贡、墨脱 3 个"小组团"为重点，以柔性援藏方式引进人才 127 人，有效缓解林芝各类人才紧缺的突出问题。选派援疆教师 640 名，建设 44 个"名师工作室"，培训教师 25 000 多人次；选派援疆医疗专家 180 名，全力打造国家创伤区域医疗中心南疆分中心，将喀什地区多发伤救治率从 50% 提高到 98%。三是提升民生福祉，着力推进乡村振兴。援藏实施乡村振兴示范村项目 10 个，为林芝全市 55 个乡镇卫生院和 141 个边境小康村配备远程医疗系统及健康检测一体机；率先将西藏籍高校毕业生纳入广东"三支一扶"招募范围，稳岗率居全国各援藏省市之首。援疆打造乡村振兴示范点 6 个，建设新梅产业基地、菜篮子基地和标准化中草药种植基地，实现"粤菜疆种"到"疆菜输粤"的良性循环。四是弘扬优秀传统，持续开展文化教育支援。支持林芝市技工学校累计招生 385 人，组织开展"粤菜师傅"、家政服务等培训 50 多期、培训 2 300 余人次；"校地共建"高校增至 15 所，支教大学生增至 389 人。在喀什地区和兵团第三师创办 600 多个传统文化艺术特色课堂，开展国语教学培训活动 2 206 次、培训 23.5 万人次。五是深化互动交融，致力增进民族团结。开展"粤藏家庭云结对"等结对结亲交流活动，全年广东共 153 批次、约 1 860 人到林芝开展"结对结亲、交流交融"活动。顺利开通深喀直航，持续深化珠三角区镇与受援地乡镇（团场）、援疆干部与少数民族群众结对关系，全年共组织 12 个区镇来喀什地区对接工作。

——不负使命担当，对口援川工作实现"双丰收"。2014 年以来，广东援川深入贯彻习近平总书记关于对口支援及涉藏工作重要指示批示精神，认真落实中央及粤川两省有关部署要求，聚焦改善民生、促进发展、凝聚人心、增进民族团结，扎实有力推进援川各项工作。2021 年上半年，按照国家关于调整对口支援涉藏州县有关部署要求，省援川前后方工作机构与四川、浙江有关方面实时对接、密切沟通，稳妥有序推进项目资金交接、干部人才安排、前方事务处置以及后续交流合作等工作并完成全面移交、平稳过渡，实现广东省对口支援四川甘孜州工作圆满收官。

附 录

一、政策文件

（一）国务院关于新时代支持革命老区振兴发展的意见

国务院关于新时代支持革命老区振兴发展的意见

（国发〔2021〕3 号）

各省、自治区、直辖市人民政府，国务院各部委、各直属机构：

革命老区是党和人民军队的根，是中国人民选择中国共产党的历史见证。革命老区大部分位于多省交界地区，很多仍属于欠发达地区。为加大对革命老区支持力度，2012 年以来国务院先后批准了支持赣南等原中央苏区和陕甘宁、左右江、大别山、川陕等革命老区振兴发展的政策文件，部署实施了一批支持措施和重大项目，助力革命老区如期打赢脱贫攻坚战，持续改善基本公共服务，发挥特色优势推进高质量发展，为全面建成小康社会作出了积极贡献。为深入贯彻落实党中央、国务院决策部署，支持革命老区在新发展阶段巩固拓展脱贫攻坚成果，开启社会主义现代化建设新征程，让革命老区人民逐步过上更加富裕幸福的生活，现提出以下意见。

一、总体要求

（一）指导思想。以习近平新时代中国特色社会主义思想为指导，全面贯彻党的十九大和十九届二中、三中、四中、五中全会精神，坚持和加强党的全面领导，坚持以人民为中心，立足新发展阶段、贯彻新发展理念、构建新发展格局、推动高质量发展，巩固拓展脱贫攻坚成果，激发内生动力，发挥比较优势，努力走出一条新时代振兴发展新路，把革命老区建设得更好，让革命老区人民过上更好生活，逐步实现共同富裕。

（二）主要目标。到 2025 年，革命老区脱贫攻坚成果全面巩固拓展，乡村振兴和新型城镇化建设取得明显进展，基础设施和基本公共服务进一步改善，居民收入增长幅度高于全国平均水平，对内对外开放合作水平显著提高，红色文化影响力明显增强，生态环境质量持续改善。到 2035 年，革命老区与全国同步基本实现社会主义现代化，现代化经济体系基本形成，居民收入水平显著提升，基本公共服务实现均等化，人民生活更加美好，形成红色文化繁荣、生态环境优美、基础设施完善、产业发展兴旺、居民生活幸福、社会和谐稳定的发展新局面。

二、巩固拓展脱贫攻坚成果，因地制宜推进振兴发展

坚持统筹谋划、因地制宜、各扬所长，聚焦重点区域、重点领域、重点人群巩固拓展脱贫攻坚成果，促进革命老区振兴发展。

（三）推动实现巩固拓展脱贫攻坚成果同乡村振兴有效衔接。一定时期内保持脱贫攻坚政策总体稳定，完善防止返贫监测和帮扶机制，优先支持将革命老区县列为国家乡村振兴重点帮扶县，巩固"两不愁三保障"等脱贫攻坚成果。做好易地扶贫搬迁后续帮扶工作，建设配套产业园区，提升完善安置区公共服务设施。加大以工代赈对革命老区的支持力度，合理确定建设领域、赈济方式。统筹城乡规划，以交通、能源、水利、信息网络等为重点，加快推进革命老区美丽生态宜居乡村建设。提高农房设计和建造水平，改善群众住房条件和居住环境。因地制宜发展规模化供水、建设小型标准化供水设施，大力实施乡村电气化提升工程，全面推进"四好农村路"建设，开展数字乡村试点，加快乡村绿化美化。坚持扶志扶智相结合，加大对革命老区农村低收入群体就业技能培训和外出务工的扶持力度。完善城乡低保对象认定方法，适当提高低保标准，落实符合条件的"三红"人员（在乡退伍红军老战士、在乡西路军红军老战士、红军失散人员）、烈士老年子女、年满 60 周岁农村籍退役士兵等人群的优抚待遇。

（四）促进大中小城市协调发展。落实推进以人为核心的新型城镇化要求，支持革命老区重点城市提升功能品质、承接产业转移，建设区域性中心城市和综合交通枢纽城市。研究支持赣州、三明等城市建设革命老区高质量

发展示范区。支持革命老区县城建设和县域经济发展，促进环境卫生设施、市政公用设施、公共服务设施、产业配套设施提质增效，支持符合条件的县城建设一批产业转型升级示范园区，增强内生发展动力和服务农业农村能力。健全城乡融合发展体制机制，推进经济发达镇行政管理体制改革。推动信息网络等新型基础设施建设，加快打造智慧城市，提升城市管理和社会治理的数字化、智能化、精准化水平。

（五）对接国家重大区域战略。将支持革命老区振兴发展纳入国家重大区域战略和经济区、城市群、都市圈相关规划并放在突出重要位置，加强革命老区与中心城市、城市群合作，共同探索生态、交通、产业、园区等多领域合作机制。支持赣南等原中央苏区和海陆丰革命老区深度参与粤港澳大湾区建设，支持赣州、龙岩与粤港澳大湾区共建产业合作试验区，建设好赣州、井冈山、梅州综合保税区和龙岩、梅州跨境电商综合试验区，支持吉安申请设立跨境电商综合试验区，支持三明推动海峡两岸乡村融合发展。鼓励大别山、川陕、湘鄂渝黔等革命老区对接长江经济带发展、成渝地区双城经济圈建设，陕甘宁、太行、沂蒙等革命老区重点对接黄河流域生态保护和高质量发展，浙西南革命老区融入长江三角洲区域一体化发展，琼崖革命老区在海南自由贸易港建设中发挥独特作用。鼓励左右江革命老区开展全方位开放合作，引导赣南等原中央苏区与湘赣边区域协同发展。支持革命老区积极参与"一带一路"建设，以开放合作增强振兴发展活力。

三、促进实体经济发展，增强革命老区发展活力

加快完善革命老区基础设施，发展特色产业体系，提升创新能力，培育革命老区振兴发展新动能，提高经济质量效益和核心竞争力。

（六）完善基础设施网络。支持将革命老区公路、铁路、机场和能源、水利、应急等重大基础设施项目列入国家相关规划，具备条件后尽快启动建设，促进实现互联互通。加快建设京港（台）、包（银）海、沿江、厦渝等高铁主通道，规划建设相关区域连接线，加大普速货运铁路路网投资建设和改造升级力度。大力支持革命老区高速公路规划建设，优化高速公路出入口布局，便捷连接重点城镇和重点红色文化纪念地，加快国省道干线改造。支持革命

老区民用运输机场新建和改扩建，规划建设一批通用机场。加快综合水运枢纽建设和航道整治，推进百色水利枢纽过船设施等工程，研究论证赣粤运河可行性。建设一批重点水源工程和大型灌区工程，推进大中型灌区续建配套与现代化改造、中小河流治理、病险水库除险加固和山洪灾害防治等工程。有序规划建设支撑性清洁煤电项目、煤运通道和煤炭储备基地，加快建设跨区域输电工程，持续完善电力骨干网架，推动石油、天然气管道和配套项目建设，保障革命老区能源稳定供应。

（七）培育壮大特色产业。支持革命老区加强农田水利和高标准农田建设，深入推进优质粮食工程，稳步提升粮食生产能力。加强绿色食品、有机农产品、地理标志农产品认证和管理，推行食用农产品合格证制度，推动品种培优、品质提升、品牌打造和标准化生产。做大做强水果、蔬菜、茶叶等特色农林产业，支持发展沙县小吃等特色富民产业。建设一批农村产业融合发展园区、农业标准化示范区、农产品质量检验检测中心和冷链物流基地，鼓励电商企业与革命老区共建农林全产业链加工、物流和交易平台。支持有条件的地区建设新材料、能源化工、生物医药、电子信息、新能源汽车等特色优势产业集群，支持符合条件的地区建设承接产业转移示范区。推进"中国稀金谷"建设，研究中重稀土和钨资源收储政策。支持革命老区立足红色文化、民族文化和绿色生态资源，加快特色旅游产业发展，推出一批乡村旅游重点村镇和精品线路。支持有条件的地区规划建设稀土、旅游等行业大数据中心，鼓励互联网企业在革命老区发展运营中心、呼叫中心等业务。

（八）提升创新驱动发展能力。支持革命老区重点高校、重点学科和重点实验室建设，加大对口支援革命老区重点高校工作力度，鼓励"双一流"建设高校、中国特色高水平高职学校与革命老区开展合作共建。完善东中西部科技合作机制，促进中西部革命老区与东部地区加强科技合作。鼓励科研院所、高校与革命老区合作，共建中科院赣江创新研究院、国家钨与稀土产业计量测试中心等创新平台，研究建设稀土绿色高效利用等重大创新平台，支持有条件的地区组建专业化技术转移机构，创建国家科技成果转移转化示范区。支持在革命老区建设创新型城市和创新型县（市），布局建设一批国家级高新区、创新研发基地等创新载体。支持地方完善人才政策和激励机制，加大人才培养和引进力度，在科技特派员制度创新等方面先行先试，深入推进大众创业、万众创新。强化企业创新主体地位，鼓励企业加大研发投入。鼓励革命老区完善第五代移动通信（5G）网络、工业互联网、物联网等新一代信息基础设施，因地制宜促进数字经济发展，鼓励有条件的地区开展北斗系统应用。

四、补齐公共服务短板，增进革命老区人民福祉

健全基本公共服务体系，改善人民生活品质，提高社会治理水平，繁荣发展红色文化，促进人与自然和谐共生，增强革命老区人民群众获得感、幸福感、安全感。

（九）提升公共服务质量。支持革命老区依据国家基本公共服务标准，结合本地实际，尽力而为、量力而行，建立健全本地区基本公共服务标准，保障群众基本生活。完善革命老区中小学和幼儿园布局，加大教师培训力度。继续推进"八一爱民学校"援建工作。继续面向革命老区实施相关专项招生计划倾斜。推进高职学校、技工院校建设，实施省部共建职业教育试点项目。加强革命老区公共卫生防控救治能力建设，支持市县级综合医院、传染病医院（传染科）和卫生应急监测预警体系建设。鼓励国内一流医院与革命老区重点医院开展对口帮扶，合作共建医联体。按照"保基本、强基层、建机制"要求，深化县域综合医改，整合县域医疗卫生资源，推动发展县域医共体。实施中医临床优势培育工程和中医康复服务能力提升工程，建设中医优势专科。提升公共文化和公共体育设施建设运营水平，优化广播电视公共服务供给和基层公共文化服务网络，建设一批体育公园，鼓励革命老区承办全国性、区域性文化交流和体育赛事活动。

（十）弘扬传承红色文化。把红色资源作为坚定理想信念、加强党性修养的生动教材，围绕革命历史创作一批文艺作品，将红色经典、革命故事纳入中小学教材，在干部培训中加强党史、新中国史、改革开放史、社会主义发展史教育。加大对瑞金中央苏区旧址、古田会议旧址、杨家岭革命旧址、鄂豫皖苏区首府革命博物馆、川陕革命根据地博物馆等革命历史类纪念设施、

遗址和英雄烈士纪念设施的保护修缮力度，加强西路军、东北抗联等战斗过的革命老区县现存革命文物保护修复和纪念设施保护修缮。统筹推进长征国家文化公园建设，建设一批标志性工程。公布革命文物名录，实施革命文物保护利用工程。支持革命历史类纪念设施、遗址积极申报全国爱国主义教育示范基地、全国重点文物保护单位、国家级英雄烈士纪念设施和国家级抗战纪念设施、遗址。推动红色旅游高质量发展，建设红色旅游融合发展示范区，支持中央和地方各类媒体通过新闻报道、公益广告等多种方式宣传推广红色旅游。

（十一）促进绿色转型发展。坚持绿水青山就是金山银山理念，促进生态保护和经济发展、民生保障相得益彰。统筹推进革命老区山水林田湖草一体化保护和修复，加强长江、黄河等大江大河和其他重要江河源头生态环境治理，支持赣南等原中央苏区和陕甘宁、左右江等革命老区建设长江、黄河、珠江流域重要生态安全屏障。深入总结浙西南等革命老区生态保护修复成果经验，继续支持新安江等流域探索生态保护补偿，复制推广经验做法，建立健全流域上下游横向生态保护补偿机制。支持大别山、川陕等革命老区实施生物多样性保护重大工程。支持科学布局建设国家公园。支持革命老区开展促进生态保护修复的产权激励机制试点。鼓励地方依法依规通过租赁、置换、合作等方式规范流转集体林地。加快能源资源产业绿色发展，延伸拓展产业链，鼓励资源就地转化和综合利用，支持资源开发和地方经济协同发展。推动绿色矿山建设，加强赣南、陕北等历史遗留矿山生态修复，开展尾矿库综合治理，推进采煤沉陷区综合治理，推动将部分厂矿旧址、遗址列为工业遗产。

五、健全政策体系和长效机制

坚持目标导向和问题导向，健全长效普惠性的扶持机制和精准有效的差别化支持机制，激发革命老区振兴发展内生动力。

（十二）加强党的全面领导。增强"四个意识"、坚定"四个自信"、做到"两个维护"，充分发挥党总揽全局、协调各方的领导核心作用，把党的领导始终贯穿革命老区振兴发展全过程和各领域各方面各环节。完善支持赣南等原中央苏区振兴发展部际联席会议制度，研究建立省部会商和省际协商机制，及时协调推动陕甘宁、大别山、左右江、川陕等革命老区振兴发展重要事项。出台中央国家机关及有关单位对口支援赣南等原中央苏区工作方案，继续组织对口支援工作。研究建立发达省市与革命老区重点城市对口合作机制，支持革命老区重点城市与中央国家机关及有关单位、重点高校、经济发达地区开展干部双向挂职交流。发挥井冈山、延安等干部学院作用，支持地方办好瑞金、古田、百色、大别山等干部学院，开展理想信念和党性教育。大力弘扬老区精神，广泛凝聚正能量，表彰奖励正面典型，努力营造全社会支持参与革命老区振兴发展的良好氛围。

（十三）加大财政金融支持力度。中央财政在安排革命老区转移支付、地方政府专项债券时，对革命老区所在省份予以倾斜支持。探索制定革命老区转移支付绩效评估和奖惩激励办法。继续支持赣州执行西部大开发政策，在加快革命老区高质量发展上作示范。中央预算内投资对赣南等原中央苏区参照执行西部地区政策，对沂蒙革命老区参照执行中部地区政策，研究安排专项资金支持革命老区产业转型升级平台建设。支持符合条件的革命老区海关特殊监管区域按规定开展增值税一般纳税人资格试点，对其他地区向革命老区重点城市转移的企业，按原所在地区已取得的海关信用等级实施监督。鼓励政策性金融机构结合职能定位和业务范围加大对革命老区支持力度，鼓励商业性金融机构通过市场化方式积极参与革命老区振兴发展，支持符合条件的革命老区重点企业上市融资。

（十四）优化土地资源配置。支持革命老区重点城市开展城镇低效用地再开发，对损毁的建设用地和零星分散的未利用地开发整理成耕地的，经认定可用于占补平衡，允许城乡建设用地增减挂钩节余指标按规定在省域范围内流转使用。对革命老区列入国家有关规划和政策文件的建设项目，纳入国家重大建设项目范围并按规定加大用地保障力度。支持探索革命老区乡村产业发展用地政策。

（十五）强化组织实施。相关省（自治区、直辖市）要将革命老区振兴发展列为本地区重点工作，加强组织领导，完善工作机制，明确责任分工，制定配套政策，健全对革命老区的差别化绩效评估体系，对重点城市和城市化地区侧重考核经济转型发展和常住人口基本公共服务等方面指标，对重点生态功能区和农产品主产区进一步强化生态服务功能和农产品供给能力相关指标考核，在开展试点示范和安排中央补助时对革命老区给予倾斜支持。有关部门要加强工作指导，在国土空间规划、专项规划、区域规划等相关规划编制实施过程中强化对革命老区的统筹支持，研究制定支持革命老区巩固拓展脱贫攻坚成果、基础设施建设、生态环境保护修复、红色旅游等重点领域实施方案，细化具体支持政策，指导地方开展革命老区振兴发展规划修编。国家发展改革委要加强对革命老区振兴发展各项工作的协调，制定重点任务分工和年度工作要点，重大事项及时向国务院报告。

国务院

2021 年 1 月 24 日

（二）"十四五"特殊类型地区振兴发展规划（节选）

"十四五"特殊类型地区振兴发展规划（节选）

前　言

特殊类型地区包括以脱贫地区为重点的欠发达地区和革命老区、边境地区、生态退化地区、资源型地区、老工业城市等。党中央、国务院高度重视特殊类型地区振兴发展，党的十八大以来，习近平总书记多次作出重要指示批示。在以习近平同志为核心的党中央坚强领导下，"十三五"时期特殊类型地区振兴发展取得重要进展，决战脱贫攻坚取得决定性胜利，为全面建成小康社会和实现第一个百年奋斗目标做出了积极贡献。

"十四五"时期是乘势而上开启全面建设社会主义现代化国家新征程、向第二个百年奋斗目标进军的第一个五年，特殊类型地区既存在发展不平衡不充分的突出问题、面临特殊困难，也是推进高质量发展的重点区域、承担特殊功能。为进一步支持特殊类型地区振兴发展，推动巩固拓展脱贫攻坚成果同乡村振兴有效衔接、持续缩小城乡区域发展差距，依据《国民经济和社会发展第十四个五年规划和2035年远景目标纲要》，编制本规划。规划期为2021至2025年，远期展望到2035年。本规划是"十四五"时期指导特殊类型地区振兴发展的纲领性文件，是相关地区编制经济社会发展规划、国土空间规划和专项规划的重要依据。

第三章　促进革命老区振兴发展

支持革命老区传承弘扬红色文化，增强内生发展动力，做大做强特色优势产业，补齐公共服务短板，推动绿色创新发展。

第一节　统筹推进革命老区振兴

探索各具特色的振兴发展路径。支持赣闽粤原中央苏区探索建设革命老区高质量发展示范区，打造稀土产业和有色金属产业基地，深度参与粤港澳大湾区建设。支持陕甘宁革命老区推动能源资源产业集约节约利用，促进生态保护修复，助力黄河流域生态保护和高质量发展。支持大别山革命老区完善基础设施，融入长江经济带发展。支持左右江革命老区建设特色资源精深加工基地，开展全方位开放合作。支持川陕革命老区发展清洁能源和绿色产业，保护建设秦岭重要生态屏障，融入成渝地区双城经济圈建设。建设湘赣边区域合作示范区，支持湘鄂渝黔、太行等革命老区加强跨省区合作，促进海陆丰、琼崖、沂蒙、浙西南等革命老区振兴发展。鼓励各有关省份制定支持本地区革命老区发展的政策措施。

促进大中小城市和小城镇协调发展。支持有条件的重点城市完善功能和设施，承接产业转移，促进消费升级，培育新生中小城市和区域性中心城市。支持革命老区县域经济发展，推进县城补短板强弱项。促进中心城镇联动发展，提高公共服务能力。实施农村人居环境整治提升行动，保护保留乡村风貌和革命老区特有的地域文化特色。

专栏1　革命老区重点城市

赣州（赣闽粤原中央苏区）。建设全国性综合交通枢纽，全国重要的区域性中心城市，稀有金属等特色产业基地，知名红色旅游目的地。

吉安（赣闽粤原中央苏区）。建设区域性交通枢纽和信息产业基地，生态旅游目的地和全域旅游示范区。

龙岩（赣闽粤原中央苏区）。建设赣闽粤交界地区区域性中心城市，重要的有色金属生产加工基地，红色旅游、生态旅游目的地。

三明（赣闽粤原中央苏区）。建设闽西地区区域性中心城市，物流中心和新材料产业基地，林业改革发展综合试点市，红色旅游目的地。

梅州（赣闽粤原中央苏区）。建设粤北地区区域性中心城市和综合交通枢纽，特色产业基地，红色旅游目的地。

延安（陕甘宁革命老区）。建设中国革命圣地、历史文化名城，革命文物保护利用示范区，西部地区重要的能源和农副产品加工基地。

（续上表）

庆阳（陕甘宁革命老区）。建设现代能源产业基地和现代农业产业园，特色旅游目的地。

六安（大别山革命老区）。建设大别山区域性中心城市，绿色农产品生产加工基地，红色旅游、生态旅游、休闲旅游目的地。

信阳（大别山革命老区）。建设鄂豫皖交界地区区域性中心城市和豫南地区综合交通枢纽，承接产业转移集聚区，红色旅游目的地。

黄冈（大别山革命老区）。建设大别山区域性中心城市，武汉城市圈重要功能区，红色旅游目的地，生态文明示范区。

百色（左右江革命老区）。建设沿边重点开发开放试验区，区域性重要交通枢纽和农业改革试验先行区，红色旅游目的地。

巴中（川陕革命老区）。建设成渝地区重要交通枢纽，清洁能源、绿色食品、生物医药产业基地，红色旅游目的地，生态文明示范区。

支持郴州、张家界、恩施、遵义、长治、汕尾、临沂、丽水在湘赣边、湘鄂渝黔、太行、海陆丰、沂蒙、浙西南革命老区振兴发展中发挥积极作用。

第二节　因地制宜发展特色产业

提升农业发展效益。加强特色农产品优势区建设，做大做强茶叶、蔬菜、水果、畜禽、水产、油料、木竹、花卉、苗木、食用菌、中药材等特色产业，建设一批特色农业园区和平台，打造一批知名农业品牌。

发展特色优势制造业。支持有条件的革命老区市县建设新材料、能源化工、生物医药、电子信息、中草药、绿色农畜产品加工等特色优势产业集群。鼓励科研院所和高校与革命老区合作共建创新创业平台，推进特色产业园区建设。

专栏2　革命老区特色优势产业

特色农林业：支持打造赣南脐橙、井冈蜜柚、南丰蜜桔、武夷岩茶、建宁莲子、梅州柚子、洛川苹果、六安瓜片、信阳毛尖、恩施硒茶、红安红苕、百色芒果、通江银耳、炎陵黄桃、宁夏枸杞、沁州小米等特色农产品，支持发展富硒农产品、杂交水稻、中药材、油茶等特色产业。支持革命老区发挥农林产业优势，建设农产品加工产业园、农业高新区以及特色农业产业园区。

先进制造业：支持赣州稀土产业、延安石化产业、龙岩三明专用车制造、百色现代铝产业发展，支持湘赣边烟花爆竹产业转型升级，支持因地制宜发展电子信息、有色金属加工、现代家具、纺织服装及智能装备制造产业，支持建设一批国家新型工业化产业示范基地和创新型产业集群。支持建设赣州、瑞金、龙岩、龙南、六安国家级经济技术开发区，赣州、吉安、抚州、龙岩、三明、黄冈、郴州等国家级高新技术产业开发区，支持符合条件的革命老区城市设立国家级开发区。

第三节　传承弘扬红色文化

繁荣发展红色文化。统筹建设长征国家文化公园，实施一批标志性工程。结合革命文物保护利用片区建设，做好革命遗址遗迹和纪念设施保护修缮，公布革命文物名录，实施革命文物保护利用工程，建设革命传统教育、爱国主义教育、中华民族共同体意识教育、国防教育、青少年思想道德教育基地。把红色资源作为开展党史学习教育、坚定理想信念、加强党性修养的生动教材，创作一批文艺作品，支持文化影视创作，推动有条件的革命老区市县发展文化产业。

支持红色旅游发展。系统谋划和统筹推进红色资源开发利用，加快完善旅游基础设施和公共服务设施，打造一批经典红色旅游线路。依托乡村民宿、景区建设、生态休闲、田园观光等，促进红色旅游与乡村旅游、生态旅游等融合发展，加快建立合理有效利益分享机制，引导社会资本积极参与红色旅游发展。

专栏3　革命遗址遗迹和纪念设施

　　重点加强瑞金中央苏区旧址、井冈山革命遗址、古田会议旧址、长汀县福建省苏维埃旧址、中央红军长征凤凰山出发地旧址、杨家岭革命旧址、王家坪革命旧址、会宁县红军长征会师旧址、湘鄂西革命根据地旧址、新四军军部旧址、百色市红七军军部旧址、西柏坡旧址、浙西南革命根据地旧址、琼崖工农红军云龙改编旧址、孟良崮战役遗址的保护利用；依法依规推进于都长征纪念馆、井冈山革命博物馆、古田会议纪念馆、红军西征纪念园、鄂豫皖苏区首府革命博物馆、川陕革命根据地博物馆、遵义会议纪念馆、扎西会议纪念馆、平型关烈士陵园、四平战役纪念馆等纪念设施建设，提升展陈水平，确需新建改扩建的纪念设施应按照中央有关规定，另行履行报批程序。

　　重点加强对闽西革命烈士陵园、石城烈士纪念馆、瑞金烈士纪念馆、英山烈士陵园、宜章烈士陵园、红军长征突破湘江烈士纪念碑园、杨闇公烈士陵园、万州革命烈士陵园、阆中红军烈士纪念园、雅安烈士陵园、自贡市烈士陵园、川陕革命根据地烈士陵园、四渡赤水红军烈士陵园、黎平烈士陵园、毕节市烈士陵园、遵义红军烈士陵园、习水青杠坡红军烈士陵园、威信扎西红军烈士陵园、虎头山烈士陵园、直罗烈士陵园、会宁红军烈士陵园、西宁市烈士陵园、任山河烈士陵园、同心烈士陵园、银川烈士陵园等长征沿线国家级烈士纪念设施的保护利用。

第六章　推动资源型地区加快转型

　　精准聚焦，集中力量，扎实推进资源型地区转型发展，提升公共服务和民生保障水平，修复生态环境，培育接续替代产业，完善可持续发展长效机制，为维护国家能源资源安全作出新贡献。

第一节　促进各类资源型地区特色发展

　　提高资源枯竭城市转型发展质量。科学合理确定发展方向和任务，支持资源枯竭城市因地制宜发展接续替代产业。推动国企改革攻坚，增强市场主体活力。多措并举解决就业问题，促进多层次、高质量就业，开展职业技能培训，切实提高失业人员再就业能力。健全转型绩效评价体系和工作机制，积极引导地方提高转型效能。强化资源枯竭城市转型年度绩效评价结果运用，加强转型发展经验总结推广，选择一批转型成效突出的城市，支持创建可持续发展示范市（区）。

深入推进采煤沉陷区综合治理。创新治理模式和投入机制，建立完善国家—省—市县三级采煤沉陷区综合治理规划和组织实施体系。推进沉陷区居民避险安置，加快推进采煤沉陷区生态修复和矿山环境治理。统筹推进土地综合整治利用，盘活沉陷区土地资源，按规定将采煤沉陷区复垦土地的节余指标纳入跨省域调剂政策范围。探索开展采煤沉陷区综合治理信息化监测评估工作。总结典型经验，因地制宜推广利用沉陷区受损土地发展光伏、风电。

引导独立工矿区和采煤沉陷区改造提升。引导独立工矿区依据自身情况探索各具特色的改造模式，从城镇功能拓展、产业提质升级、产城融合发展、易地搬迁转型等方面确定改造提升重点方向。加强地质灾害治理和资源枯竭矿区安全隐患排查治理，加强安全基础能力建设，坚决防范遏制重特大安全事故。深入实施采煤沉陷区综合治理工程和独立工矿区改造提升工程，健全"有进有出、滚动推进"的支持机制，科学评估工程实施条件，动态调整政策支持范围。以改善生产生活条件、补齐发展短板为着力点，重点支持地质灾害隐患区居民避险搬迁，保障人民群众生命财产安全，同步推进实施必要的安置区基础设施、公共服务设施和吸纳就业产业平台建设，稳步推进迁出区生态修复和环境整治，持续提升采煤沉陷区、独立工矿区可持续发展能力。

促进资源富集地区创新发展。探索建立不同类型资源开发协调机制。选择开采条件好、资源环境承载能力强的地区，建设一批能源资源基地和国家规划矿区，积极推进能源资源集约、高效、绿色开发，支持发展清洁能源和资源精深加工产业。加强创新能力建设，加快开采工艺、材料研发、装备设计等领域特色创新平台建设，培育能源化工、节能环保、装备制造、新型材料、安防设备等创新型产业集群，建设若干有影响、有特色的区域产业创新中心。选择具备条件的资源富集地区，支持创建转型创新试验区，实施动能转换示范工程，探索破解资源开发引起的相关矛盾问题，探索资源富集地区创新发展模式。

专栏4　资源型地区转型重大工程

资源枯竭城市转型发展：到2025年，创建10个左右资源枯竭城市可持续发展示范市（区），充分发挥示范带动作用。

采煤沉陷区综合治理：到2025年，支持60个左右县（市、区、旗）实施采煤沉陷区综合治理工程，夯实转型发展基础。

独立工矿区改造提升：到2025年，支持90个左右县（市、区、旗）实施独立工矿区改造提升工程，有效改善矿区生产生活条件。

资源富集地区转型创新：到2025年，创建10个左右资源富集地区转型创新试验区，探索形成一批可借鉴、可复制的转型创新路径与模式。

第二节　统筹推进资源开发与转型发展

统筹城矿协同发展。根据区域资源环境承载能力，按照国土空间等相关规划要求，布局新建资源开发项目，科学制定资源开发和经济社会发展目标，促进工矿建设与城镇发展、资源开发与生态保护、地下开发与地上建设相协调。统筹推进老旧小区、老旧厂区改造和社区建设。尽可能依托现有产业园区建设资源加工基地，避免形成新的孤立居民点和工矿区。统筹推进城区和矿区教育、医疗等公共服务资源均衡布局和提质升级。促进城矿基础设施和公共服务设施共建共享，推动市政公用设施向采煤沉陷区、独立工矿区等延伸。着力完善矿业工人职业病、常见病防治设施建设，提高疾病防治水平。加快完善城区和矿区统一的居民社保经办管理体制。

加快探索绿色高效安全的资源开发模式。将绿色矿业和安全发展理念贯穿矿产资源开发利用与保护全过程，大力推进绿色矿山建设和安全生产标准化。支持安全高效采选和综合利用技术攻关，提高矿产资源开采回采率、选矿回收率和综合利用率。在资源富集、管理创新能力强的地区，建设一批绿色矿业发展示范区和安全高效示范矿山，支持互联网、物联网等现代信息技术应用，推动传统矿业实施安全化、绿色化、智能化技术改造。建立矿山企业资源高效综合利用信息公示制度，构建矿产资源节约与综合利用制度体系。

第三节 加快培育发展接续替代产业

延伸资源型产业链条。加快发展资源精深加工和配套装备设备制造产业，打造若干特色鲜明、主业突出的产业基地。稳步推进煤制油、煤制气、煤制烯烃等升级示范。推动石油炼化一体化发展，提高钢铁、有色金属深加工水平。鼓励大小兴安岭和长白山林区在强化生态保护基础上，适度发展木本油料、森林食品、木本饲料、森林药材等产业，提升林业经济发展水平。实施多元化产业培育升级行动，因地制宜培育发展若干特色新兴产业集群。在有条件的采煤沉陷区加快光伏发电基地建设。支持资源型地区传统产业与大数据、云计算、互联网、人工智能等信息技术深度融合，切实提升产业基础能力。充分挖掘自然山水和人文资源优势，培育壮大休闲旅游、健康养老等特色服务业。

促进接续替代产业集聚发展。按照国土空间规划和用途管控要求，结合矿区治理盘活土地资源，创新推动产业用地灵活组合和合理转换，增加产业用地供给，加快建设完善一批专业化产业园区和集聚区。加强交通、供水、供电等配套基础设施建设，提升园区内产业配套能力。发挥龙头企业带动作用，促进关联产业协同发展，建设全产业链平台，打造各具特色的产业集群。引导资源型地区加快推进传统优势产业技术改造，进一步提升部分传统产业集中度。

专栏5　资源型地区接续替代产业培育发展重点

传统产业改造升级：辽宁抚顺化工新材料及高端精细化学品产业，安徽铜陵铜精深加工产业，江西景德镇陶瓷原料产业，山东东营绿色石化产业，河南三门峡有色金属深加工产业，湖北黄石特种钢精深加工产业，湖南衡阳常宁水口山铜铅锌产业，广西百色生态型铝精深加工产业，云南个旧锡精深加工及综合利用产业，新疆克拉玛依石油石化特色产业。

战略性新兴产业：河北张家口大数据产业，内蒙古包头稀土创新产业，辽宁本溪生物医药产业，江苏徐州装备与智能制造产业，安徽马鞍山轨道交通装备制造产业，福建闽西稀土及氟新材料产业，山东淄博新材料产业，湖北潜江微电子新材料产业，四川华蓥玄武岩纤维新材料产业，甘肃金昌先进结构材料产业，宁夏石嘴山锂电池产业。

（续上表）

> 特色服务业：河北邯郸太行红河谷高质量旅游产业，吉林市冰雪特色旅游产业，江西萍乡赣西港物流产业，山东临沂商贸物流产业，河南焦登太极拳文化旅游产业，湖北钟祥长寿康养旅游产业，重庆万盛经开区体育旅游融合产业，陕西延安红色旅游产业。
>
> 专业化产业集聚区：内蒙古鄂尔多斯空港物流园区，吉林敦化吉港澳中医药健康产业合作园区，黑龙江大庆汽车产业园区，安徽淮南现代煤化工产业园区，福建龙岩上杭新材料科创园区，福建三明永安石墨和石墨烯产业园，山东枣庄煤化工产业聚集区，湖北大冶湖临空产业基地，湖南邵阳轻工产业集聚区，广东云浮信息技术应用创新产业园区，广西合山产业转型工业园区，海南昌江清洁能源产业园，重庆綦江信息安全与创新经济走廊，贵州铜仁新型功能材料产业集聚区，陕西榆林象道物流园区，新疆巴音郭楞炼化纺一体化产业园区。

第七章　支持老工业城市转型升级

积极推动以人为核心的新型城镇化，支持全国120个老工业城市经济整体转型，加快制造业竞争优势重构，加强工业遗产保护利用，推动老工业区改造升级，激发城市经济社会发展新动力新活力。

第一节　建设产业名城

做精做强支柱产业。坚持自主创新，不断强化科技创新、要素支撑，集中资源强优势、补短板，培育若干产业基础强、产业链条长、能有效抵御经济周期影响的支柱产业，降低不具备比较优势产业比重。引导企业大力发展个性化定制、柔性化生产和网络化协同制造，形成全新的生产制造模式。加快推进基于互联网的商业模式、服务模式、管理模式及供应链、物流链等各类创新。

推动制造业数字化网络化智能化发展。深化新一代信息技术与制造业融合发展，实施制造业数字化转型行动，制定行业领域数字化转型路线图。推动工业机器人、工业控制系统、物流装备等关键智能装备及工业软件开发，开展智能制造示范推广，建设一批高水平的数字化车间和智能工厂。建设推广工业互联网平台，培育数字化管理、平台化设计、智能化制造、网络化协同、个性化定制、服务化延伸等新业态新模式。

推动制造业绿色化。落实碳达峰碳中和工作要求，推进绿色制造和清洁生产，加快淘汰落后产能，实现节能降耗、减污降碳。倡导绿色生产，推动生产过程节能减排，鼓励制造业企业优化产品设计、生产、使用、维修、回收、处置流程，逐步实现产品全生命周期的绿色管理。探索循环经济发展新模式，实施园区循环化改造，促进生产系统资源高效利用。开展城市静脉产业基地建设，推动城市典型废弃物的集聚化、协同化处理。

推动制造业服务化。引导企业以产业升级和提高效率为导向，发挥研发设计、流程优化、品牌建设、标准制定、市场营销等对提升制造业价值链的作用，促进制造业企业加速从生产型制造向服务型制造转变，通过制造业服务化延伸促进制造水平提升。引导生产性服务业向制造业集中区域集聚，促进生产性服务业专业化集聚化发展，实现规模效应和特色发展。

第二节 打造生活秀带

开展工业遗产资源认定管理。建立工业遗产分级保护机制，开展工业遗产调查、评估和认定工作，明确工业遗产构成，建设工业遗产数据库。经认定的工业遗产清单及时向社会公布，具有重要价值的工业遗产及时核定公布为不可移动文物和各级文物保护单位。加快甄别和抢救濒危工业遗产，完善工业遗产档案记录，加强修缮保养，开展工业遗产动态监测和保护利用效益评估。加强对列入国家工业遗产名单的老工业城市工业遗产保护利用。

推进重点保护展示。切实加强重点工业遗产本体保护和周边环境治理，消除工业遗产安全隐患。依托价值突出、内涵丰厚的重点工业遗产，开展工业遗产价值阐释展示，弘扬工业遗产当代价值。推动老工业城市设立工业博物馆，建设分行业、分区域工业博物馆体系，建立馆藏文物档案。依托工业遗产创建国家文物保护利用示范区。

拓展文化生活新空间。加快城市滨水地区港口和传统工业区的转型升级。修复城市废旧厂房、仓库和其他历史遗存，在盘活存量、丰富内涵的基础上，打造一批新型文创园。强化博物馆、美术馆、纪念馆等公共文化服务功能，推动工业遗产保护利用工程对公众开放。依托工业遗产建设一批特色鲜明的工业遗址公园、城市文化公园等，形成融入现代设计观念、适应当代生活方式的城市人文景观和公共开放空间。

塑造城市文明新形象。将能够凸显工业文化特色的景观标志纳入城市规划和建设，支持工业遗产保护利用与文化节、艺术节、博览会、体育比赛等活动相结合，举办工业遗产主题研讨会和工业文物交流展，拓展工业遗产的价值普及和传播推广渠道，弘扬新时代中国特色工业文化。将工业文化元素和标识融入创意设计，推进工业遗产与城市经济融合。

第三节　推动老工业区改造

创新产城融合模式。继续实施老工业区搬迁改造，完善城市基础设施，提升城市公共服务能力。依托产业园区优化产业布局，通过产业集聚发展增强经济和人口承载能力。鼓励地方整合、调整、优化现有各类产业园区，引导地理位置相邻的地方共建产业园区、共享发展收益。推进产业园区传统产业改造提升，培育发展战略性新兴产业，创建国家新型工业化产业示范基地，积极培育先进制造业集群和战略性新兴产业集群。强化腾退工业地块土壤污染风险管控和用地准入管理，保障人居环境安全。

培育壮大市场主体。推动老工业区企业兼并重组，以提升资源配置效率为出发点，支持同一行业的优势企业强强联合，支持跨行业的战略性重组，提高集中度和竞争力。加快推进国有企业改革，妥善解决历史遗留问题，发展壮大国有经济。培育制造业细分领域单项冠军企业，引导中小微企业形成参与专业化分工能力，逐步创造品牌效应，更好激发经济活力和创造力。

第八章　完善政策支撑体系

健全长效扶持机制和精准支持政策，加快完善基础设施和基本公共服务体系，支持开展政策先行先试，建设重点开发开放平台，提升特殊类型地区自我发展能力。

第一节　深化重点领域改革创新

持续优化营商环境。推动特殊类型地区深化"放管服"改革，坚持市场化、法治化、国际化整体推进，打造一流营商环境。持续深化行政审批制度改革，推广"最多跑一次"等改革经验做法，推动政务服务"一网通办"、基本公共服务信息共用共享。依托全国投资项目在线审批监管平台，深化投资审批制度改革，精简整合审批流程，在确保安全的前提下推行告知承诺制。打造有利于促进各类所有制经济共同发展的环境，依法全面保护各类产权，培育企业家精神，激发劳动者创业积极性。支持特殊类型地区打破区域市场壁垒，逐步实现各类要素在不同区域间优化配置。

推进行政管理体制改革。依法依规、因地制宜、稳妥有序调整特殊类型地区行政区划，支持区域中心城市优化辖区结构，推动符合条件的县有序设市，严格控制县（市）改区。对于集中安置区和重点园区，适当增加工作人员力量，提高政府基本公共服务能力。支持地域狭小的独立工矿区通过行政区划调整拓展转型发展空间。

完善生态文明制度。健全自然资源资产产权、国土空间开发保护、资源有偿使用和生态补偿、生态文明绩效评价考核等制度，构建产权清晰、多元参与、激励约束并重、系统完整的生态文明制度体系。发挥特殊类型地区生态优势，巩固生态系统碳汇能力，稳定现有森林、草原、湿地、土壤、冻土等固碳作用，提升生态系统碳汇增量。建立健全用水权、排污权、碳排放权交易制度，依托全国统一的公共资源交易平台开展交易活动。加快推进生态功能重要区域自然资源确权登记。开展促进生态保护修复的产权激励机制试点。建立健全生态产品价值实现机制。

大力推进对口支援和协作。持续推动对口支援、对口帮扶、对口协作、对口合作等工作，强化智力扶持，加强重点领域合作，激发地区发展内生动力。推进教育东西部协作，在西部特殊类型地区建设一批职业技能实习实训基地。完善东西部劳务协作机制，加强对农村低收入群体外出务工的组织与服务，加大就业技能培训力度。继续实施中央国家机关及有关单位对口支援赣南等原中央苏区，继续支持安排中央单位干部赴革命老区重点城市挂职，鼓励有关省份因地制宜组织省直单位和省内发达城市对口支援革命老区。

第二节　完善基础设施和基本公共服务

持续改善基础设施条件。以脱贫地区为重点，支持欠发达地区优先布局交通、水利、能源、通信等重大基础设施建设项目，完善防灾减灾配套工程设施。重点支持革命老区建设客流密度较大、路网功能突出的高铁以及有需求支撑的普速铁路，打通高速公路和国省道公路待贯通路段。加快边境地区基础设施建设。提高生态退化、资源枯竭地区城镇基础设施建设质量。加强对长江、黄河、珠江、淮河、汉江等重要江河源头和南水北调水源区生态保护修复和环境治理。中央预算内投资、地方政府专项债券等资金对符合条件的特殊类型地区基础设施等项目加大支持力度，重点支持脱贫地区、革命老区、边境地区项目建设。

提升基本公共服务水平。继续改善特殊类型地区义务教育办学条件，完善中小学和幼儿园布局，加强乡镇寄宿制学校和乡村小规模学校建设。加大对特殊类型地区医疗卫生机构基础设施建设和设备配备支持力度，改善疾病预防控制机构条件，巩固提升乡村医疗卫生服务能力。推进县医院提标扩能建设，提升城乡医疗卫生服务水平，积极推广三明医改经验。提高边境地区医疗卫生能力，改善边境地区医疗设施条件，提升村级医疗诊断水平。持续推进高水平高职学校和高水平专业群建设，支持建设一批职业技能培训（实训）机构，加强公共就业服务基础设施建设和人员配备。鼓励社会力量在特殊类型地区兴办教育、养老、环保等公益事业。

第三节　统筹支持试点示范与重点园区建设

推进产业转型升级示范。健全支持产业转型升级示范区高质量发展的政策措施，统筹支持产业结构调整、城市更新改造、绿色低碳转型，继续做好年度评估，继续对真抓实干成效明显的老工业基地给予督查激励，继续安排中央预算内投资支持符合条件的项目建设。支持产业转型升级示范区培育壮大市场主体，在装备制造、新材料、新能源、汽车和新能源汽车、电子信息等领域建设一批特色鲜明竞争力强的产业园区和产业集群。支持徐州、洛阳、襄阳、长治等城市建设省域副中心城市，支持唐山、淄博、铜陵、韶关、自贡等城市融入重点城市群和区域重大战略，支持沈阳、长春、大连等城市全域整体推进老工业基地振兴发展。支持河北正定等 20 个县城产业转型升级示范园区建设。

专栏6　产业转型升级示范区和县城产业转型升级示范园区

产业转型升级示范区：北京市石景山区、门头沟区，河北省唐山市，山西省长治市，内蒙古自治区包头市、鄂尔多斯市，辽宁省大连市、沈阳市、鞍山市、抚顺市，吉林省长春市、吉林市、松原市，黑龙江省大庆市，江苏省徐州市，安徽省铜陵市，江西省萍乡市，山东省淄博市，河南省洛阳市、平顶山市，湖北省黄石市、襄阳市，湖南省株洲市、湘潭市、娄底市，广东省韶关市，重庆市大渡口区、江津区、永川区、荣昌区、重庆高新区，四川省自贡市、宜宾市，贵州省六盘水市，宁夏回族自治区石嘴山市、宁东能源化工基地。

县城产业转型升级示范园区：河北省正定县，山西省清徐县，辽宁省黑山县，吉林省珲春市，江苏省沭阳县，浙江省宁海县、长兴县，安徽省天长市，福建省福清市，江西省南昌县，山东省郓城县，河南省兰考县，湖北省仙桃市，湖南省浏阳市，广东省东源县，重庆市垫江县，四川省大英县，贵州省清镇市，云南省腾冲市，陕西省三原县。

有序建设开放合作园区。继续支持中德（沈阳）高端装备制造产业园、中韩（长春）国际合作示范区、中英（大连）先进制造产业园等建设，鼓励有条件地区推进中欧创新交流合作，支持符合条件的地区新建一批对外开放合作园区，鼓励开展产业转型升级、智慧园区建设、工矿废弃地治理、技术技能人才培养国际合作。

培育发展特色产业园区。完善产业结构调整指导目录，支持特殊类型地区优势产业发展，推动跨区域产业转移对接、基础设施互通、生态环保合作，促进跨行政区和不同类型区域衔接融合互动。支持多省交界地区合作共建跨行政区产业园区，加大对湘赣边、川渝、闽粤、粤桂等合作区建设支持力度，探索区域合作新路径。支持老工业城市、资源型地区依托产业基础，积极承接发达地区、中心城市产业转移，建设特色产业园区。

支持消费集聚区建设。支持在欠发达地区、革命老区、边境地区、资源型地区、老工业城市等改造建设一批地方特色街区、新型文化和旅游消费集聚区及配套设施等，因地制宜打造一批特色突出、设施齐全、功能完备、方便惠民的综合性消费平台，带动和促进特色消费发展。

第四节 强化差别化支持政策

完善资金支持政策。结合巩固拓展脱贫攻坚成果和实现共同富裕要求，完善财政转移支付制度，向欠发达地区、边境地区、革命老区等特殊类型地区重点民生领域倾斜，促进城乡区域间基本公共服务均等化。中央财政衔接推进乡村振兴补助资金加大对欠发达地区支持力度，各省继续统筹加大对本省欠发达地区转移支付力度，聚焦支持脱贫地区巩固拓展脱贫攻坚成果和乡村振兴，向国家乡村振兴重点帮扶县倾斜。推广产业链金融模式，鼓励各类金融机构按照市场化原则支持特殊类型地区振兴发展，提升重点项目金融服务质效。

加大土地政策支持力度。对纳入本规划和其他"十四五"国家级专项规划中涉及特殊类型地区的基础设施建设重大项目，按程序纳入重大建设项目范围并按规定办理用地预审。支持特殊类型地区统筹推进农村土地征收制度、宅基地制度改革试点，稳妥有序推进农村集体经营性建设用地入市，根据乡村休闲观光等产业分散布局的实际需要探索灵活多样的供地新方式。深入开展城镇低效用地再开发，对损毁的建设用地和零星分散的未利用地开发整理成耕地，经确认后可用于占补平衡。按照国家统一部署，探索建立全国性的建设用地、补充耕地指标跨区域交易机制，并对特殊类型地区给予倾斜支持。在欠发达地区、革命老区安排的新增建设用地计划指标，优先保障巩固拓展脱贫攻坚成果和乡村振兴用地需要。

强化人才就业扶持政策。支持按照"原户口不迁、原关系不变、收入有提高、待遇有提升"的原则，建立特殊类型地区"人才飞地"政策，支持基层引进培养急需紧缺专业人才，在实施地区附加津贴制度、调整艰苦边远地区津贴实施范围和类别等方面给予政策倾斜。实施欠发达地区职业院校建设计划，面向中西部22个省（区、市）欠发达地区、革命老区、边境地区等新建一批技工院校，改扩建一批技工院校。

第九章 强化规划实施

加强党的全面领导，明确职责分工，吸引社会参与，健全规划实施保障机制，确保规划主要目标和任务顺利实现。

第一节 加强组织领导

充分发挥党领导全局、协调各方的作用，把党的领导始终贯穿特殊类型地区振兴发展全过程和各领域各方面各环节。围绕事业发展需要组织干部人才赴特殊类型地区挂职，引导广大党员干部在促进特殊类型地区振兴发展中发挥先锋模范作用。在实施国家区域协调发展战略和区域重大战略、编制区域规划和专项规划、制定区域政策和协调重大区际利益关系等过程中，要统筹支持特殊类型地区解决振兴发展重大问题，健全区域战略统筹、市场一体化发展、区域合作互助、区际利益补偿等机制，更好促进发达地区和特殊类型地区合作共赢。完善特殊类型地区差别化绩效评估体系，对重点城镇和城市化地区增强经济转型发展和常住人口公共服务等方面指标考核，对资源枯竭等转型地区着重考核民生事业、生态环保和经济转型发展等方面指标，对重点生态功能区和农产品主产区进一步增加生态服务功能和农产品供给能力相关考核指标。继续依托赣南等原中央苏区振兴、生态保护补偿、采煤沉陷区综合治理等部际联席会议制度，统筹协调推进重大事项。

第二节 落实职责分工

按照中央统筹、省负总责、市县抓落实的工作机制，明确特殊类型地区振兴发展的主体责任。相关省级人民政府要加强对特殊类型地区振兴发展的组织领导，明确责任分工，完善工作机制，制定实施方案，细化落实重点任务，组织编制省级专项规划，研究对相关市县实施差异化绩效评估。特殊类型地区各市县要落实主体责任，积极主动作为，确保本地区振兴发展取得实质成效。中央和国家机关及有关单位要根据职能分工，加强对特殊类型地区的工作指导，加大支持力度，细化具体支持政策，帮助协调解决跨区域、跨行业重大问题。重要政策、重大工程、重点项目要按规定程序报批。

第三节 鼓励各方参与

加大宣传和舆论引导力度，深入解读制定实施本规划的重大意义、核心内涵、重点任务和政策举措，鼓励引导各类企业、社会组织、社会工作者、基层群众积极参与特殊类型地区振兴发展，营造良好社会氛围，形成推进特殊类型地区振兴发展的强大合力。发展改革委要定期调度工作进展，及时跟踪规划落实情况，适时组织开展规划评估，重大事项及时向国务院报告。

（三）国家发展改革委等十部门关于印发全国特色小镇规范健康发展导则的通知

关于印发全国特色小镇规范健康发展导则的通知
（发改规划〔2021〕1383 号）

各省、自治区、直辖市及计划单列市、新疆生产建设兵团发展改革委、自然资源主管部门、生态环境厅（局）、科技厅（局）、工业和信息化厅（局）、商务主管部门、文化和旅游厅（局）、农业农村厅（局、委）、体育行政部门、市场监管局（厅、委）：

为深入贯彻落实习近平总书记重要批示指示精神，按照《国务院办公厅转发国家发展改革委关于促进特色小镇规范健康发展意见的通知》（国办发〔2020〕33 号）要求，经城镇化工作暨城乡融合发展工作部际联席会议第三次会议审议通过，现印发全国特色小镇规范健康发展导则，请认真贯彻执行。

国家发展改革委

自 然 资 源 部

生 态 环 境 部

科 技 部

工业和信息化部

商 务 部

文 化 和 旅 游 部

农 业 农 村 部

体 育 总 局

市 场 监 管 总 局

2021 年 9 月 27 日

全国特色小镇规范健康发展导则

近年来各地区特色小镇建设取得一定成效，涌现出一批精品特色小镇，促进了经济转型升级和新型城镇化建设，但也出现了部分特色小镇概念混淆、内涵不清、主导产业薄弱等问题。为加强对特色小镇发展的指导引导、规范管理和激励约束，结合各地区各有关部门实践探索，现围绕特色小镇发展定位、空间布局、质量效益、管理方式和底线约束等方面，提出普适性操作性的基本指引。

一、发展定位

准确把握特色小镇发展定位，明确概念内涵、功能作用和主导产业，将之作为发展特色小镇的基础和前提。

（一）概念内涵。特色小镇是现代经济发展到一定阶段产生的新型产业布局形态，是规划用地面积一般为几平方公里的微型产业集聚区，既非行政建制镇、也非传统产业园区。特色小镇重在培育发展主导产业，吸引人才、技术、资金等先进要素集聚，具有细分高端的鲜明产业特色、产城人文融合的多元功能特征、集约高效的空间利用特点，是产业特而强、功能聚而合、形态小而美、机制新而活的新型发展空间。

（二）功能作用。特色小镇是经济高质量发展的新平台，依托小尺度空间集聚细分产业和企业，促进土地利用效率提升、生产力布局优化和产业转型升级；是新型城镇化建设的新载体，疏解大城市中心城区非核心功能，吸纳农业转移人口进城就业生活，促进农业转移人口市民化和就近城镇化；是城乡融合发展的新支点，承接城市要素转移，支撑城乡产业协同发展。

（三）产业主导。特色小镇应秉持少而精、少而专方向，在确实具备客观实际基础条件的前提下确立主导产业，宜工则工、宜商则商、宜农则农、宜游则游，找准优势、凸显特色，切不可重复建设、千镇一面，切不可凭空硬造、走样变形，切不可一哄而上、贪多求全。制造业发达地区可着重发展先进制造类特色小镇，先进要素集聚地区可着重发展科技创新、创意设计、数字经济及金融服务类特色小镇，拥有相应资源禀赋地区可着重发展商贸流通、文化旅游、体育运动及三产融合类特色小镇。

二、空间布局

遵循经济规律、城镇化规律和城乡融合发展趋势，因地制宜、实事求是，合理谋划设计特色小镇空间布局。

（四）区位条件。特色小镇布局应依据国土空间规划，立足不同地区区位优势、产业基础和比较优势，在拥有相对发达块状经济或相对稀缺资源的区位进行布局。科学严谨论证布局选址可行性，以优化发展原有产业集聚区为主、以培育发展新兴区域为辅，重点布局在城市群、都市圈等优势区域或其他有条件区域，重点关注市郊区域、城市新区及交通沿线、景区周边等区位。

（五）建设边界。特色小镇应边界清晰、集中连片、空间相对独立、四至范围精确，生产生活生态空间保持合理比例。在严格节约集约利用土地的同时，特色小镇规划用地面积下限原则上不少于 1 平方公里，其中建设用地面积原则上不少于1/2 平方公里，保障生产生活所需空间和多元功能需要；规划用地面积上限原则上不多于 5 平方公里，保障打造形成一刻钟便民生活圈需要，文化旅游、体育运动及三产融合等类型特色小镇规划用地面积上限可适当提高。鼓励盘活存量和低效建设用地，强化老旧厂区和老旧街区等存量片区改造。

（六）空间功能。特色小镇应在聚力发展主导产业的基础上，推进生产生活生态"三生融合"、产业社区文化旅游"四位一体"，打造优质服务圈和繁荣商业圈。叠加现代社区功能，提高物业服务质量，结合教育医疗养老育幼资源整体布局提供优质公共服务，完善商贸流通和家政等商业服务。叠加文化功能，挖掘工业文化等产业衍生文化，建设展示整体图景和文化魅力的公共空间，赋予独特文化内核及印记，推动文化资源社会化利用。叠加旅游功能，促进产业与旅游相结合，寓景观于产业场景，增加景观节点和开敞空间，实现实用功能与审美功能相统一。

（七）风貌形态。特色小镇建设应体现风貌整体性、空间立体性、平面协调性。尊重原有自然格局，促进地形地貌、传统风貌与现代美学相融合。推进多维度全域增绿，建设"口袋公园"及小微绿地，绿化覆盖率原则上不低于30%，有条件的可依托既有水系营造蓝绿交织的空间形态。体现建筑外观风格特色化和整体性，控制适宜的建筑体量和高度。注重塑造色彩体系，加强屋顶、墙体、道路等公共空间美化亮化。

三、质量效益

坚持质量第一、效益优先，确保特色小镇投入强度够、质效水平高、创新活力足、低碳效应强。

（八）投入强度。特色小镇应聚焦产业细分门类，结合产业发展现状，选择一个最有基础、最具潜力的门类作为主导产业，打造形成具有核心竞争力的特色产业。做强做精特色产业集群，特色产业投资占总投资比例原则上不低于60%，培育竞争优势强的领航企业。确保投资具备一定强度，建设期内建设用地亩均累计投资额原则上不低于200万元/亩，有条件地区可进一步提高，避免将一般项目组团甚至单体项目命名为"特色小镇"。

（九）质效水平。特色小镇应聚焦高端产业和产业高端环节，提升产业价值链和产品附加值，全员劳动生产率原则上不低于20万元/人。坚持经济发展就业导向，扩大就业容量、提高就业质量，单个特色小镇吸纳就业人数原则上不少于2 000人。建设用地亩均缴纳税收额原则上不低于10万元/年，有条件地区可进一步提高。文化旅游类特色小镇接待游客人数原则上不少于50万人次/年。

（十）创新活力。特色小镇应聚焦创新创业，培育新产业新业态新商业模式，"三新"经济增加值占生产总值比重原则上不低于20%。先进制造、科技创新、创意设计、数字经济类特色小镇研发经费投入强度原则上不低于2.5%。健全研发设计、成果孵化、金融导入、场景应用相结合的创新创业服务体系。推动公共设施和建筑等物联网应用，公共设施基本实现智能化。

（十一）绿色低碳。特色小镇应按照碳达峰碳中和要求，协同推进经济高质量发展和生态环境高水平保护。推动能源清洁低碳安全高效利用，引导非化石能源消费和分布式能源发展，有条件的可开展屋顶分布式光伏开发，推行清洁取暖和合同能源管理。促进工业、建筑、交通等领域低碳转型，坚决遏制"两高"项目盲目发展,大力发展绿色建筑,推广装配式建筑、节能门窗和绿色建材,推进绿色施工。加强再生水利用。

四、管理方式

坚持高标准、严要求,统筹加强特色小镇建设发展的全环节管控,建立特色小镇全生命期管理机制。

(十二)方案编制。市县级人民政府应根据本导则要求,结合当地经济社会发展规划及国土空间规划,组织会同有关方面编制单个特色小镇建设方案,明确特色产业、四至范围、功能分区、投资运营主体、重点项目、建设方式、投融资模式、盈利模式等事项,落实国土空间规划确定的地块用途、容积率等管控要求。对方案的科学性可行性合规性进行把关,组织相关领域专家进行研究论证,必要时以公布方案草案、组织听证会等方式听取意见。

(十三)清单管理。省级发展改革部门应会同有关部门,按照严定标准、统一管理原则,建立本省份特色小镇清单。纳入清单的应具备本导则提出的基础条件,建设完成后应达到本导则明确的各项指标要求。坚持严控数量、提高质量,人均 GDP 少于 1 万美元省份的清单内特色小镇原则上不多于 50 个,鼓励控制在 30 个以内。每年年底前公布清单,并报送国家发展改革委纳入全国特色小镇信息库。国家发展改革委对各省份特色小镇清单实行"窗口指导",加强监督、引导和督促调整。未纳入各省份特色小镇清单的,各单位各机构不得自行冠名"特色小镇"或自行开工建设。

(十四)动态调整。省级发展改革部门应会同有关方面,切实做好存量特色小镇管理,对此前国务院各有关部门或行业协会、地方各级人民政府、市场主体已建设或命名的特色小镇进行全面审核,将符合本导则要求及本省份管理细则的特色小镇纳入清单,不符合的进行清理或更名。加强增量特色小镇管理,对市县级人民政府动态报送的每个特色小镇建设方案进行及时审核,将通过审核的特色小镇纳入清单。对清单内特色小镇进行定期评估,实行有进有退、优胜劣汰。

(十五)建设方式。坚持市场化运作、突出企业主体地位,鼓励通过政策激励引导、盘活存量资产、挖掘土地潜在价值等方式,培育专业性的特色小镇投资运营主体，引导大中小微企业联动发展。更好发挥政府作用，根据需要引导平台公司参与，加快项目审批（核准、备案）、用地、环评、施工许可等前期工作，依规开展土地综合整治，布局管网、交通等市政公用设施和产业配套设施，开展综合体项目整体立项、建设用地多功能复合利用等探索试验。

（十六）投融资模式。建立以工商资本及金融资本为主、以政府有效精准投资为辅的投融资模式。现金流健康的经营性项目、具备一定市场化运作条件的准公益性项目，主要通过特色小镇投资运营主体自有资金先期投入，其中符合条件项目可通过申请注册发行企业债券、鼓励引导银行业金融机构特别是开发性政策性金融机构参与等方式予以中长期融资支持。公益性项目主要通过各级财政资金予以投入，其中符合条件项目可按规定分别纳入中央预算内投资、地方政府专项债券支持范围。

五、底线约束

加强对特色小镇建设的动态监管，有效防范各类潜在风险，确保不突破各项红线底线。

（十七）合规用地底线。严格落实永久基本农田、生态保护红线、城镇开发边界，不得改变国土空间规划确定的空间管控内容，遏制耕地"非农化"、防止"非粮化"。坚持土地有偿使用，按宗地确定土地用途，经营性建设用地必须通过招标拍卖挂牌等方式确定土地使用者，不得设置排他性竞买条件。

（十八）生态环保底线。严格落实区域生态环境分区管控方案和生态环境准入清单要求。加强山水林田湖草系统治理修复监管，保护重要自然生态系统、自然遗迹、自然景观和生物多样性，严禁违法违规占用以国家公园为主体的自然保护地，严禁挖湖造景。严防污染物偷排和超标排放，防控噪声和扬尘污染，因地制宜配备污水、垃圾、固废、危废、医废收集处理等环境基础设施。

（十九）债务防控底线。严控地方政府债务风险，县级政府法定债务风险预警地区不得通过政府举债建设，不得以地方政府回购承诺或信用担保等方式增加地方政府隐性债务。综合考虑地方现有财力、资金筹措和还款来源，

[]

稳妥把握公共设施开工建设节奏。

（二十）房住不炒底线。严防房地产化倾向，特色小镇建设用地主要用于发展特色产业，其中住宅用地主要用于满足特色小镇内就业人员自住需求和职住平衡要求。除原有传统民居外，特色小镇建设用地中住宅用地占比原则上不超过30%，鼓励控制在25%以下。结合所在市县商品住房库存消化周期，合理确定住宅用地供应时序。

（二十一）安全生产底线。严格维护人民生命财产安全，健全规划、选址、建设、运维全过程安全风险管控制度。建立企业全员安全生产责任制度，压实企业安全生产主体责任。督促企业按照行业安全生产规程标准，建立安全风险预防控制体系。

（二十二）监测监督管理。地方各级人民政府应加强动态监管，对违反以上五条底线的行为要限期整改，对性质严重的要抓紧清理；对行政建制镇错误命名的虚假"特色小镇"、单纯房地产开发等项目自我冠名的"某某小镇"，以及停留在纸面上、并未开工建设的虚拟"特色小镇"，要立即除名。各级发展改革部门在开展项目审批（核准、备案）等工作时，应加强对项目名称的把关指导，规范使用特色小镇全称、防止简称为小镇，防止各省份特色小镇清单外项目命名为"特色小镇"。

国办发〔2020〕33号文件和本导则，是全国特色小镇发展的基本遵循。各省份可以此为依据，制定本省份特色小镇管理细则。本导则发布之日起，此前国务院各有关部门和单位印发的特色小镇文件同时废止。

附件：主要类型特色小镇建设规范性要求

附件

主要类型特色小镇建设规范性要求

主要类型	规范性要求
1. 先进制造类	着眼推动产业基础高级化和产业链现代化，促进装备制造、轻工纺织等传统产业高端化智能化绿色化发展，培育生物、新材料、新能源、航空航天等新兴产业，加强先进适用技术应用和设备更新，推动产品增品种、提品质、创品牌，发展工业旅游和科技旅游。着眼降低投产成本、提高产品质量，健全智能标准生产、检验检测认证、职业技能培训等产业配套设施。
2. 科技创新类	着眼促进关键共性技术研发转化，整合各类技术创新资源及教育资源，引入科研院所、高等院校分支机构和职业学校，发展"前校后厂"等产学研融合创新联合体，打造行业科研成果熟化工程化工艺化基地、产教融合基地和创业孵化器。建设技术研发转化和产品创制试制空间，提供专业通用仪器设备和模拟应用场景。
3. 创意设计类	着眼发挥创意设计对相关产业发展的先导作用，开发传统文化与现代时尚相融合的轻工纺织产品创意设计服务，提供装备制造产品外观、结构、功能等设计服务，创新建筑、园林、装饰等设计服务供给，打造助力于新产品开发的创意设计服务基地。注重引进工艺美术大师、时尚设计师等创意设计人才，布局建设工业设计中心。
4. 数字经济类	着眼推动数字产业化，引导互联网、关键软件等数字产业提质增效，促进人工智能、大数据、云计算、物联网等数字产业发展壮大，为智能制造、数字商务、智慧市政、智能交通、智慧能源、智慧社区、智慧楼宇等应用场景提供技术支撑和测试空间。建设集约化数据中心、智能计算中心等新型基础设施。

（续上表）

主要类型	规范性要求
5. 金融服务类	着眼拓宽融资渠道、活跃地方经济，发展天使投资、创业投资、私募基金、信托服务、财富管理等金融服务，扩大直接融资特别是股权融资规模，引导中小银行和地方银行分支机构入驻或延伸服务，引进高端金融人才，打造金融资本与实体经济集中对接地。建设项目路演展示平台和人才公寓等公共服务设施。
6. 商贸流通类	着眼畅通生产消费连接、降低物流成本，发展批发零售、物流配送、仓储集散等服务，引导商贸流通企业入驻并组织化品牌化发展，引导电商平台完善硬件设施及软件系统，结合实际建设边境口岸贸易、海外营销及物流服务网络，提高商品集散能力和物流吞吐量。加强公共配送中心建设和批发市场、农贸市场改造升级。
7. 文化旅游类	着眼以文塑旅、以旅彰文，创新发展新闻出版、动漫、演艺、会展、研学等业态，培育红色旅游、文化遗产旅游、自然遗产旅游、海滨旅游、房车露营等服务，打造富有文化底蕴的旅游景区、街区、度假区。合理植入公共图书馆、文化馆、博物馆，完善游客服务中心、旅游道路、旅游厕所等配套设施。
8. 体育运动类	着眼提高人民身体素质和健康水平，发展球类、冰雪、水上、山地户外、汽车摩托车、马拉松、自行车、武术等项目，培育体育竞赛表演、健身休闲、场馆服务、教育培训等业态，举办赛事、承接驻训，打造体育消费集聚区和运动员培养训练竞赛基地。科学配置全民健身中心、公共体育场、体育公园、健身步道、社会足球场地和户外运动公共服务设施。
9. 三产融合类	着眼丰富乡村经济业态、促进产加销贯通和农文旅融合，集中发展农产品加工业和农业生产性服务业，壮大休闲农业、乡村旅游、民宿经济、农耕体验等业态，加强智慧农业建设和农业科技孵化推广。建设农产品电商服务站点和仓储保鲜、冷链物流设施，搭建农村产权交易公共平台。

（四）中共广东省委　广东省人民政府关于支持珠海建设新时代中国特色社会主义现代化国际化经济特区的意见

中共广东省委　广东省人民政府关于支持珠海建设新时代中国特色社会主义现代化国际化经济特区的意见
（2021 年 2 月 2 日）

为全面贯彻落实习近平总书记关于经济特区建设的重要论述精神，支持珠海经济特区思想观念先行、改革创新先行、基础设施先行、绿色发展先行，在新时代强化新担当、展现新作为，建设中国特色社会主义现代化国际化经济特区，打造粤港澳大湾区高质量发展新引擎，现提出如下意见。

一、总体要求

（一）指导思想。坚持以习近平新时代中国特色社会主义思想为指导，全面贯彻党的十九大和十九届二中、三中、四中、五中全会精神，深入贯彻习近平总书记对广东系列重要讲话和重要指示批示精神，紧紧围绕统筹推进"五位一体"总体布局和协调推进"四个全面"战略布局，立足新发展阶段，贯彻新发展理念，紧扣推动高质量发展、构建新发展格局，坚持经济特区 40 年改革开放创新发展积累的"十条宝贵经验"，抓住粤港澳大湾区、深圳中国特色社会主义先行示范区"双区"建设重大发展机遇，支持珠海在更高起点上推进改革开放，努力把珠海经济特区办得更好、办得水平更高，建设成为改革开放的重要窗口、试验平台、开拓者、实干家。

（二）战略定位

——区域重要门户枢纽。全面提升城市能级量级，建设区域科技创新中心、商贸物流中心、特色金融中心、文化艺术中心和枢纽型网络化综合交通体系，打造粤港澳深度合作新支点，加快建成珠江口西岸核心城市和沿海经济带高质量发展典范。

——新发展格局重要节点城市。充分发挥毗邻港澳、陆海通达的独特区位优势，贯通生产、分配、流通、消费各环节，有效融入区域和全国统一大市场。充分利用国内国际两个市场两种资源，加快推进制度型开放，为广东打造新发展格局战略支点提供重要支撑。

——创新发展先行区。深入实施创新驱动发展战略，深化科技创新体制改革，汇聚全球高端人才，建立以企业为主体、市场为导向、产学研深度融合的技术创新体系，培育具有核心竞争力的产业集群，推动经济发展从要素驱动转向人才驱动、创新驱动。

——生态文明新典范。坚定不移走人与自然和谐共生的绿色发展道路，优化提升城市生态环境，全面推行绿色发展方式和生活方式，完善绿色发展评价机制，推动生态优势转化为经济社会发展优势，打造生态文明典范。

——民生幸福样板城市。坚持以人为本、发展为民，构建优质均衡的公共服务体系，完善共建共治共享社会治理机制，增强城市发展韧性，塑造开放友好包容的城市文化，打造获得感成色更足、幸福感更可持续、安全感更有保障的样板城市。

（三）发展目标。到 2025 年，自主创新能力和现代化经济体系建设水平大幅提升，全省新的重要增长极作用凸显，公共服务水平和生态环境质量全国领先，深化改革扩大开放走在全国前列，支持澳门经济适度多元发展取得重要进展，建设现代化国际化、生态型智慧型宜居城市取得显著成效。到 2035 年，城市综合竞争力大幅提升，澳珠极点带动作用显著增强，建成民生幸福样板城市、知名生态文明城市和社会主义现代化国际化经济特区。

二、践行全面深化改革开放新使命

（四）用足用好经济特区立法权。支持珠海以制度创新为核心，根据授权对省地方性法规作变通规定。积极协调解决经济特区立法变通事项与省有关事项的衔接问题，支持在珠海适用对省地方性法规作出变通规定的珠海经济特区法规。

（五）赋予更大改革发展自主权。按照能放则放、应放尽放的原则，依法将部分省级经济社会管理权限以清单形式下放或委托珠海实施。优先部署省级重大改革试点，支持珠海在已取得使用权的无居民海岛上探索开展不动产统一登记。委托珠海实施城乡建设用地增减挂钩节余指标跨省域调剂建新方案审批。支持珠海按规定探索创新镇街基层人员编制管理，统筹使用各类编制资源。省级通过挖潜创新和统筹调剂等方式，加大对珠海基础教育、基本医疗等普惠性、基础性、兜底性民生建设的编制保障力度。开展事业单位员额制管理改革试点。鼓励珠海探索优化行政区划管理，提升珠海资源承载和资源优化配置能力。

（六）推动创造型引领型改革。支持珠海深化产业用地市场化配置改革，合理划定工业用地红线，提高高度城镇化地区耕地保护和土地利用水平。深化科技成果使用权、处置权和收益权改革。依法有序推进政府数据共享。深化政务服务、国资国企等领域改革，全面激发市场主体活力和创造力。深化"放管服"改革，大力推进数字政府建设，全面推行权力清单、责任清单、负面清单制度。

（七）打造开放合作新高地。支持珠海跨境电子商务综合试验区建设，打造珠港澳跨境电子商务枢纽基地。加快建设高栏港综合保税区。加快推动珠海机场设立国际口岸。继续办好中国国际航空航天博览会。加强与港澳消费市场互补和联动，支持珠海建设区域消费中心。

三、推动形成珠澳全方位合作新局面

（八）全力建设横琴粤澳深度合作区。支持珠海创新粤澳合作开发横琴模式，建立共商共建共管的体制机制。优化横琴"分线管理"政策，创新跨境金融监管模式，推动跨境数据安全有序流动。大力发展高新技术、品牌工业、现代金融、商贸消费、文旅会展、海洋经济等重点产业。推动建设粤澳跨境金融合作（珠海）示范区，加强与澳门在跨境金融、绿色金融、中药材现货交易等领域深度合作。

（九）深化珠海与澳门合作。有序推进澳珠联通工程，争取国家支持珠海规划建设城际市域（郊）铁路。推动珠海保税区、洪湾片区、鹤洲片区以及航空产业园、高栏港经济区、万山海洋开发试验区与横琴粤澳深度合作区功能协调和产业联动。

（十）提升澳珠极点辐射带动能力。支持珠海强化与周边城市空间规划衔接、产业优势互补和基础设施联通，形成区域协同发展新优势。规划建设粤港澳大湾区（珠西）高端产业集聚发展区。研究推进珠海、中山接壤片区协同发展，深化珠海与阳江对口帮扶。加快大桥经济区建设，承接港澳物流、供应链服务等现代服务业。强化珠江口西岸都市圈与广州都市圈、深圳都市圈协同发展，规划建设深珠合作示范区，推动珠江口东西两岸融合互动发展。

四、打造科技创新新高地

（十一）深化科技创新体制改革。支持珠海研究赋予科研人员人财物更大的自主支配权，完善前沿科技领域人才和团队稳定支持机制，探索在科研经费和科技成果管理等方面实行负面清单制度。完善科技风险补偿机制，鼓励各类金融机构参与设立科技创业引导基金。健全科研资金跨境使用、科技成果跨境转移转化、高层次人才跨境流动等机制，探索开展知识产权保护和运用综合改革试验。

（十二）全面增强自主创新能力。支持珠海加快建成广珠澳科技创新走廊沿线重要节点城市，参与粤港澳大湾区综合性国家科学中心建设，布局建设重大科技基础设施。加快南方海洋科学与工程广东省实验室（珠海）建设，争取更多重点实验室落户。支持创建国家科技成果转化服务示范基地，依托粤澳合作中医药科技产业园建设中医药科技成果转化基地。

（十三）打造更具吸引力的人才集聚区。充分发挥珠海横琴粤港澳人才合作示范区作用，优化实施珠海英才计划，对引进高精尖缺人才可以不受事业编制、岗位设置、工资总额限制，对引进战略科学家和具有颠覆性技术的创新创业团队可以"一事一议""一人一策"。

五、增强产业发展新动能

（十四）大力发展实体经济。支持珠海以壮大实体经济为导向，高质量发展先进制造业和现代服务业，培育发展现代产业集群。巩固智能家电产业领先地位，鼓励工业机器人、高端打印设备、深水海洋装备等装备制造产业创新发展，带动提升珠江口西岸先进装备制造产业带建设水平。培育壮大集成电路设计制造、生物医药等战略性新兴产业。积极引入航空龙头项目，整合产业链资源，打造航空工业和通航产业集聚区。支持在第三代半导体等领域创建制造业创新中心。大力发展科技信息服务、金融服务、专业服务等生产性服务业。

（十五）加快发展现代金融服务业。支持珠海优化金融营商环境，吸引境内外金融机构在珠海集聚发展，提升现代产业集群金融服务效能。落实中央关于设立人民币海外投贷基金和开展合格境内有限合伙人试点有关政策，鼓励开展海洋金融创新，培育发展金融科技企业。

（十六）培育发展数字经济。支持珠海推进数字经济创新发展试验区建设，加快新型基础设施建设，建设省级信创产业示范区、5G产业园。建设云计算中心、低时延类中型以下或边缘计算数据中心。支持横琴先进智能计算平台、无人船海测基地、智能网联汽车测试基地等项目建设。

（十七）建设海洋经济示范区。支持珠海因地制宜发展现代海洋经济，依托万山群岛、环横琴岛和环高栏岛等区域，打造环珠澳蓝色海洋产业带。加大深海资源开发利用，加快海洋开发服务体系和海洋科技体系建设，发展海岛观光、海上运动等多元化海洋旅游项目。大力发展远洋渔业，建设智能型海洋牧场，加快建设洪湾渔港经济区。

六、打造珠江口西岸综合交通新枢纽

（十八）建设珠江口西岸轨道交通中心。支持珠海围绕推动澳珠极点融入国家高铁网，加快建设北优东接、辐射粤西的多层次轨道交通网络。规划建设珠海至肇庆高铁、广州至珠海（澳门）高铁，深入研究论证深珠城际铁路（伶仃洋通道），结合国土空间规划做好项目廊道预留预控工作，加快建成珠海市区至珠海机场城际铁路，规划建设南沙至珠海（中山）城际铁路。研究提升珠海铁路枢纽功能，谋划深珠城际铁路延伸至阳江，构建珠江口西岸沿海铁路通道。

（十九）织密内联外拓的高快速路网。强化珠江口西岸交通一体化高速公路网布局，加快建成黄茅海跨海通道，规划建设高栏港高速公路北延线，完善港珠澳大桥及其西延线周边路网。谋划推动珠峰大道西延至江门、横琴第三通道北延至中山等高快速路，完善珠海对接深圳、中山、江门等城市交通路网。

（二十）打造区域航空航运枢纽。增强珠海机场、珠海港功能，高质量建设区域性枢纽机场，支持修编珠海机场总体规划，推动将珠海机场第二跑道纳入国家"十四五"规划前期工作项目。加快高栏港集装箱码头三期等深水泊位、深水航道和疏港交通基础设施建设，加快推动珠海港与广州港等周边港口合作。

七、打造生态文明新典范

（二十一）加强生态环境保护。支持珠海高质量建设水网生态廊道，理顺跨境河流、水域管理权属，重点推进前山河全流域水环境综合整治。协同推进区域臭氧和$PM_{2.5}$联防联控。支持珠澳咸期供水水资源配置体系建设。加快建设珠海海岸带保护与利用综合示范区，省级财政专项资金按规定给予支持。支持建立珠江口海域污染联防联治机制，进一步改善近岸海域水环境质量，扎实推进美丽海湾保护和建设。

（二十二）推行绿色发展方式和生活方式。支持珠海加快创建"无废城市"，支持国家生态工业示范园区、循环经济发展示范园区建设，深入实施生活垃圾分类制度，发展高等级绿色建筑，提升公共交通分担率。加快建设现代农业产业园，推动现代都市农业发展。探索实施生态系统服务价值核算，深化生态环境保护综合行政执法改革。

八、建设宜居幸福新都市

（二十三）规划建设新型智慧城市。支持珠海加快推进城市治理科学化、精细化、智能化，建设"城市大脑"，打造新型智慧城市样板。加快建设智慧交通、智慧健康、智慧教育体系，推动智慧社区管理创新。运用新一代信息技术科学编制国土空间规划，推动职住均衡、产城融合。

（二十四）建设高水平区域教育医疗中心。支持按规定引进港澳及国外高水平大学到珠海办学，将横琴打造成为粤港澳大湾区国际教育示范区的先行地。支持珠海推进基础教育课程综合改革示范实验区建设，优化中小学教师岗位结构比例，深入推进中小学校长职级制改革。加强高水平医院、医学学科群和重点专科建设，推进与港澳建立紧密型疫情联防联控机制，探索建立珠澳医疗转诊制度。

（二十五）构建新型住房供给体系。支持珠海加快建立多主体供给、多渠道保障、租购并举的住房供应与保障体系，严格控制大户型高档商品住房用地。完善住房租赁管理政策法规，多渠道增加租赁住房，提高各类保障性住房的筹集供给能力。到2035年，实现人才住房、公共租赁住房、安居型商品房占住房供应总量的60%。

（二十六）提升社会治理现代化水平。支持珠海推进全国市域社会治理现代化试点城市建设。健全城乡社区治理和服务体系，培育扶持具有代表性的行业性社会组织和公益组织，加强社会工作人才队伍建设。推动建设区域性应急指挥中心。深化珠澳执法合作，完善民商事矛盾纠纷多元化解机制。

（二十七）提升新时代精神文明建设水平。培育和践行社会主义核心价值观，支持珠海深化文明城市全域创建，构建现代公共文化服务体系，深化国有文艺院团改革。加强历史文化遗产保护。支持创建国家全域旅游示范区。发展港珠澳大桥蓝海豚岛特色旅游项目。

九、保障措施

（二十八）完善协调推动和督促落实机制。省推进粤港澳大湾区建设领导小组及其办公室统筹做好支持珠海经济特区建设工作，加强跟踪指导和督促检查，建立健全特事特办工作机制。充分发挥省领导同志定点联系市、县工作制度作用，协调解决珠海经济特区建设中的困难和问题。省有关部门要加强服务指导，推动各项政策措施落地见效。按照中央组织部有关规定组织省直部门选派干部赴珠海挂职帮扶，支持珠海干部到省直部门跟班学习。珠海要落实主体责任，狠抓工作落实，重大事项及时向省委、省政府报告。

（五）中共广东省委　广东省人民政府关于支持汕头建设新时代中国特色社会主义现代化活力经济特区的意见

中共广东省委　广东省人民政府关于支持汕头建设
新时代中国特色社会主义现代化活力经济特区的意见

（2021年2月2日）

为弘扬敢闯敢试、敢为人先、埋头苦干的特区精神，支持汕头建设新时代中国特色社会主义现代化活力经济特区，现提出如下意见。

一、总体要求

（一）指导思想。坚持以习近平新时代中国特色社会主义思想为指导，全面贯彻党的十九大和十九届二中、三中、四中、五中全会精神，深入贯彻习近平总书记对广东系列重要讲话和重要指示批示精神，统筹推进"五位一体"总体布局和协调推进"四个全面"战略布局，立足新发展阶段，贯彻新发展理念，紧扣推动高质量发展、构建新发展格局，紧紧抓住粤港澳大湾区和深圳中国特色社会主义先行示范区"双区"建设、"一带一路"建设等重大机遇，坚持在全国一盘棋中更好发挥经济特区辐射带动作用，支持汕头在新时代经济特区建设中迎头赶上，更好发挥改革开放重要窗口和试验平台作用，为推动广东在全面建设社会主义现代化国家新征程中走在全国前列、创造新的辉煌作出新的更大贡献。

（二）战略定位

——高质量发展的活力特区。以更大魄力、在更高起点上推进改革开放，加快构建以创新驱动为核心的现代化经济体系，打造省域副中心城市和现代化沿海经济带重要发展极，展现新时代经济特区高质量发展新面貌。

——治理高效的法治城市。坚持科学立法、严格执法、公正司法、全民守法，加快构建统一、开放、竞争、有序的市场体系，营造稳定公平透明、可预期的国际一流法治化营商环境。

——开放包容的文明窗口。践行社会主义核心价值观，大力弘扬特区精神，构建高水平公共文化服务体系，打造区域文化高地，塑造新时代汕头经济特区开放包容文明新形象。

——聚侨惠民的和美侨乡。坚持以人民为中心的发展思想，加强普惠性民生建设，创新聚侨惠侨服务机制，促进海内外华侨华人深度融入祖（籍）国经济发展，建设聚侨惠民和美新家园。

——绿色宜居的智慧都市。牢固树立绿水青山就是金山银山理念，加强生态文明建设，统筹优化城乡空间和品质，强化区域生态环境联防共治，提升城市智慧化水平，打造智慧宜居的绿色发展新空间。

（三）发展目标。到 2025 年，更高水平开放型经济新体制基本形成，经济实力、发展质量、城市功能明显提升，营商环境显著改善，现代化活力经济特区建设初见成效。到 2035 年，省域副中心城市基本建成，经济综合实力和城市竞争力位居沿海开放地区前列，市场化法治化国际化营商环境更加完善，成为高质量发展的现代化活力经济特区。

二、建设高质量发展的活力特区

（四）持续激发经济体制改革活力。充分发挥数字政府建设基础性先导性作用，支持汕头在要素市场化配置、营商环境优化、城市空间统筹利用等领域深化改革。支持汕头结合国土空间规划编制，优化村镇工业集聚区升级改造项目的用地布局，充分保障产业园区用地空间。完善汕潮揭同城化发展机制，引领粤东地区协同发展。探索开展汕潮揭都市圈户籍准入认证、居住证互认工作。深化国资国企改革，做强做优做大市属国有资本和国有企业。

（五）构建全面开放合作新高地。充分发挥中国（广东）自由贸易试验区示范引领作用，辐射带动汕头深化改革开放发展。支持汕头充分利用区域全面经济伙伴关系协定（RCEP）等自由贸易协定优惠条款，开拓国际贸易合作新空间，更加积极有效利用外资，深度参与"一带一路"建设。支持打造区域消费中心城市，开展进口贸易促进创新工作，建设国际优质农产品、消费品进口集散中心，培育大型商贸龙头企业，提质升级一批专业市场。支持服务业扩大对外开放，推动数字服务贸易发展。支持发展跨境电商、市场采购、全球保税维修等贸易新业态新模式，加快中国（汕头）跨境电子商务综合试验区、汕头综合保税区和宝奥国际玩具城市场采购贸易方式试点建设。

（六）赋予更大发展自主权。按照能放则放、应放尽放的原则，依法将部分省级经济社会管理权限以清单形式下放或委托汕头实施。按程序赋予汕头在机构管理、统筹使用各类编制资源等方面更大自主权。支持汕头结合国土空间规划编制，优化耕地、林地、建设用地等各类用地规模、布局和时序，根据国家统一部署安排，统筹优化永久基本农田保护任务。结合债务风险情况，新增地方政府债券对汕头倾斜支持，优先用于汕头符合条件的重点领域重大项目。

（七）加快区域创新中心建设。支持在汕头规划布局重大科技基础设施和重大科研平台，加大科研人才、科研经费以及省重点领域研发计划对汕头项目的支持力度。支持汕头加强与粤港澳大湾区国际科技创新中心建设的对接，加快推进化学与精细化工广东省实验室、高等级生物安全实验室等创新平台建设。

（八）构建更具竞争力的现代产业体系。推动省重大产业项目向汕头倾斜布局。支持汕头大力发展数字经济和工业互联网，加快纺织服装、工艺玩具、精细化工等传统支柱产业转型升级，做大做强装备制造、印刷包装、化学和生物制剂、保健食品等产业。构建海上风电全产业链，打造千万千瓦级海上风电基地。培育壮大生物医药、新材料、新一代信息技术等战略性新兴产业，发展海洋新兴产业，推进海水淡化示范工程建设和关键技术国产化进程。加快发展特色优势现代农业。打造一批产业特色鲜明的隐形冠军企业、瞪羚企业、独角兽企业和灯塔工厂。大力提升现代服务业发展能级。打造一批重大产业发展平台，集中力量建设汕头大型产业园区，支持和鼓励500强企业、省属国有企业和粤港澳大湾区知名企业落户汕头，引入高端制造业，推动产业链现代化。

（九）加快金融资源集聚发展。支持汕头持续优化金融生态环境，提升服务实体经济水平。稳妥推进汕头海湾农商银行改革发展。鼓励金融机构区域总部、分支机构落户汕头。规范发展供应链金融服务平台，扩大省级供应链金融创新试点规模，加快制造业领域融资租赁发展。依托华侨经济文化合作试验区依法依规开展金融创新探索，完善广东股权交易中心"华侨板"功能。鼓励私募股权投资基金、金融科技企业等有序发展。

三、建设治理高效的法治城市

（十）打造稳定公平透明、可预期的国际一流营商环境。支持汕头加强法治建设，推进行政裁决示范创建。深化营商环境综合改革，完善创业投资发展的法治环境，跻身营商环境先进地区行列。加快建设汕头知识产权保护中心，推动建设"一站式"知识产权保护综合服务平台。建设高价值专利培育布局中心，大力开展专利导航。

（十一）用足用好经济特区立法权。支持汕头加强立法探索，根据授权对省地方性法规作出变通规定。对需要在汕头暂时调整、暂时停止适用省地方性法规部分规定的行政管理等领域特定事项，由省人大常委会按法定程序作出决定。

（十二）促进社会治理现代化。支持汕头完善基层社会治理新格局，健全城乡基层治理体系，推行网格化管理服务。加强社会信用体系建设，构建统一的社会信用平台。支持创建全国市域社会治理现代化试点示范城市。探索建立城市管理行政执法新机制新模式，推动资源服务管理向乡镇（街道）、村（社区）下沉。

四、塑造开放包容的文明窗口

（十三）全面推进新时代经济特区文明建设。支持汕头塑造海纳百川、开放包容、改革创新的城市文化和特区气质，把社会主义核心价值观融入社会发展各方面。创建文明城市，打造新时代优秀传统文化守正创新示范城市、独具韵味的粤东文化明珠。健全现代文化产业体系和市场体系，打造具有鲜明特色的潮汕文化中心。

（十四）打造区域文化高地。支持汕头规划建设歌舞剧院、美术馆等一批重大公共文化设施。研究依托高等学校设立创新创意设计学院。加强旅游基础设施建设，深入挖掘历史文化和红色文化旅游资源。推进南澳岛生态旅游区创建5A级旅游景区、省全域旅游示范区。高水平开展历史文化保护利用，推动小公园开埠区等创建历史文化街区。高水平举办第三届亚青会等体育品牌赛事。

五、打造聚侨惠民的和美侨乡

（十五）做好新时代"侨"的文章。引导激励华侨华人在支持和参与祖（籍）国现代化建设、弘扬中华文化、维护和促进中国和平统一、密切中外交流合作等方面发挥更大作用。鼓励华侨华人到汕头投资。支持汕头开展惠侨聚侨政策探索创新，承办涉侨品牌活动，发展海外华文教育事业，开展侨批、潮剧、潮菜等特色侨乡文化研究利用。

（十六）增进民生福祉。支持汕头加快打造区域教育高地，推动汕头大学、广东以色列理工学院加强学科建设，争取进入新一轮省高水平大学整体建设高校。建设辐射周边地区的职业教育基地，加大高水平职业院校和专业（群）建设力度。推动粤东技师学院建设高水平技师学院。扩大公办、普惠性幼儿园规模，提升中小学校办学质量。加快打造区域医疗高地，推动汕头大学医学院第一附属医院、汕头市中心医院等加快建设高水平医院，推动省级医院组团式帮扶汕头建设临床重点专科。鼓励省医学科学院在汕头建设分院，支持汕头建设公共卫生医学中心、省级临床医学研究中心和重点医学实验室。提高养老、托幼和家政康养服务水平。完善保障性住房与人才住房制度。

六、建设绿色宜居的智慧都市

（十七）建设高水平全国性综合交通枢纽。构建以汕头高铁站、汕头港为枢纽的"承湾启西、北联腹地"综合交通运输体系。支持汕头港做大做强，加快推进汕头广澳港疏港铁路和广澳港区三期建设，提升汕头港航基础设施和集疏运能力。依托汕头港打造商贸服务型国家物流枢纽，推动与粤港澳大湾区主要港口深度合作。加快推进汕汕铁路建设以及漳汕铁路规划建设，有序推进汕头站至揭阳（潮汕机场）、潮州、普宁城际铁路等项目。研究推进汕头澄海（南澳）至潮州潮安高速公路项目，规划建设梅潮高速公路南延线、汕头至饶平高速公路，谋划研究汕头至汕尾、汕头西部加密线、广澳港区连接线等高速公路项目。谋划研究粤东沿海地区联接内地的陆海新通道。

（十八）建设智慧宜居粤东明珠。支持汕头树立全周期管理意识，提升城市治理科学化、精细化、智能化水平，建设"城市大脑"，探索打造数字孪生城市。加强传统基础设施"数字＋""智能＋"升级。推进城镇老旧小区改造工作和美丽乡村建设。建设体育公园，打造全民健身新载体。加快创建节水型城市和海绵城市。

（十九）建设绿色生态美丽汕头。支持汕头加强大气和水污染防治，深化巩固练江治理成效，建设全国黑臭水体治理示范城市，全面推进区域水质达标。推进海岸带地区海域污染治理和海洋生态修复，加强红树林保护修复，建成海岸带保护与利用综合示范区。推动南澳等地建设美丽海湾，建设南澳青澳湾国家级海洋自然公园。高质量推进万里碧道建设。提升城市灾害防御能力，推进跨流域水资源优化配置工程建设。

七、保障措施

（二十）强化要素保障支撑。对汕头符合国家政策列入重大项目清单的项目，加强项目用地、用海、用林、用能保障，统筹安排主要污染物总量减排指标。省统筹安排新增建设用地规模和指标，加强对汕头重大项目建设的保障。逐步加大省财政转移支付力度，支持汕头省域副中心城市建设。省统筹现有资金渠道，加大力度支持汕头重点产业园区基础设施建设。省财政安排30亿元支持汕头举办亚青会、亚青会主场馆暨汕头大学东校区建设。省级财政通过安排生均经费、提高高等教育毛入学率新增学位综合奖补资金、高等教育"冲一流、补短板、强特色"专项资金等，支持汕头大学提升办学水平。支持汕头加大高端人才、紧缺人才的引进力度。汕头对汕汕铁路、漳汕铁路等350公里/小时跨市高铁重点项目资本金的出资责任，由省级承担。汕头华侨经济文化合作试验区实施的基础设施专项补助政策到期后，再延期3年并予以完善，聚焦支持重大项目建设。

（二十一）建立健全深圳与汕头深度协作机制。充分发挥深圳、汕头两市比较优势，引领深圳都市圈和汕潮揭都市圈融合互动发展。加强两市区域重大平台及各个层面的合作。探索建立两市科技资源开放共享机制，打造协同创新生态体系。加强两市金融合作，加快建设深圳证券交易所汕头基地。支持两市以市场化方式创新开展产业合作，探索共建产业园，推动汕头战略性新兴产业发展。支持深圳"创新+""设计+"赋能汕头传统优势产业。

（二十二）完善组织实施机制。充分发挥省领导同志定点联系市、县工作制度作用，省区域协调发展领导小组加强组织协调，建立健全支持汕头特事特办工作机制，及时研究解决工作中的重大问题。省有关部门要加强指导支持，推动各项政策措施落地见效。按照中央组织部有关规定组织省直部门选派干部赴汕头挂职帮扶，支持汕头干部到省直部门跟班学习。汕头要落实主体责任，狠抓工作落实，重大事项及时向省委、省政府报告。

（六）中共广东省委　广东省人民政府关于支持湛江加快建设省
域副中心城市打造现代化沿海经济带重要发展极的意见

中共广东省委　广东省人民政府关于支持湛江加快建设
省域副中心城市打造现代化沿海经济带重要发展极的意见
（2021 年 2 月 2 日）

为支持湛江更好服务和融入国家发展大局，加快建设省域副中心城市，打造现代化沿海经济带重要发展极，现提出如下意见。

一、总体要求

（一）指导思想。坚持以习近平新时代中国特色社会主义思想为指导，全面贯彻党的十九大和十九届二中、三中、四中、五中全会精神，深入贯彻习近平总书记对广东系列重要讲话和重要指示批示精神，统筹推进"五位一体"总体布局和协调推进"四个全面"战略布局，立足新发展阶段，贯彻新发展理念，紧扣推动高质量发展、构建新发展格局，紧紧抓住粤港澳大湾区、深圳中国特色社会主义先行示范区"双区"建设和"一带一路"建设、海南自由贸易港建设等重大机遇，支持湛江在更高起点上推进改革开放再出发，为推动广东在全面建设社会主义现代化国家新征程中走在全国前列、创造新的辉煌作出新的更大贡献。

（二）战略定位

——服务重大战略高质量发展区。依托独特区位优势，主动服务和融入粤港澳大湾区建设等重大国家战略，在推动高质量发展和高水平对外开放等方面深化改革创新。

——陆海联动发展重要节点城市。充分发挥作为西南、中南、华南地区重要出海口和面向东盟国际大通道重要节点的作用，加快建设全国性综合交通枢纽，积极参与西部陆海新通道建设。

——现代化区域性海洋城市。以建设海洋经济发展示范区为契机，加快建立现代海洋产业体系，打造陆海协调、人海和谐、向海图强的海洋城市。

——全省区域协调发展重要引擎。高质量建设省域副中心城市，强化广州—湛江"核+副中心"深度协作，大力提升城市发展能级，引领粤西地区协同发展，增强对周边区域的辐射带动能力，努力打造现代化沿海经济带重要发展极。

（三）发展目标。到 2025 年，省域副中心城市建设取得重大进展，经济综合实力、发展质量、城市功能明显提升，内联外畅的交通网络基本建成，对接粤港澳大湾区、海南自由贸易港、中国—东盟自由贸易区建设取得重大进展，现代化沿海经济带重要发展极初步形成。到 2035 年，省域副中心城市基本建成，经济综合实力和竞争力位居全省前列，全国性综合交通枢纽地位更加突出，21 世纪海上丝绸之路海上合作支点功能显著提升，现代化沿海经济带重要发展极作用充分显现。

二、推动湛江深度对接海南自由贸易港建设

（四）加强与海南自由贸易港联动融合发展。深化湛江港口与海南港口的战略合作，加快推进琼州海峡港航一体化进程，推动湛海高铁引入徐闻港区南山作业区，支持湛江在雷州港区布局对接海南的专业货运通道。加强与海南开展国际能源和大宗商品交易、航运等合作。

（五）联动海南建设先进制造业基地。加快琼州海峡经济带建设，支持湛江深化与海南在石化、能源等领域产业协同共建。探索与海南在徐闻共建产业合作园区。强化海洋交通运输、海洋生物制药、海洋能源开发利用和海工装备制造等海洋产业合作。

（六）加强与海南现代服务业合作。支持湛江与海南在健康医养等领域开展深度合作，携手共建一批世界级旅游景区和度假区，共同开发"一程多站、优势互补"的特色旅游线路，拓展延长旅游产业链条。建设定向供给海南"菜篮子"基地和服务海南动植物种质资源基地，加强与海南全球热带农业中心和全球动植物种质资源引进中转基地合作。

三、加快建设高水平全国性综合交通枢纽

（七）建设港口型国家物流枢纽承载城市。支持湛江加快推进湛江港30万吨级航道改扩建工程，规划建设40万吨铁矿石码头，加快疏港铁路和公路建设，提升港航和集疏运能力。支持湛江港加强与粤港澳大湾区主要港口、海南港口合作，巩固湛江港区域性货运枢纽港地位。

（八）建设陆海经济大通道。支持湛江参与西部陆海新通道建设并开展中欧班列业务。加快建设湛江吴川机场及机场高速公路，推进深湛铁路湛江吴川机场支线等重大集疏运通道建设。加快广湛高铁、合湛高铁、湛海高铁规划建设，加快推动湛江铁路枢纽规划建设。研究利用深湛铁路富余能力开行粤西片区城际列车。谋划研究河茂铁路西延线及湛江北上轨道交通建设。

（九）构建内通外畅的高快速路网。支持湛江加快开工建设湛徐高速乌石支线，规划建设南宁至湛江高速广东段、玉湛高速雷州支线、环城高速南三岛至东海岛跨海通道、玉湛高速二期工程、汕湛高速吴川支线东延线、湛徐高速调风支线、东雷高速西延线等一批高速公路项目。加强高速公路与沿线重要开发区、产业园区、重要城镇的连接，提升与周边城市的互联互通水平。加快广东滨海旅游公路雷州半岛段建设。

四、全力打造现代化沿海经济带重要发展极

（十）加快建设世界级产业集群。支持湛江推动绿色钢铁、绿色石化、海工装备、清洁能源等重大产业集群建设。加快建设宝钢湛江钢铁、巴斯夫（广东）一体化基地、廉江清洁能源等重大项目，大力提升产业链上下游配套能力。引导和推动新能源汽车制造产业布局湛江。集中力量重点建设大型产业园区，打造一批重大产业发展平台，以东海岛为主战场建设现代化世界级临港产业集聚基地，引入高端制造业，推动产业链现代化。规划建设钢铁、汽车、森工等专业园区。

（十一）推动新兴产业集聚发展。支持湛江发展海洋新兴产业，加快推进乌石17－2油田群开发项目建设。设立海洋生物基因资源、药物资源库，建设海洋科技产业创新基地。发展氢能产业。规划建设"粤西数谷"大数据产业园，推动5G、工业互联网、大数据、软件与信息服务、数字创意等产业发展，打造数字经济产业集聚区。打造一批产业特色鲜明的隐形冠军企业、瞪羚企业、独角兽企业和灯塔工厂。

（十二）提升特色优势产业竞争力。支持湛江充分发挥热带农业资源优势，全产业链布局发展热带农业。推动农产品精深加工，提高附加值和竞争力。高标准建设深远海海洋牧场，培育壮大深海网箱养殖优势产业，积极扶持远洋渔业发展。布局建设农产品物流骨干枢纽，加快建设区域性农产品交易市场。加快发展中医药产业，建设现代化医药生产基地。推动水产品加工、特色食品、羽绒、医药等产业转型升级，建设出口型绿色家电基地。鼓励企业加大数字化、网络化、智能化和绿色化等技术改造投入。大力发展全域旅游，挖掘红色旅游资源，规划建设雷州半岛滨海旅游文化体育产业带。

五、加快提升省域副中心城市综合服务功能

（十三）建设区域创新中心。支持湛江经济技术开发区、湛江海东新区、湛江高新技术产业开发区等重大平台高质量发展，加快培育形成促进区域创新发展的核心引擎。加快推进湛江南方海洋科学与工程广东省实验室建设。建设一批工程中心、企业技术中心、重点实验室、农业创新中心等创新平台。省重点领域研发计划加大对湛江项目的支持力度。推动湛江加强与粤港澳大湾区的人才交流合作。

（十四）建设区域文化教育中心。支持湛江加强文化遗产保护与活化利用，加快推进湛江文化中心项目建设。提升湛江基础教育发展水平。加强与知名大学合作办学，推动省内高水平大学对湛江高等学校开展对口协作，支持广东海洋大学、广东医科大学、岭南师范学院纳入省高等教育"冲一流、补短板、强特色"提升计划。提高湛江职业教育发展质量，建设高水平职业院校和专业（群）。提升广东文理职业学院办学水平。研究推动中医药类高职院校建设。创建高水平技师学院。增加群众健身场地设施供给，提升公共体育服务水平。

（十五）建设区域医疗中心。加大对湛江公共卫生服务体系建设支持力度，布局建设区域公共卫生应急中心和紧急医学救援基地。支持广东医科大学附属医院、湛江中心人民医院加大高层次人才的培养和引进力度，做强传统优势专科，加快建设高水平医院。支持广东医科大学附属医院海东院区建设。支持湛江推进中医药综合改革。

（十六）打造区域商贸服务中心。支持湛江加强新型消费基础设施建设，促进消费升级，培育建设地区特色突出、有效衔接琼桂、辐射粤西的区域消费中心城市。完善"夜间经济"配套设施，推动步行街特色化改造、成熟商圈上档升级。加快布局数字化消费网络。加快建设大型城市综合体，打造商务中心区，集聚发展总部经济、信息咨询、商务会展、设计创意等现代服务业。

（十七）加快金融资源集聚发展。支持湛江增强金融服务区域经济发展能力。鼓励金融机构区域总部落地湛江，促进地方性法人金融机构持续健康发展，引导产业投资基金等各类专业化投资机构在湛江发展，争取新设地方资产管理公司。大力发展海洋金融，探索省市共同设立海洋发展基金，创新海洋信贷、海洋保险业务。推动新技术在农村金融领域应用推广，加快发展特色农业保险。

（十八）加强生态保护。支持湛江加强大气污染防治。统筹城乡全域推进黑臭水体整治修复，加强饮用水源水体保护。有效控制入海污染物排放，改善近海水域水体质量。推进美丽海湾建设，加强红树林保护修复。建设海岸带保护与利用综合示范区。加快韧性城市建设。加快实施环北部湾广东水资源配置工程，推进九洲江—鹤地水库等重点流域综合整治工程。深化流域联防联治，完善横向生态补偿机制。

六、推动形成高水平开放合作新格局

（十九）建立健全广州与湛江深度协作机制。推动广州支持湛江教育、医疗、金融、人才、科技创新等领域加快发展。支持两市在空港、海港、轨道交通等方面开展务实合作。推动广州港与湛江港建立分拨中转合作机制。强化两市在重化工业产业链、供应链方面的合作，支持广州在湛江建设新能源汽车产业基地。推动两市加强县域合作，建立产业园区共建机制，促进产业集团式承接和集群式发展。

（二十）加快融入粤港澳大湾区建设。支持500强企业、省属国有企业和粤港澳大湾区知名企业落户湛江。支持湛江与珠三角各市加强产业链分工协作，与粤港澳大湾区深化产业共建与科技创新合作，与深圳在科技创新、海洋经济、资本市场等领域深化合作，与珠海、佛山、东莞、江门等地在高端装备制造、精细化工等产业开展深度合作。加快建设湛江服务粤港澳大湾区的"菜篮子"。

（二十一）积极参与共建"一带一路"。支持湛江充分利用区域全面经济伙伴关系协定（RCEP）等自由贸易协定优惠条款，开拓国际贸易合作新空间，推进广东奋勇东盟产业园等重大平台建设，鼓励有条件的农林渔等产业龙头企业走出去，加大外资引进力度，强化与"一带一路"沿线国家和地区合作。推动跨境电商新业态发展，做大跨境电商产业规模，加快湛江跨境电子商务综合试验区和国家级电子商务进农村综合示范县建设。加快建设湛江综合保税区，加强智慧口岸建设。充分发挥中国（广东）自由贸易试验区示范引领作用，辐射带动湛江深化改革开放发展。支持湛江开展进口贸易促进创新工作，加快发展水产品进出口交易。办好广东国际海洋装备博览会和广东·东盟农产品交易博览会。

（二十二）努力打造市场化法治化国际化营商环境。支持湛江对标世界银行和中国营商环境评价指标体系，深化营商环境综合改革。持续提升投资建设便利度，依法精简企业生产经营审批事项，提升政务服务效能，持续改善就业创业发展环境，加强社会信用体系建设。支持湛江在法治框架内结合实际探索创新性、特色化的优化营商环境具体措施，打造阳光法治服务型政府。

七、保障措施

（二十三）赋予部分省级经济社会管理权限。按照能放则放、应放尽放的原则，依法将部分省级经济社会管理权限以清单形式下放或委托湛江实施。支持湛江充分利用地方立法权，为深化改革探索提供法治保障。在要素市场化配置、营商环境优化、城市空间统筹利用等重点领域深化改革、先行先试，形成可复制可推广的经验。按程序赋予湛江在机构管理、统筹使用各类编制资源方面更大自主权。

（二十四）强化要素保障支撑。逐步加大省财政对湛江转移支付力度，支持重大产业项目、重大发展平台、重大基础设施建设。湛江对广湛高铁等350公里/小时跨市高铁重点项目资本金的出资责任由省级承担。湛江海东新区基础设施建设补助政策到期后，再延期3年并予以完善。加大省级财政对湛江经济技术开发区、湛江高新技术产业开发区的支持力度，聚焦重大项目建设。支持湛江加大高端人才、紧缺人才引进力度。统筹安排湛江新增建设用地规模和指标，加强对重大项目建设的保障，统筹安排主要污染物总量减排指标。

（二十五）完善组织实施机制。充分发挥省领导同志定点联系市、县工作制度作用。省区域协调发展领导小组加强组织协调，建立健全支持湛江加快建设省域副中心城市特事特办工作机制。省有关部门要加强服务指导，推动各项政策措施落地见效。按照中央组织部有关规定组织省直部门选派干部赴湛江挂职帮扶，支持湛江干部到省直部门跟班学习。湛江要落实主体责任，狠抓工作落实，重大事项及时向省委、省政府报告。

二、2021 年广东区域经济发展大事记

1 月

1 月 18 日，中共广东省委十二届十三次全会在广州召开。省委书记李希代表省委常委会作工作报告，省长马兴瑞就经济工作作具体部署。

1 月 23 日，省政协十二届四次会议在广州开幕，省政协主席王荣代表政协第十二届广东省委员会常务委员会向大会报告工作。

1 月 24 日，省十三届人大四次会议召开，省长马兴瑞作政府工作报告。

1 月 24 日，国务院印发《关于新时代支持革命老区振兴发展的意见》。

1 月 26 日，广州市政府与湛江市政府在广州签署战略合作框架协议。

2 月

2 月 2 日，省委、省政府印发《关于支持珠海建设新时代中国特色社会主义国际化经济特区的意见》《关于支持汕头建设新时代中国特色社会主义现代化活力经济特区的意见》《关于支持湛江加快建设省域副中心城市打造现代化沿海经济带重要发展极的意见》。

2 月 5 日，省委全面深化改革委员会召开会议。省委书记李希主持会议并讲话，省长马兴瑞出席会议。

2 月 5 日，省政府办公厅印发《关于全面推进城镇老旧小区改造工作的实施意见》。

3 月

3 月 2 日，"十四五"期间广东省与跨国企业合作发展座谈会暨战略合作框架协议签约活动在广州举行。

3 月 14 日，省政府印发《广东省进一步稳定和扩大就业若干政策措施》。

3 月 16 日，省委实施乡村振兴战略领导小组会议召开。省委书记李希主持会议并讲话，省长马兴瑞出席会议。

3月21日，广东省制造业数字化转型工作推进会在广州召开，省长马兴瑞出席会议并讲话。

3月31日，省委、省政府印发《关于实现巩固拓展脱贫攻坚成果同乡村振兴有效衔接的实施意见》《关于全面推进乡村振兴加快农业农村现代化的实施意见》。

4月

4月12—13日，省委书记李希、省长马兴瑞率广东省党政代表团赴广西壮族自治区，就做好新发展阶段广东和广西协作工作进行交流对接。

4月14—15日，省委书记李希、省长马兴瑞率广东省党政代表团赴贵州省，就做好新发展阶段两省协作工作进行对接交流。

4月19日，广州期货交易所揭牌仪式举行。

4月23日，省政府办公厅印发《关于培育广州南沙进口贸易促进创新示范区的工作方案》。

4月25日，《广东省国民经济和社会发展第十四个五年规划和2035年远景目标纲要》发布。

4月27日，经国家发展改革委批复同意，省政府印发《国家城乡融合发展试验区广东广清接合片区实施方案》。

5月

5月8日，全省贸易高质量发展大会在广州召开。

5月13日，第20届亚洲科学理事会大会在广州南沙开幕。

5月14日，粤港合作联席会议第二十二次会议以视频连线方式举行。

5月14日，省政府办公厅印发《2021年广东省推进政府职能转变和"放管服"改革重点工作安排》。

5月20日，全省科技创新大会在广州召开。

5月27日，广东省人民政府与中国太平洋保险（集团）股份有限公司在广州签署共同推进粤港澳大湾区建设战略合作协议。

6月

6月15日，2021年粤澳合作联席会议以视频连线方式举行。

6月24日，黑龙江省—广东省—俄罗斯阿穆尔州三方省州长举行视频会晤。

6月29日，省政府印发《广东省深化"证照分离"改革实施方案》。

6月30日，粤商·省长面对面协商座谈会在广州召开，省长马兴瑞出席并讲话。

6月30日，2021年广东扶贫济困日活动暨"千企帮千镇、万企兴万村"启动仪式在广州举行。

7月

7月6日，省政府印发《广东省制造业数字化转型实施方案（2021—2025年)》和《广东省制造业数字化转型若干政策措施》。

7月7日，广东省庆祝中国共产党成立100周年座谈会在广州召开。省委书记李希出席会议并讲话，省长马兴瑞主持会议。

7月14日，省政府印发《广东省数字政府改革建设"十四五"规划》。

7月28日，中共广东省委十二届十四次全会在广州召开。省委书记李希代表省委常委会作报告，省长马兴瑞作具体工作部署。

8月

8月5日，省政府印发《广东省金融改革发展"十四五"规划》。

8月6日，省政府办公厅印发《广东省强化资源要素支撑 全力推进省重大项目开工建设的工作方案》。

8月9日，省政府印发《广东省制造业高质量发展"十四五"规划》。

8月19日，全省推动老区苏区全面振兴发展工作会议在广州召开。

8月28日，省委、省政府印发《关于新时代支持革命老区和原中央苏区振兴发展的实施意见》。

9月

9月5日，新华社发布中共中央、国务院印发的《横琴粤澳深度合作区建设总体方案》。

9月6日，新华社发布中共中央、国务院印发的《全面深化前海深港现代服务业合作区改革开放方案》。

9月8日，粤澳新通道（青茂口岸）开通仪式在澳门举行。

9月11—12日，省长马兴瑞率广东省代表团赴黑龙江省考察调研，推动新发展阶段广东与黑龙江两省对口合作再上新台阶。

9月12—13日，省长马兴瑞率广东省代表团赴辽宁省考察调研，围绕深化粤辽战略合作、共同推动高质量发展进行交流对接。

9月24日，2021年泛珠三角区域合作行政首长联席会议在四川成都举行。会上，广东、福建、江西、湖南、广西、海南、四川、贵州、云南九省区签署《泛珠三角区域内地九省区"跨省通办"合作框架协议》。

10月

10月11日，广东省各界纪念辛亥革命110周年大会在广州市中山纪念堂举行。

10月14日，国务院总理李克强在广州出席第130届中国进出口商品交易会（广交会）暨珠江国际贸易论坛开幕式并发表主旨演讲。

10月22日，横琴粤澳深度合作区管理委员会第一次会议在广州举行。

10月24日，广东、江西两省领导座谈交流，广东七市与江西省南昌市战略合作框架协议签约活动在广州举行。

10月28日，省政府印发《〈中新广州知识城总体发展规划（2020—2035年）〉实施方案》。

11月

11月2—4日，广西党政代表团来粤考察交流，两省区共商东西部协作和深化合作事宜。

11月3日，省政府办公厅印发《广东省自然资源保护与开发"十四五"规划》。

11月24日，省政府办公厅印发《广东省公共服务"十四五"规划》。

11月26日，国家发展改革委公布经国务院批复同意印发的《"十四五"特殊类型地区振兴发展规划》。

11月27日，韶关丹霞机场通航活动在韶关市举行。

12 月

12 月 5 日，"2021 从都国际论坛" 在广州从都国际会议中心开幕。国家副主席王岐山出席开幕式并致辞。

12 月 6 日，横琴粤澳深度合作区管理委员会第二次会议在珠海举行。

12 月 11 日，2021 年大湾区科学论坛在广州举行。

12 月 13 日，经省政府同意，省发展改革委印发《广东惠州环大亚湾新区发展总体规划（2021—2035 年）》。

12 月 14 日，省政府办公厅印发《广东省海洋经济发展"十四五"规划》。